让保险走进农民

袁纯清 等◎著

RANG BAOXIAN ZOUJIN NONGMIN

人民出版社

策划编辑：郑海燕
责任编辑：郑海燕
封面设计：林芝玉
责任校对：吕　飞

图书在版编目(CIP)数据

让保险走进农民/袁纯清 等 著. —北京：人民出版社，2018.1
ISBN 978-7-01-018637-5

Ⅰ.①让…　Ⅱ.①袁…　Ⅲ.①农业保险-研究-中国　Ⅳ.①F842.66

中国版本图书馆CIP数据核字(2017)第296096号

让保险走进农民

RANG BAOXIAN ZOUJIN NONGMIN

袁纯清 等 著

人民出版社 出版发行
(100706　北京市东城区隆福寺街99号)

山东鸿君杰文化发展有限公司印刷　新华书店经销

2018年1月第1版　2018年1月北京第1次印刷
开本：710毫米×1000毫米 1/16　印张：20.25
字数：310千字

ISBN 978-7-01-018637-5　定价：66.00元

邮购地址 100706　北京市东城区隆福寺街99号
人民东方图书销售中心　电话 (010)65250042　65289539

序　言

筑牢农业的保险防护堤

2017年年初，我与中央农办、财政部、农业部、中国保监会的有关同志，对我国的农业保险进行了较为深入的调查，历时半年之久，旨在全面了解我国农业保险的现状，总结成功的经验，发现存在的问题，进一步完善我国农业保险的政策和制度。调研组先后赴辽宁、湖北、上海、黑龙江、河南、湖南、江苏、新疆等8省、自治区、直辖市进行实地考察，还分别多次邀请北京、河北、内蒙古、辽宁、吉林、黑龙江、江苏、浙江、安徽、江西、山东、河南、湖北、湖南、广西、海南、重庆、四川、陕西、甘肃、宁夏等20余省份的相关部门负责同志以及十余家从事农业保险的保险公司负责人进行座谈，听取情况，进行交流讨论。通过大量的一手材料和鲜活的实例，我们突出的感受是：

一、中国的农业保险近十年实现了跨越式发展

自2007年中央财政启动农业保险保费补贴试点以来，我国农业保险实现了跨越式发展，国家政策支持力度不断加大，保险覆盖

面显著扩大，保险品种不断增多，服务水平和服务能力不断增强。从农业保险保费规模的角度看，金额从 2007 年的 52 亿元增长到 2016 年的 417 亿元，年均增速 26. 1%，已居全球第二、亚洲第一，可以说我国已是一个农业保险大国。

二、中国农业保险成为农业现代化发展的助推器

我国农业保险近十余年快速发展，在防范农业风险、稳定农业生产、确保粮食安全、促进农业转型升级以及稳定农民收入等方面发挥了独特的积极作用，成为国家强农惠农政策的重要内容、农业支持保护的重要手段和促进农业现代化的重要措施。

三、中国农业保险仍处于发展的初级阶段

我国已是农业保险大国，但远非保险强国，仍然处于发展的初级阶段，突出表现在保险深度仍然较低，不到美国的 1/3；保障的品种比较少，远不能满足农户多样化的保险需求；赔付率不高，对农户风险损失补偿有限；保险服务水平不高，影响了农业保险的效率和信誉；等等。这些确实需要加大政府对农业保险的政策支持力度，保险部门需要提高对农民农业保险的服务水平。

四、中国农业保险加快发展具有现实紧迫性

我国农业所面临的自然风险和市场风险有加重的趋势，各种自然灾害的频发，加大了农业的自然风险，特别是在农业结构加大调整，特色农业加快发展的过程中，自然风险的不确定性无疑加大了农民的自然风险，大宗农产品价格的波动性加剧了农民的市场风险，尤其是新型农业经营主体面临的规模经营风险凸显，这些都是中国农业发展面临的新现实，农业保险比以往显得更为紧迫和重要。

五、中国农业保险诸多制约性因素亟待重视

一些地方对农业保险的重视程度不够，不少从事农村工作的干部对农业保险不熟悉，农业保险机构基层基础建设薄弱，力量不足，能力不强，多数农民缺乏农业保险知识，不知道怎么参加农业保险，也难以有效地维护自己的保险权益，有些还存在逆向选择和道德风险。如此等等制约了农业保险的发展。

六、中国农业保险要把扩面、增品、提标作为主要任务

农业保险在我国几经起落，近十年来进入蓬勃发展的新时期，随着中国农业现代化的演进，中国的农业保险已进入到扩面、增品、提标发展的新阶段，这既为广大农民有着农业保险的广泛需求所必需，又为政府作为一个政策性措施所需要，还是农业保险所具有的风险防范、倍数效应、市场工具等多种功能所使然。

七、加强中国农业保险要成为政府和保险机构的重要责任

现实的问题是，如何使政府支持农业保险的政策力度更大一些，普惠性更广一些；如何使农业保险的服务水平更好一些，农户的获得感更高一些，农业保险的意识更强一些；农村工作的干部对农业保险的方法运用更娴熟一些，宣传农户以及与农业保险机构打交道的能力更精准一些。这些都是推动提高我国农业保险保障水平，迈向农业保险强国，筑牢我国农业保险防护堤必须正视和解决的。

八、共同努力提高中国农业保险水平

此次调研历时之长、调查面之广、接触实际之多，是农业保险工作不多见的。大家获得了丰富的材料，有了更多的体验，形成了许多新的认知，总结了不少先进的做法和经验，如何将这些调研成果

运用好，成为我们共同思考的一个问题。由此，不仅要将调研的成果变为政策性建议和工作性举措，而且应当向社会宣传、向农村宣传、向农民宣传、向广大农村的干部宣传、向从事农业保险的政府部门和保险机构宣传，共享调研成果；更多地了解我国农业保险，支持农业保险，运用好农业保险，共同把我国的农业保险提高到一个新的水平，有效发挥好农业保险对我国农业现代化的“稳定器”和“助推器”的作用。

基于以上种种感受，就有了撰写《让保险走进农民》的打算。书名为《让保险走进农民》，即农业保险要姓农，要面向农民、服务农民、惠及农民。这源于对农民的一份情怀，出于对农业的一种责任。本书由三部分构成：总论为农业保险的概要，主要讲农业保险的一些基本知识，目的在于让人们对农业保险有一个基本的了解和把握，这是从事和参与农业保险所必需的，这也是农民和农村工作者所应具有的素质；调查报告篇是我们调研组的七份调研报告，从省级层面反映了中国农业保险的基本现实，既有先进的经验，又有问题的反映，还有思考的建议，以便于我们共同借鉴、思考、改进。典型案例篇介绍先进的做法，每篇都注重其操作性和实效性，便于仿效，学之便捷。

情之所致，心之所冀。不管读到这本书的是农民也好，农业工作者也好，保险工作人员也好，若有所知、所感、所学、所鉴，即是我们的收获，是对我们一番心思的肯定。

是为序。

袁纯清

2017年10月13日

CONTENTS

目　录

总　论

调查报告篇

典型案例篇

总　论

第一节 农业保险的历史沿革

一、农业保险的概念

农业保险一词大家都耳熟能详,但对它的完整表述却不尽一致。联合国亚太地区农业信贷组织(APRACA)前秘书长罗伯特编著的《农作物保险的设计与经营》一书对农业保险的定义是:“农业保险是指与农业生产直接相关的保险,如农作物保险和牲畜保险,以及水产养殖。但‘农业保险’一词通常不含农场房屋和设备保险。其中农作物保险指以农作物包括多年生作物如树木类为承保对象的保险。”而日本农林水产省在《日本农业灾害补偿制度》中给农业保险的基本定位是,农业保险是国家应对自然灾害,保障农民恢复再生产和维护国家粮食安全而建立的一项公共保险制度。显然,日本对农业保险内涵的认识比罗伯特要深刻,一是表明农业保险不同于一般的商业保险,只是一种对农业风险进行防范的市场工具,更具有政府支持的公共性。二是具有明确的目的性,即农业保险是保障农民在受到灾害后通过保险的方法,获得恢复再生产的补偿(赔付);同时鲜明地把维护国家粮食安全作为一个目标,这就使农业保险和国家的意向紧密结合起来,使农业保险成为一种体现政府意志的有效方式。美国对农业保险的基本定位是完善农村经济补偿机制,确保国民福利水平。这一表述体现在克林顿政府《1994 年联邦农作物保险改革法案》中。可见,美国的农业保险更着眼于农民的收益水平不因农作物的风险而受损,重视国民均衡的福利水平,注重社会公允价值。

中国农业保险界的专家学者对农业保险多有论述,各有侧重,最具权威性的是我国 2013 年 3 月 1 日施行的《农业保险条例》的表述:“本条例所称农业保险,是指保险机构根据农业保险合同,对被保险人在种植业、林业、畜牧业和渔业生产中因保险标的遭受约定的自然灾害、意外事故、疫病、疾病等保险事故所造成的财产损失，承担赔偿保险金责任的保险活动。"这一规定，内容丰富，涵盖面广，规范性强。至于罗伯特博士所述"但'农业保险'一词通常不含农场房屋和设备保险"，《农业保险条例》在附则中专门规定其为"涉农保险"，即除农业保险以外，为农民在农业生产生活中提供保险保障的保险，包括农房、农机具、渔船等财产保险，涉及农民的生命和身体等方面的短期意外伤害保险也涵盖其中。实际上这是对农业保险内容的扩展，自然也成为农业保险的内容。

二、世界农业保险发展的历史过程

农业保险最早起始于欧洲，法国的农业保险已有150多年历史，最后发展成为政府政策支持、自愿互助合作经营的模式。其基本做法是由各级相互保险的组织或保险合作社经营，政府对各种形式的互助保险从法律和财政上给予大力支持。法国政府的政策支持包括通过提供优惠利率贷款和担保，提供公共灾害援助金来补偿商业保险公司的损失等，如通过公共援助金对由于干旱给畜牧业造成的损失以及其他灾害造成的损失进行补偿。法国1964年7月10日颁布法律，创建了国家农业灾害保障机制，建立了全国农业灾害保证基金。这样从体制和资金来源上保证了农民灾害损失保险的施行。德国也是早期实施农业保险的欧洲国家，它的基本做法与法国类似。以小型互助合作保险为主，组织设有资本股份，成员之间按比例支付损失份额。政府对互助合作保险以发放补贴、提供再保险、提供特大灾害补偿等方式予以扶持。

美国是发展农业保险较早的国家，经过长达二十多年的反复研究和多次国会听证，于1938年正式通过《农作物保险法》，1939年农作物保险计划正式启动，历时七十余年，已经成为世界农业保险的第一大国。其主要的发展阶段分为：

第一阶段：1938—1980年，政府主导下的创立和初步发展阶段

其主要标志是，1938年美国国会通过了《联邦作物保险法案》，创立了作物保险项目，组建了联邦作物保险集团，该集团作为政府的全资公司，力

图解决农业巨灾损失问题，提供如雹灾、干旱、洪涝、病虫害等农作物保险。但是，由于费率较高（约为10%），大部分农民不愿意参加保险，导致投保面积全美一直徘徊在2000万英亩左右，投保率不足10%，其发挥的作用有限。

第二阶段：1980—1994年，开展市场化改革并稳步推进阶段

由于政府直接从事农业保险，缺乏必要的竞争机制，市场作用发挥有限，加之保险的面过窄，以及费率过高，由此，1980年美国国会修订了《联邦作物保险法案》，初步确立“政府主导、市场经营”的框架，引入政府同私营保险公司的合作，同时扩大农作物参保品种，放开地区限制，并提供一定的保费补贴。但是，政府同时实行对自然灾害的救助。据统计，1980年至1994年，联邦政府用于灾害救助的资金高到160亿美元，而同期用于农作物保险的补贴资金不足9亿美元，因此，尽管农业保险的作物覆盖面有较大的增加，但仍未达到政府预期，投保率一直未突破33%。

第三阶段：1994—2000年，调整政府、市场和农户关系并加快推进阶段

具有标志性的举措是，1994年美国国会通过《农业保险改革法案》，提出农户参加农业保险计划，并要求不参保者不再享受联邦政府的价格补贴、低息贷款、农技服务，这实际上是一种强制性保险。同时，取消紧急灾害救助计划，建立巨灾保险计划，为农场主提供最基本的风险保障。另外，1996年美国国会通过《联邦农业完善与改革法案》，成立隶属于农业部的风险管理局，代表政府实施农业保险计划，指导联邦农业保险公司。法案还决定逐步取消对农场主有关价格和收入支持方面的补贴，将农业生产推向市场。以上这些措施，使美国农业保险进入快速发展阶段，1995年美国农作物保险承保面积达到2.2亿英亩，占当年可保面积的82%。

第四阶段：2000—2014年，以收入保险的全面推行为标志的提升发展阶段

早在1996年，美国依照当年通过的《联邦农业完善与改革法案》，推出了收入保险试点，并在内布拉斯加州和爱荷华州首次开展玉米和大豆收入保险。在这十余年间，美国开发出了针对特定农作物收入、一定耕地面积收入、农场综合收入等多样化的收入保险产品。据统计，美国从1996年收入类保险纯保费占比8%，到2014年其占比已达83%。可见，农业收入保险已成为美国农

业保险的主体险种。

第五阶段:2014 年至今,收入保险深入发展阶段

2014 年,美国国会通过了《食物、农场及就业法案》。核心内容是推动农业支持政策体系从直接的价格补贴和收入补贴为主向以农业保险为主的间接补贴方式转型。具体措施是,在 2014 年起的五年中,取消每年 50 亿美元的直接补贴项目,2014—2018 年比 2010—2014 年新增农业保险补贴资金 70 亿美元,保险范围从传统粮食作物扩展到花生、棉花、水果和蔬菜等领域,还推出棉农累积收入保护项目和辅助性额外投保选择项目等新险种,推动传统价格调控或收入补贴向以作物保险为主的风险管理手段转变,进一步巩固了农作物保险在美国农业安全体系中的核心地位。

日本是东亚国家中最早发展农业保险的国家,也是世界早期开展农业保险的重要国家,日本形成了符合自身国情特点的互助式保险模式。日本早在幕府时期就有了农业保险的萌芽,明治维新后开始了对农业保险的研究,具有标志性的是 20 世纪初开始建立牲畜保险公司,并于 1929 年颁布了《家畜保险法》,1938 年 4 月 2 日颁布了《农业保险法》。但因政府没有采取具体措施给予农业保险支持,农业保险更多地停留在法律层面,在实际中没有明显进展。直至 1947 年颁布了《农业灾害补偿法》,该法至今经过十多次修改,日臻完善。同时,政府加大了对农业保险发展的支持力度,不仅完善了从中央到村社的各层级互助保险组织,还提出了水稻、水果、畜牧等的保险计划。政府对农业保险实施财政补贴,形成和完善了补助与保险费率的比例机制。另外,政府还对农作物保险、家畜保险、果树保险、旱田作物及园艺设施保险实施再保险。进而日本成为农业保险法律较为完备、体制较为健全、农作物覆盖面比较广、保障程度比较高的国家。

世界上开展农业保险比较早的国家还有加拿大、巴西等。

加拿大早在 20 世纪 20 年代和 30 年代,由于盛产谷物的阿尔伯塔省、萨斯喀彻温省和马尼托巴省频遭自然灾害,即开展农业保险的研究和尝试。1959 年 7 月,加拿大联邦国民议会通过了《农作物保险法》,法律承诺联邦政府对省级农业保险给予财政补贴,并负责与各省签订再保险协议。

巴西政府于 1954 年创立国家农业保险公司,1966 年解散该公司,改由私

营保险全国联合会开展农业保险业务，建立农业保险保证基金，由巴西再保险公司管理该基金，负责提供再保险。

墨西哥于1953年在全国成立了多家专门从事农业和牲畜保险的互助保险公司。1961年创立了全国农业保险公司，经办农业保险和再保险业务。1980年墨西哥政府颁布了《农业保险和农民人寿保险法及其实施法规》。政府向全国农业保险公司拨付保险费补贴，约占保险费的60%。

西班牙在1978年颁布了农业保险法。1980年以后，政府建立了联合农业保险体制。中央政府建立农业保险管理局，编制年度农业保险计划，组织协调计划的实施。政府负责向被保险人提供保费补贴，并承担农业保险局费用。保费补贴最低为保费的20%，最高不超过保费的50%，政府通过建立保险补偿总基金，承担保险公司每年超额损失的95%。

瑞典的农业保险始于20世纪40年代初。基于严重的农作物损失，政府与农民达成了一项协议，对超过正常产值4%的损失由政府给予补偿，但存在着严重的缺陷，到1961年政府颁布了《农作物保险规章》，完善了农业保险制度，并同时建立了农作物损失贷款制度。

希腊于1961年依据《4169号法令》开展农业保险，并成立了全国农业保险组织，通过开展综合农作物保险对农业提供风险保护。农民一般按产品销售价的4%支付保险费。其余部分保费由政府承担。

韩国是亚洲开展农业保险较早的国家，1954年颁布了《牲畜保险法案》，1965年又制定了全国性牲畜保险计划，到1980年又成立全国牲畜合作联社经营牲畜保险。1987年才扩大到水稻保险，1990年扩大到其他农作物。

印度经过约40年的准备，在1972年才开始实施农业保险试验性计划。1972年的试验计划，保险标的为棉花、小麦、花生、土豆，保险责任为气象灾难、虫害、植物病害。一直到1979年，经营效果不佳，试验地区赔付率为834.4%。在1979年又开始实施试办计划，其品种扩大到水稻、小麦、谷子、豆类、油菜籽、大麦和甘蔗。由于保险产品难以满足农民要求，在1979—1985年间年平均承保面积不足10万公顷，赔付率为79.8%。1985—1989年，印度又实施农业保险综合计划，与以前不同的是保险限于贷款农民，保险金额为贷款的100%，每个农民最高保险金额为1万卢比，这实际上是一种强制保险。这几年实施的效果还有不少不尽如人意之处，赔付率为 792.4%。印度的农业保险还未形成完整的组织体系和制度。

菲律宾的农业保险始于 1978 年 9 月菲律宾总统签发的《关于成立菲律宾农作物保险公司的总统令:1467 号》，并成立农作物保险公司。它的直接动因是 1972 年菲律宾农业遭受了毁灭性的灾害，由此推动政府研究农作物保险的可行性。经过政府成立的一个跨部门委员会的研究，提出了保险标的为水稻和玉米的保险计划，对自费投保水稻的农民，政府提供 6%的费率补贴（总费率为 8%），对贷款的农民，政府提供 4.5%的费率补贴，贷款方则分担另外 1.5%的费率。对自费投保玉米的农民，政府提供 10.5%的费率补贴（总费率为 13%），对贷款的农民，政府承担 9%的费率，贷款方分担 1.5%的费率。农民只分担 2.5%的费率。这项计划获得了相当的成功，取得较为独特的经验。

据粗略统计，世界上已有一百余个国家开展农业保险，以上列举了十来个国家开展农业保险的简况，对美国则做了较为详细的介绍，借以说明，农业保险是一项十分复杂的工作。因其国家的地理条件、自然灾情、体制的原因以及农业自身发展程度、农民在国家的地位状况、农业安全对国家发展的影响等等，各国农业保险或大或小存在着差异，发展水平也有高有低。尽管如此，对农业进行保险是一个总趋势，不同国情使农业保险形成不同特色，农业保险的制度完善是一个不断渐进的过程。

三、中国农业保险的发展过程

中国是世界上较早开展农业保险的国家之一，20 世纪初期，农业保险的思想就从西方传入中国，中国农业保险的试办起始于 1934 年。如由南京金陵大学农学院在安徽和县乌江镇，以互助合作方式开办的乌江耕牛保险会，还有重庆北碚家畜保险社开展的农畜保险试验。因缺乏必要的政府支持，加之缺乏实际操作经验，其规模也不足以抵御保险自身的赔付风险，持续的时间不长而停办，但它却成为中国农业保险的先河，其经验和教训弥足珍贵。

中国农业保险的发展壮大，以至成为中央政府的一项安农强农惠农政策是中华人民共和国成立以后的事情，其间经历了由兴到衰再到盛的过程，值得回顾和总结。梳理 1949 年至今农业保险的发展历程，大致可以分为以下几个阶段：

起步阶段：1949—1959 年

1949 年 10 月 22 日，中国人民保险公司成立，开始试办农业保险。1950 年，中国人民保险公司在北京、山东和重庆等地试办牲畜保险。1951 年，在江苏和陕西等地区试办棉花、小麦、水稻等农作物保险。1956 年召开的第五次全国保险工作会议重点研究了农业保险，明确提出对农业保险要给予政策支持，意味着农业保险有了良好的政策环境和政府支持背景，既有先期试点的稳妥推进，又有发展的良好前景。

停办阶段：1959—1980 年

以 1958 年人民公社成立为标志，中国农村实行“一大二公”的体制制度，全面实行了计划经济体制，中国人民保险公司停办国内业务，农业保险也随之停办。停办时间近二十年，造成的损失是巨大的，教训是深刻的，所以笔者将它作为农业保险发展过程中的一个阶段，这既是一个客观事实，又以引起对这一教训的高度重视。

恢复和发展阶段：1980—1996 年

随着 1978 年党的十一届三中全会召开，中国开启了改革开放的进程，1979 年，国务院决定恢复农业保险，并对农业保险业务给予免征营业税支持，这为发展农业保险带来了新的契机。1982 年，中国人民保险公司重新开始试办农业保险，开展了小麦、水稻、玉米、烟叶、棉花等种植业保险，以及耕牛、奶牛、猪、鱼虾等养殖业保险。在发展的过程中，由于农业保险在保险公司内部和商业保险混业经营，加之保险公司经营千家万户的农业保险，成本高、收益低、风险大，政府缺乏对农业保险的专门补贴，农业保险的发展受到种种制约。1989 年以后，为解决农业保险遇到的种种问题，中国人民保险公司开始研究内部改革，并逐步将农业保险与其他商业保险业务分离，实行“单独立账、单独核算、结余留地方积累滚存壮大风险基金”的财务核算办法，进而提升了地方政府的积极性，河南、山东、河北、吉林、山西、新疆、云南、上海等地采取建立政府支持的农业风险管理基金委员会、农业保险互助会等有利于农业保险发展的措施。1986 年,在财政部、农业部和人民银行支持下,新疆生产建设兵团设立"新疆生产建设兵团农牧业保险公司"(1990 年后发展为中华联合保险公司),在兵团范围内开展养殖业和种植业保险,这是专营农业保险的保险公司,这不能不说是一个重大的体制创新。黑龙江农垦也建立了农垦局风险互助保险局(后来发展为阳光相互农业保险公司)。1992 年召开了全国农村保险先进县创建表彰大会,这也是农业保险在 20 世纪 80 年代初期恢复并得到较大发展的一个标志。从保费收入看,1982 年全国仅 23 万元,1992 年达到 8.17 亿元,增长了 300 多倍。然而,1993 年以后,中国人民保险公司全面向商业化保险公司转变,农业保险和商业保险在业务上又回到了以往混业的老路,加之农业保险自 1982 年起至 1992 年的赔付率一直处于高位,除 1984 年总赔付率为 92%外,其余年份都在 100%以上,1986 年、1987 年、1991 年、1992 年分别达到 156%、146%、139%、120%,难以为继,到 1996 年已经明显地出现业务量下降、覆盖面萎缩的局面。

萎缩徘徊阶段:1996—2004 年

1996 年,按照国务院的要求,中国人民保险公司的业务实行分业经营,建立了财产险、人寿险、再保险的分业体制,并成立了中保财产保险公司、中保人寿保险公司、中保再保险公司,却没有成立专门的农业保险公司。而原有的农业保险的业务尽管在名义上由中保财产保险公司承担,但因为农业保险的非营利性,明显地和商业保险的营利追求冲突,加之农业保费本身成本就高,以及实际存在的高赔付率,中保财产保险公司大面积地停办了农业保险业务。农业保险经历了从 1996 年到 2004 年的萎缩徘徊期,此期间的农业保险年保费收入一直维持在 5 亿元左右,低于 20 世纪 90 年代初期的年保费 8 亿元左右的水平。农业保险从 80 年代的恢复发展到 90 年代初期的"高涨",又到 90 年代中期的"滑落",一直延续到 21 世纪初,不能不引起深刻的反思和高度的重视。

加快发展阶段:2004 年至今

2003 年,党的十六届三中全会提出探索建立政策性农业保险制度,2004 年中央一号文件明确要求加快建立政策性农业保险制度,选择部分产品和部分地区率先试点,有条件的地方可对参加种养业保险的农户给予一定的保费

补贴。自此,中国农业保险进入一个加快发展的新阶段,主要表现在:

一是自2004年中央一号文件提出加快建立农业保险制度以来一直到2017年的中央一号文件,都强调发展农业保险,并且要求越来越具体,内容越来越丰富,成为重要的农业政策。

二是2012年11月国务院颁布了《农业保险条例》,并于2013年3月施行,为农业保险提供了法制保证。

三是2004年,中国保险监督管理委员会决定在黑龙江、吉林、上海、新疆、内蒙古、湖南、安徽、四川、浙江9个省(自治区、直辖市)开展农业保险改革试点。

四是2005年中国保监会先后批准吉林成立安华农业保险股份有限公司、上海成立安信农业保险股份有限公司,经国务院同意批准黑龙江农垦总局成立阳光农业相互保险公司,2007年安徽成立国元农业保险公司,中国人民财产保险股份公司也恢复设立农业保险管理部门,这在农业保险体制上有了新的进展,使农业保险的加快发展有了承载的机构。

五是2007年国家财政投入10亿元在四川、湖南、江苏、新疆、内蒙古开展农业保险保费补贴试点,主要是粮食品种,投入11.5亿元用于能繁母猪保险保费补贴。之后,中央财政农业保险补贴扩大到水稻、小麦、玉米、棉花、马铃薯、油料作物、糖料作物、能繁母猪、奶牛、育肥猪、天然橡胶、森林、青稞、牦牛、藏系羊等15个品种,中央级保费补贴从2007年的21.7亿元增加到2016年的162亿元,年均增长25%。这些重大举措,带动和推动地方高度重视农业保险、发展农业保险,地方财政补贴从17.12亿元,增长到155.75亿元,年均增长27.8%,其补贴品种已达到200余个,表明中国的农业保险进入到一个加快发展的新时期。

综上所述,中国的农业保险发端早,但历程艰难。纵观新中国成立以来、农业保险的历程表明,其兴衰、起落和中国的发展紧密相联。改革兴,则农业保险兴,重视农业保险,则农业保险亦大发展,政府政策支持的程度决定着农业保险发展的广度和深度。

第二节　农业保险的机理

一、农业保险的基本功能

我们之所以采取保险的手段来稳定农业、保护农民，是因为保险对于农民、农业遇到的风险具有防范、减少、转移、消散等功能，大家通俗地将农业保险称为农业的“稳定器”和“助推器”。深入分析研究农业保险的功能，有利于我们更加深入地认识农业保险的作用，更加充分地运用好农业保险来服务于中央的大政方针，服务于农业的现代化发展，服务于农民的生产和生活。

（一）防范风险功能

农业是一种高风险产业。

一是自然风险，农业不同于工业，它处于自然的条件下，在农业不发达的条件下，我们用“靠天吃饭”来形容农业的自然属性，即使在有设施农业的条件下，农业仍然难以排除自然灾害的侵袭，更何况大多数农作物，特别是以稻谷、小麦、玉米为主要品种的粮食，都和土地、雨量、温度、风力等因素联系在一起，并在很大程度上受自然状况的影响。我国是一个自然灾害频发的国家，北方不少省份“十年九旱”、南方不少地方“十年九涝”，这些都是历史总结。据1990—2010年民政部的统计数据，年均自然灾害损失2518.3亿元。突出的自然灾害有干旱、洪涝和暴雪灾害。2008年南方低温雨雪冰冻；2009年华北东北等地冬春连旱、11月份16省市暴雪；2010年西南冬春大旱、东北洪涝；2011年西南夏秋连旱；2012年东北暴雪、南方高温；2013年8月东北地区洪涝风雹、南方地区高温干旱；辽宁北部地区自2014年以来连续干旱，2015年得到缓解，2017年又出现春旱，给玉米播种带来极大的困难。极端天气频现也是近些年自然灾害的一个突出特点，仅以2013年为例，入夏以来南方多省平均最高气温38.6℃,比常年同期偏高2.4℃,平均持续期10.2天,比常年同期多4.8天。2017年入夏以来,华北、西北地区连续高温,甘肃、内蒙古、陕西局部地区气温超过40℃,天津2017年7月高温天气是同期的2倍,这是多年所未见的。风暴潮成为沿海地区突出的自然灾害,2012年,中国沿海发生风暴潮24次,浙江、山东、河北三省直接经济损失分别为42.57亿元、31.59亿元和20.44亿元。2013年,中国沿海共发生风暴潮26次。其中台风风潮14次,有11次造成灾害,直接经济损失152.45亿元。

二是市场风险。农产品所具有的自然属性,可能因为气候原因而增产,或是减产,这会造成产品供应的丰欠而带来价格波动,这是就一个地区而言的。因为世界大市场的形成,也会因为农产品的进出口而造成价格的波动。也不排除人为炒作的原因,使某种农产品的价格忽高忽低,如前两年在国内市场出现的"将(姜)你军""算(蒜)你狠"等农产品价格的飙升,往往使有的农产品经历"过山车"式的价格。这些都将对种养农户造成收入的不稳定,尤其在信息不对称的情况下,农民的种养选择往往存在邻里效应、从众心理,也造成了这种风险。总之,因农产品价格忽高忽低,造成的风险是客观存在的,所以就有了养殖农户因生猪价格过低宰杀能繁母猪、养奶牛的农户将牛奶倒进河沟、种菜的农户将大片的蔬菜弃收或是直接翻耕等诸多事件的发生。以上所述,是我们所见的一些景象。如用数据加以说明更能反映问题。据2013年《中国农村统计年鉴》:自1952年至2012年,农产品生产价格总指数最高年份的1994年达到139.9,而较低年份的1997年、1998年、1999年、2000年分别是95.9、92.0、87.8、96.4,与之相对应,也是我国农民增收最低的年份,其收入增长分别是4.6%、4.3%、3.8%、2.1%。可见农产品价格对农民收入有着直接的正相关关系。笔者再列举2010年至2014年几种主要农产品的生产者价格指数的情况:棉花2010年、2011年、2012年、2013年、2014年的价格指数分别是157.7、79.5、98.1、103.9、87.1,表明价格在多数年份是下行的,而且幅度很大,相对于2010年,2014年棉价较之下跌将近一半;生猪2010年、2011年、2012年、2013年、2014年的价格指数分别是98.3、137.0、95.9、99.3、92.2,表明生猪的价格多数年份是下跌的;蔬菜2010年、2011年、2012年、2013年、2014年的价格指数分别是116.8、103.4、109.9、106.9、98.5,表明价格比较平稳,但是涨幅不大,且时有下行。我们在武汉调研了解到,2011 年、2012 年、2013 年、2014 年、2015 年每斤冬瓜的平均价格是 0.92 元、0.56 元、0.54 元、0.32 元、0.58 元,莴苣每斤平均价格是 0.92 元、0.78 元、0.79 元、1.08 元、0.89 元,年际之间存在不少差异,显示出价格风险的存在。2017 年上半年,农业部重点监测的 28 种蔬菜平均批发价格为每公斤 3.77 元,同比下跌了 15.8%,大葱、冬瓜价格同比下降 50%、40%以上。2017 年上半年禽蛋价格则是经过了“过山车”式的起伏,鸡蛋价格至 2017 年 5 月连跌 8 个月,累计跌幅达到 41.2%,而 6 月价格反弹暴涨,部分产区收购均价从 5 月末的 1.90 元/斤飙升到 3.50 元/斤。有人戏称鸡蛋短时间从“倒霉蛋”成了“火箭蛋”,可见价格风险之巨。我国的几大主粮因为实施最低收购价或是临时收储制度,自 2007 年以来,随着国家补贴的提高,一直处于较为平稳的上涨水平。但是自 2016 年国家对东北玉米产区实行“市场定价、价补分离”改革之后,玉米每斤价格从 2015 年的 1.00 元,下跌到黑龙江每斤玉米平均 0.65 元、吉林 0.70 元、辽宁 0.80 元左右,即使加上玉米生产者补贴,一些玉米种植户如果将物化成本、土地成本、劳动力投入合并计算,玉米亩均收益为负值。

总之,农业所具有的自然风险和市场风险是一种难以消除的客观存在,这就是农业保险需求的客观性,可以说,农业保险的出现首先是因为政府在大的自然灾害造成巨大损失后的反思和应对,同时,运用保险来防范规避市场风险成为一种有效的选择。

三是农业保险对防范自然风险的效应。辽宁是近些年旱灾比较严重的省份,农业保险对恢复农业生产、减少农民损失发挥了重要作用。2009 年、2015 年辽宁发生严重旱灾,中国人民财产保险公司这两年收取的保费为 2.16 亿元、4.8 亿元,而按保险合同给予灾损赔付为 3.56 亿元、7.76 亿元,赔付率达到 164.8%、161.7%,使受灾农民大大减轻了灾害损失。黑龙江 2016 年发生特大洪涝灾害,农业保险支付赔款 43 亿元,简单赔付率达到 148.3%,这样的巨量赔付资金不仅使农民受益,也减轻了政府抗灾、减灾,恢复农业生产的压力。2016 年黑龙江旱灾赔付案例也具有典型性,2016 年 7 月 1 日至 8 月 21 日,该省平均降雨量比历年同期偏少 48%,为 1961 年以来历史第一低位,阳光农业互助保险公司积极应对省Ⅱ级救灾响应,对受旱灾严重的黑河、大庆等地区快速开展定损工作。对全省承保的1500万亩旱灾成灾作物进行赔付,赔付金额13.4亿元。其中对黑龙江农垦九三管理局赔款达5.5亿元,赔付率391.5%,理赔户数1.45万户,户均赔款3.8万元。就全国的情况而言,2016年黑龙江、安徽、青海等11个省份赔付率超过100%,福建省高达186.5%,农业保险在农业特大自然灾害中发挥了"稳定器"作用。

四是农业保险对防范市场风险的效应。市场风险就其实质是价格风险。农产品价格保险的开展,其效应是明显的。因我国中央政府给予保费补贴限于关乎国计民生和有的少数民族地区的特殊支持的品种,且主要是物化成本保险。对价格进行风险防范并且显现出明显效应的是地方开展的具有地方特点且有地方需求的品种。上海"两淡"绿叶菜成本价格保险是一个典型的案例。为保障产地绿叶菜均衡供应、平抑淡季绿叶菜价格异动、稳定菜农生产积极性,上海从2010年开始试点淡季绿叶菜成本价格保险。根据全市绿叶菜市场保障供应量测算出计划投保面积,"夏淡"和"冬淡"期间分别为13万亩次和8万亩次,超过此面积的,市级财政不予保费补贴。"两淡"保险费率为10%,市级财政给予保费50%的专项补贴,各区县结合各自情况给予相应配套补贴,菜农自负保险费一般在10%左右。2011—2015年,"两淡"保险累计为本市102.9万亩次地产绿叶菜种植面积,提供风险赔款近0.9亿元,种植面积赔付率近7成;累计涉及农户4万多户次,惠及合作社6000多社次。2016年上海承保绿叶菜成本价格保险面积在20.34万亩次,保险总金额2.78亿元,投保保费2782.73万元,市级财政补贴保费1387.2万元。"两淡"绿叶菜价格保险的推出,明显缩小了蔬菜市场的价格波幅,既稳定了菜农的收入,有效化解了菜农的市场风险,增强了菜农种菜的积极性,也稳定了淡季绿叶菜生产面积和市场供应,使上海连续三年鲜菜价格波动指数在全国36个大中城市中位列第25位之后,发挥了价格保险稳定农副产品物价水平的积极作用。

辽宁义县和康平县玉米"保险+期货"试点也是有效防范价格风险的一个案例。2016年,义县有294户种植玉米大户投保玉米0.8万吨,康平县有280户种植玉米大户投保玉米1.03万吨,确定目标价格为1650元/吨,保费为246元/吨,农户自缴73.8元/吨,约占保费的30%,其余为政府补贴。中国人保辽宁分公司承保后,因目前我国还没上市玉米期权,便与上海新湖瑞丰金融服务公司(期货公司)签订了场外期权合同,经由新湖瑞丰公司在大连期货市场进行期货交易。按照合同约定,以玉米期货 C1701 合约收盘价格平均值 1563.07 元/吨作为理赔依据,上海新湖瑞丰公司按照目标价格 1650 元/吨计算,每吨摊回 86.93 元,人保财险公司从期货公司得到这笔摊回款后,向投保的农户进行了赔付。从这个案例可见,农户经过投保目标价格保险,除去农户自身投保的费用外,获得了高于当期玉米市场价格的收益,每斤多了 0.05 元。

以上所述,农业保险可以通过农产品产量保险和价格保险防范自然和市场风险,还可以通过再保险和巨灾保险进一步分散其风险。正是农业保险对农业风险的防范、规避、减损的作用,使农户能有稳定的预期,处于生产安全的状态。因此,农业保险防范风险的功能成为其基本的属性。

(二)杠杆功能

讲到杠杆,我们自然会记起古希腊科学家阿基米德的一句流传千古的名言,“假如给我一个支点,我就能把地球撬动!”这是对杠杆效应的最为形象、最为生动的诠释。用我们通俗的话叫“四两拨千斤”“以小搏大”,都是从杠杆效应中体悟的。杠杆是一个简单的机械装置,人类很早就发现它的效应,当我们惊叹埃及金字塔成吨的巨石高矗时,杠杆的作用功不可没。杠杆引入经济学则成为杠杆原理,就有了经济杠杆、金融杠杆,即以少量的资源投入带动倍数的投入。农业保险之所以能吸引人们投保,就是因为其具有杠杆效应,即投得少、保得多,农户自然愿意和乐意。

了解农业保险的杠杆功能可以作如下说明:凡农业保险都包含费率、保费、保险金额。农业保险的费率是农户投保时向承保机构交纳的费用金额与承保机构承担的最大赔偿金额的比率。保费是投保农户按照费率和单位保险金额的乘积,保险金额是承保机构与投保农户经过精确计算并协商一致约定的金额。农业保险的杠杆功能用计算公式可以一目了然:假定费率是 5%,保额是 100 元,则保费是 5 元钱,5 元钱的保费获得 100 元的保险额,其倍数是 20。如果农户用 5 元的保费所投保的 100 元保险额的农作物全部遭受损失,即可以获得 100 元的赔付,其杠杆效应是不言自明的。

在农业保险的实际运用中,其杠杆作用明显。以北京市为例,2007 年至

2016 年，北京市累计保费收入 39.4 亿元，其中中央财政补贴 3.75 亿元、占 9.5%；市财政补贴 17.02 亿元、占 43.2%；区财政补贴 8.5 亿元、占 21.6%；农民（含企业）自筹 10.12 亿元、占 25.7%。10 年累计保险金额为 1016.9 亿元，相当于政府出资 1 元，为农户购买了 60 元的风险保障，农民支付 1 元就可获得 100 元的风险保障，资金杠杆放大作用分别近 60 倍和 100 倍。从全国的情况看，2016 年全国的保费收入为 417 亿元，提供的风险保费为 2.2 万亿元，其杠杆放大作用为 52 倍，约占农业生产总值的 30%。

（三）互助功能

农业保险的互助功能与它的杠杆功能相对应，两者并行不悖，否则，只有杠杆功能，则农业保险在巨大的风险保额压力下难以为继，农业保险的互助功能则能起到平滑作用，而互助功能的根基是农业保险的大数法则。大数法则是随着事件的大量出现中往往呈现出一致的规律，是概率论的法则之一，保险人对任何一个风险损失概率作出比较精准的估算时，都需要根据大数法则的需要，通过大量的观察和统计，得出损失概率。根据大数法则，承保的风险单位越多，损失概率的偏差越小；而保险费率的大小又是以损失率大小为依据的。损失概率大的风险，费率就高；损失概率小的风险，费率就低。这里的要义是承保的风险单位越多，损失的概率变小。这是因为对农业而言，自然风险尽管始终存在，但它具有区域性，往往是“东边太阳西边雨”，某种自然灾害即使在一个区间，也有大有小、有轻有重，如果这种投保的区域越大，有的地方受灾，有的地方没有灾害，这样，受灾的地方要进行赔付，不受灾的地方免赔，自然没有发生赔偿的地方的保费，就补充了保险机构对赔付地方资金的不足，所以，保险界有一句通俗的行话，叫作“取之一片，用之一点”，讲的就是这种情况，这是保险互助功能的体现。另外，农业的自然灾害还具有周期性的特点，同等程度的自然灾害在同一地区是不可能连续发生的，古人讲“风水轮流转”“三十年河东，三十年河西”，是对自然气候带有周期特点的总结，表明丰歉有年。如果以年为限，连续投保，也可以在年际之间得到一种盈亏平衡，这也可以作为互助功能在保险上的运用。

至于市场风险即价格风险体现在农业保险的互助功能上，农产品的价格波动是一种常态,如果我们选择 5 年、10 年或 15 年以至更长年份的价格加以平均,作为保险的目标价格,其上下波动的差异将会缩小,而且相互年份间的盈亏也能得到一定程度的平衡。另外,各种农产品的价格,因品种繁多,加之丰年歉年等因素,总会此消彼长,这样,参保的品种越多,参保的面越大,同样会受到大数法则的支配,形成一种互补,“保险+期货”就是这种法则在期货市场化解和分散风险的方式。

正是由于农业保险的互助功能,衍生出了互助合作保险的形式。日本是互助保险的典型国家,村(町)的农业保险互助合作社是农业保险的基层组织形式,到县有县共联,到中央政府有中央社,形成一个较为严密、各自发挥职能的互助型共同保险体系。中国农业保险的历史也是从互助合作发端的。20 世纪 90 年代至今,互助保险有着大量而丰富的试点试验。如 1994 年成立的隶属于国家农业部的中国渔业互保协会,开办了渔船保险、船主责任保险、渔民人身意外保险和水产养殖保险。1991 年成立的黑龙江农垦总局的互助保险办公室转型为阳光相互农业保险公司,公司名称用了“相互”二字,成为一种公司价值取向。公司成立 12 年来,累计承保农作物 6.92 亿亩。北京养鸡协会开办的肉鸡风险互助保险,北京谷物协会开办的小麦、玉米、蔬菜、西瓜等农作物风险互助保险,北京果树产业协会开办的果树风险互助保险,湖北农机安全协会开办的农机安全互助保险,等等,都是农业保险的有益探索,积累了可贵的经验,提供了有益的借鉴。特别成功的范例有:浙江渔业互助合作保险,自 2004 年成立全省互助共济的非营利性渔业互助保险协会以来,通过组织会员参加互助保险,为会员生命财产损失提供经济补偿,并向会员提供安全生产服务,提高会员的防灾抗灾能力,维护会员的合法权益,促进渔业生产健康持续发展。2016 年全省参保渔船 1.3 万艘,雇主责任互保 11.7 万人,保费 5.3 亿元,承担风险保额 1057.6 亿元;养殖保险共承保 628 单,互保费收入 1776.2 万元,承载风险保额 4.6 亿元,会员享受各级财政补贴 1040.8 万元。这些显示出了互助保险的重要作用。

(四)增信功能

农业保险的增信功能是保险所具有的一种内在属性,或者叫内涵性品质。

农业保险机构作为一个合法的市场经营主体，具有行业要求的经营资质，对某一农产品或是某一农户投保的产品承保，形成保险合同。如果按照合同规定，若发生赔付，承保机构就要按照合约规定的金额予以赔付。这即表明，该份农产品保险合同所约定的保险金额获得了保险，成为一种信用金额，使其具有了信用的资质，内生为增信功能。

目前，已开展了“政银保”“农险+信贷”“政府+银行+保险+农户”等多种增信方式，其基本方式是，要么银行按照保单给予农户等量或按一定比例的贷款，要么由政府、银行、保险公司各承担一定的风险比例，给予农户贷款，要么政府为新型经营主体、贫困农户的贷款给予保险的保费补贴。这些做法的基本信用基础是保险。如上海在 2008 年首创了针对涉农信用贷款的小额信贷保证保险，至 2016 年，安信保险公司已为 3415 笔贷款提供农民专业合作社小额信贷保证保险，保障贷款金额共计 23 亿元。目前产生的坏账（含预估）金额约 1080. 9 万元，坏账比例约为 0. 46%。此“政银保”的基本环节是：（1）政府推介贷款企业名录，将产业政策与信贷保险政策紧密结合；（2）政府、银行、保险三方风险共担机制，探索“农业保险+农业信贷”联动机制，将农业保险赔款优先偿还贷款，建立闭环运作风险管控体系；（3）政府贷款担保代偿机制。设立配套农业信贷担保基金，建立坏账风险兜底机制和风险补偿机制，促进农业金融进一步支持农业产业发展。以“政银保”或是“农险+信贷”为基本方式的融资模式，使农业保险的功能大大地延展，解决了目前农民缺少贷款抵押物、“贷款难”的问题，极大地增强了银行对农村农业农民的金融支持，有力地促进了农业发展，减轻了政府农业财政资金不足的压力，降低了银行融资风险，增加了保险机构在农村的市场空间，形成了多赢的局面，要认真总结已形成的经验，创新和健全“农险+信贷”运营的体制和机制，使保险的增信功能得到可持续的发挥。

（五）市场功能

保险是市场经济条件下风险管理的基本手段，自然就具备了市场属性，投保人和承保人之间对风险的处置通过合约形成为市场的规则性行为，双方都要受市场规则的约束，而且承保人是以公司形式出现的，它作为市场的主体，来进行市场活动，让保险资源（资金）在市场中配置，形成一种市场化经营，达到最佳的效应。

保险的市场功能效应主要表现在保险资金通过市场得到流动，形成全国以至世界性的保险市场，使保险的杠杆功能、互助功能、增信功能得到实现。可以说，保险需要市场，保险助推市场，保险形成市场，而市场的形成，使保险资源（资金）有了配置的广阔平台，在市场的运作中，实现增值、风险转移或疏解，这就是保险的市场逻辑。所以，我们要特别认识到，推进农业保险就其本质是推进农业走向市场，农业保险的程度是农业市场化程度的一个标志，同时，农业保险又是农业市场化必不可少的保驾护航的手段。而农业现代化和农业市场化紧密相联，现代农业需要现代市场，现代市场助推现代农业，两者相辅相成。从这个意义上看，农业保险是现代农业的助推器。

农业保险具有的市场功能更具现实意义的是，为政府补贴农业、支持农民提供了一条更具效率的途径。农业相对于工业，在市场竞争中往往处于弱势，对农业给予补贴是世界各国的通行做法。但是，政府的补贴起码遇到两个方面的制约：一是有限性，政府补贴与农业的需求总是有差距的，这是难以改变的现实。就我国而言，尽管中央以至地方政府高度重视农业，各级财政投入到农业的年资金已超过 1.7 万亿元，但农村仍是发展的短板，农村和城镇居民的收入差距还有近 3 倍。二是受到“黄箱”政策的限制，按照世贸组织规则，相关财政直补资金超过该作物产值的 8.5% 的水平即为“爆箱”，要受到质疑。农业保险的市场功能，作用在于它可以将财政补助资金通过保险的手段得到放大，获得加倍效应。如前文所述，为农户补贴 500 元的保费，如按 20 倍的保额，则可以获得 10000 元的风险保证金，大大提高了财政资金使用的效率。所以，调整农业直补为保险间接补贴，让市场在配置财政资金中形成加倍效应，让市场和政府“两只手”同时发力，成为农业供给侧结构性改革的一项内容，也是一个有利之举。另外，财政资金改为农业保险的补贴资金，因它的加倍数则，难以“爆箱”，且多数处于“绿箱”范畴，如政府对再保险的补贴不属于“黄箱”保险通报范围，政府对保险公司的运行管理费补贴属于“绿箱”政策。由此，我们更需要把握农业保险市场功能的现实要义，增强搞好农业保险的紧迫感。

（六）社会管理功能

保险从社会角度讲，是社会经济保障制度的重要组成部分，是社会生产和社会生活“精巧的稳定器”，是社会风险管理的一种有效方法。保险成为社会管理的一种有效手段，它不同于一般社会管理的是，运用市场的方法来参与和实现社会管理。因为，凡保险都有合同合约，合同双方即投保人和承保人只要一签订合同，即具有法律效力，双方都受到合约的约束，都负有遵守的义务和条款赋予的权利。这意味着保险首先具有责任效力，保险双方谁违背违反了约定条款中规定的责任，谁就得担责，承担赔付的责任，受到经济处罚，这种责任原则使保险双方的行为受到约束。另外，这种责任原则还派生出某种激励，这主要是承保方，如何将可能造成的保险标的损失降到最低程度，减少赔付，从某种意义上说，减赔就是增加收益。再加上保险合同的相关责任确定与实际利益紧密相联，保险双方一致认同，使之具有精准、现实、直接的特点。保险的另一层社会管理意义在于，它是用经济的方法，在市场运行中实现的，比之政府直接从事的社会管理减少了行政强制和政府成本，比之社会组织参与的社会管理又多了经济的手段。因此，需要我们认真研究和开拓保险的社会管理功能，推动社会管理，促进社会和谐。

我国农业保险的社会管理功效从农业保险的发展过程中逐渐得到发展，显示出良好的势头，大有前景、大有可为。如：上海开展了食品安全责任保险，以实现农产品从“田头”到“餐桌”的全程保障为目标，开办了农村集体聚餐食品安全责任保险、农产品食用安全责任保险、禽类产品食用安全责任保险等保险业务，总保障金额近 500 亿元，覆盖上海全部产地农产品。民以食为天，民也以食为安。农产品食用安全通过保险来实现，无疑是保证人民健康、保障社会安全的有效手段，其效应是显著的。又如，中华联合财产保险股份有限公司建立畜禽无害化处理与保险联动的机制，凡畜禽的保险赔付都与畜禽无害化处理挂钩，无害化处理即获得赔付。这无疑是防止病死畜禽流入市场、防止病死畜禽污染的有效手段，解决了这方面管理的一大难题。再如，阳光相互保险公司为了减少政府灾损，截至 2016 年已投入 1.7 亿元的防灾减灾设备，把保、防、救、赔结合起来。这是保险带动政府及农村自身力量支持农业的事例。由此表明,农业保险对农业、农村的社会管理的作用明显,需要加强总结,不断创新,大力拓展。

二、农业保险的经营模式

开展农业保险是一项复杂性的工作,政策性、技术性、科学性、精准性的要求都很高,加之程序性强,所以,要求增强农业保险的相关知识,了解相关政策,掌握相关程序,有利于农业保险的顺利开展。

(一)农业保险的一些基本概念

1. 农业保险的投保人

保险是投保人与保险人(通常是保险公司)订立保险合同,并按照保险合同支付保险费的过程。投保人也叫要保人,是与保险人订立保险合同并按照保险合同负有支付保险费义务的人。自然人与法人皆可以成为投保人。成为投保人的条件为:具有相应的民事权利能力和行为能力;对保险标的具有保险利益。农业保险的投保人可以是农民和生产经营组织,并能自行投保,也可以是由农业生产经营组织、村民委员会等单位组织农民投保。农业生产经营组织、村民委员会等单位组织农民投保的,保险机构应当在订立农业保险合同时,制定投保清单,详细列明被保险人的投保信息,包括投保农户姓名、保险标的、保费、保险额等。

2. 农业保险承保人

其又称保险人,是保险合同当事人的一方,与投保人订立保险合同并承担赔偿或者给付保险金责任。承保人是法人,公民个人不能作为保险人。承保人的具体形式有保险股份有限公司、相互保险公司、相互保险社、保险合作社、专业自保公司等。我国对承保中央财政补贴的农业保险经营机构规定了以下条件:一是要符合保险监督管理部门规定的条件;二是有服务农业保险的健全机构网络,包括基层组织和人员;三是具有一定的资金实力,能够承担农业保险业务的风险;四是具备相应的管理能力,如单独立账、独立核算、健全的再保险安排等。

3. 农业保险标的

其也称保险品种，指的是要保障的对象，保险标的可以是有形的，比如房屋、汽车、农作物，也可以是无形的，比如责任，还可以是人的寿命和健康。农业保险的标的一般意义上除法律禁止种养的农作物（包括植物、动物），都可以作为农业保险的标的。也可以为包括农房、农机具、渔船等财产作保险，还可以对涉及农民生命和身体方面的短期意外伤害进行保险。

按照《农业保险条例》的界定，农业保险通常分为种植业、养殖业林业和其他涉农保险。

种植业保险：是指以农作物、树木等植物以及微生物（如食用菌）为保险标的的保险。农作物主要有水稻、小麦、玉米、棉花、大豆、马铃薯、油菜籽、苹果、柑橘、葡萄、蔬菜等等。树木普遍推行的是森林保险。

养殖业保险：是指以饲养家畜、家禽以及其他动物和淡水或海水养殖的水生动物或水生植物为保险标的的保险。养殖保险主要有能繁母猪、生猪、奶牛、鸡、鸭、羊、鱼、虾、黄鳝、海参、鲍鱼等等。

其他涉农保险：主要有农房、大型农业机械、农业设施（如温室大棚）、农业作业人员意外伤害、农产品质量保证等。其标的随着农业的新产业、新业态不断增多。

4. 农业保险的种类

保险种类是根据保险经营的性质、目的、对象、程度和保险法规要求以及历史习惯等划分的保险类别。国际上对保险的种类没有固定的原则和统一标准，各国通常根据自己的需要采取不同的划分方法。农业保险因其产品的丰富性、生产条件的差异性、地区财政状况和农户经济状况的差异以及农业生产者的需求差异，呈现出多样性的特点。

（1）按照投保的方式，农业保险可分为自愿保险、强制保险和半强制保险。自愿保险是指根据自己的意愿自主确定参加的农业保险。这是世界上大多数国家采取的原则。强制保险是指根据法律（法规、条令）强制农民参加的农业保险，如菲律宾的水稻、玉米保险，日本的水稻、小麦保险。半强制性保险，是指通过经济或者行政方式要求农民参加的保险。如美国规定主要农作物农民不参加保险即取消该作物的政府补助；印度的农业保险和农业信贷挂钩，只有参加农业保险方能贷款，这种做法在保险界被视作半强制保险。我国农业保险试行自主自愿的原则，采取的是自愿保险的方式，同时政府通过对以粮食为主的大宗农产品保费予以补贴的办法，也可理解为中国的农业保险是引导式自愿保险。

(2)按照政府和市场介入的程度，可分为政策性农业保险和商业性农业保险。我国一般将某一保险品种有政府保费补贴的视为政策性农业保险，包括我国在内，世界上不少国家对粮食等主要农作物采取政策险的方式。商业性农业保险，是指某种农产品的保险，没有任何的政府补贴，完全按商业性保险来对待，如某些地方特色农作物保险、高附加值农产品保险等。

(3)按照所保风险的程度，可分为一切险和部分险。一切险，顾名思义，即保障农户某种农产品所遭受的全部损失。包括产量损失、价格损失，从这个意义上讲，收入保险是完全意义上的一切险。完全生产成本保险保障物化成本、土地成本、劳动力成本，即一定面积内某种农作物的全部投入。无论何种自然灾害所造成的损失，都使其投入难以获得预期的产出，可视作一切险。部分险一般的理解应是所保风险或是投入的一部分，或是某种自然灾害如台风、冰雹、干旱、洪涝、高温、低温、泥石流等中的一项或几项，或是只保某农产品的产量，或是只保其价格。

目前，农业保险主要采用的险种有：

农业生产成本保险：指根据保险标的（如作物单位面积、畜禽的头数）的投入成本来确定保险金额的保险。如果发生损失，农民可按生产成本得到赔款。农业生产成本保险又分为物化成本和生产成本、完全生产成本。农业物化成本指农业生产过程中投入的化肥、地膜、种子等成本。生产成本指物化成本加上人工成本，完全生产成本指物化成本、劳动力成本和地租成本。我国中央财政给予保费补贴的 15 种农业种养产品，均是物化成本保险。2017 年在我国 13 个粮食主产省区推进由中央财政进行保费补贴的大灾保险，实际上是一种具有生产成本性质的保险，它的标的和保险程度是稻谷、小麦、玉米生产的物化成本以及地租成本（目前亩均地租成本低于人工成本）。农业生产成本保险是对农业生产成本损失的赔偿，而其损失的程度及其量化，往往表现在产量（农作物）和数量（养殖业）上，是实质上的一种产量保险，或叫产量保险的一种表现形式。

农业产量(产值)保险:农业产量保险实际上就是农作物产量保险。保险的标的是产量,是以产量损失的程度(损失量)来计算损失程度,确定赔付金额的。当然,无论是确定某种农作物保险的保额,还是赔付某种农作物的赔付额,都应有某种农作物的价格。所以,在计算保额时,应确定某种农作物的价格(也可以是几年的平均价格,也可以是政府确定的价格,由保险双方进行约定),所要把握的是,这里的价格是一个不变量,产量是一个变量,赔偿的金额是以产量的变化而确定的,产量达不到保险所确定的一定标准(如一亩稻谷一千斤),即给予赔偿,损失的数量×已确定的价格=赔偿的金额,这里的赔偿只与产量有关,当期的市场价格与所保某一农作物的价格无关。农作物产量保险是农业保险比较普遍采用的险种,它的明显作用是防范农业的自然风险。

农业价格保险:农业价格保险是以农户生产的农产品的市场价格变动为风险责任,当农户收获或出栏的农畜产品上市时,市场价格低于保险合同事先约定的保障价格,由保险公司赔付市场价格与保障价格差价损失的保险。保险的标的是价格,是以价格的损失(降低)程度来计算损失程度,确定赔付额。价格保险也需要确定一定的数量,即某一单位的产出量,这一般按历史的数据计算出一个平均数,保险双方予以协商确定,用双方确定的数量×价格得出保险的数额。和产量保险不同的是,数量是一个不变量,不论投保人某种农畜产品发生损失或增加,已约定的保险数量都是恒定的,只有价格作为一个变量,当当期的市场价格低于合同约定的价格时,即启动赔偿,赔偿额等于减少的价格差乘以约定的数量。农业价格保险应对的是农产品市场风险,而且具有系统性,已为近二十余年来许多国家所重视。我国大量特色农产品的生产,以及大力发展的畜牧业,面临着极大的市场风险,价格保险的面随之扩大,试验性的品种也在增多。

农业收入保险:农业收入保险是对农产品产量和价格风险进行全面保障的保险。收入保险的简单算式是产量加价格的保险,收入保险的保障金额=保险产量数×保险价格,在签订的保险合同中已经将保险的金额固定为一个数,如每亩稻谷保险金额为 1000 元=1000 斤/亩(亩均产量)×1 元/斤,稻谷价格为每斤 1 元。它和价格保险、产量保险不同的是,产量和价格都是变量,无论是产量还是价格发生变动，只要低于合同约定的产量和价格之积，都可能发生赔付，以保障1000元的风险保障标的，当然，也会有产量或价格升高的情况，则可以相互平衡冲抵，以1000元的保额为限度。收入保险表明，它既可以防范自然风险，也同时防范价格即市场风险，可以保障农民收入，又可以稳定生产。这是农业保险的最高形态，也是未来农业保险的主导形态。当然，鉴于收入保险的保额较高，又可能导致农民的道德风险，实际实施中，往往将收入保险分成几个档次，最高不能超过正常年份收入的90%。美国已经对粮食为主的大宗农产品实行收入保险，并已经成为美国农业保险的支柱。我国已开展了稻谷、大豆、玉米、棉花等大宗农作物收入保险的试点，正努力向农业收入保险演进。

农业指数保险：指数是指测度自然和社会经济现象总体数量变动的相对数，是用来度量某一现象在不同时间、不同空间、不同总体等相对变动情况的统计指标。指数保险是农业保险的一种创新发展，其将损失程度指数化，该指数达到合同规定水平时，投保人就可以获得相应赔偿。与传统的产量和价格保险不同，指数保险的赔偿并非基于实际损失，而是基于预先设定的参数是否达到触发水平。从这个意义上讲，它是传统农业保险的方法创新，与传统的农业保险相比，更具客观性和科学性，指数保险基于数据，要么是根据计算获得，要么依据气象观测获得，且这些数据的获得都为保险双方之外的第三方提供。较之传统农业保险，指数保险可以有效防控农业保险中的道德风险和逆向选择，指数是一种科学的客观存在，补偿并不取决于保险标的的实际损失，保险人和投保人都不可能因为自己不履行应有的保险条款责任而获益，无疑有助于减少农业保险中的道德风险和逆向选择。指数保险还有一层意义是，赔付触发机制标准化，使保险的理赔更为公平、公开、便捷。传统农业保险遇到的现实困难是勘损区间难以确定，且难以精准，人为的因素较多，投保人往往认为有失公允，加之实际勘损耗时过长，因而理赔速度缓慢。指数保险用气象数据或市场数据说话，用合约约定触发条件发布机构的客观数据，依据合同约定的标准，确定损失，实行理赔，程序简单、公开，理赔便捷。当然，指数保险也有其缺陷，最重要的是基差风险，即保险公司的赔付和投保人个体的实际损失不相一致，这可能造成有的投保人没受灾，也会得到赔偿，有的投保人实际受灾程度超出了相关指数，受灾程度严重，得到的赔偿与其灾害损失程度相差较大。印度等国家是世界上开展气象指数保险较早的国家，既取得了不少经验，也面临一些困难。我国的指数保险作为试点正在着力推进之中。指数保险的品种包括气象指数保险、价格指数保险、巨灾指数保险、区域产量指数保险等。

气象指数保险：气象指数保险是指把一个或几个气候条件（如气温、降水、风速）对农作物损害程度指数化，每个指数都有对应的农作物产量和损益，保险合同以这种指数为基础，当指数达到一定水平时，即触发赔偿条件，保险公司将根据合同中确定的气象指数及标准，向投保户支付保险金。我国气象指数保险试点最早在 2009 年，江西省在南丰县开展了南丰蜜桔的气象指数试点，它的主要标的是气温指数。目前气象指数试点已扩展到水稻、水果、小杂粮、茶叶、海水养殖等多个领域。

价格指数保险：价格指数是反映不同时期一组商品价格水平的变化方向、趋势和程度的经济指标，往往是一个相当长时段内某种商品价格的平均值。农业价格指数保险是指为应对农产品市场价格波动引起的损失，某种农产品以价格指数为保险标的，市场价格水平低于约定的指数标准即触发赔偿的指数类保险产品。上海 2011 年以来推出的“两淡”绿叶菜价格指数保险，上海松江区 2014 年推出的生猪价格指数保险，广西 2016 年推出的糖料蔗价格指数保险，都取得了良好的效果。

巨灾指数保险：巨灾指数保险是指根据某一种自然巨灾事件物理参数（如风力级数）作为触发参数进行赔付的保险品种。在气象条件下，干旱、高温、低温、降水量、风速都能造成农作物的损害，其程度越高，损害越大，形成巨灾。各地气象部门在长期的观测过程中，形成了这些气象的数据以及何种程度形成巨灾，这些参数成为巨灾指数保险的依据。保险公司根据巨灾保险合同所确定的巨灾指数，一旦触发了指数标准，就得给予灾害赔偿。这为巨灾保险提供了新的方式，也是应对特大自然灾害的一种有效途径。阳光农业相互保险公司 2016 年与黑龙江省财政厅、瑞士再保险公司合作，在黑龙江省 28 个县开展了农业财政巨灾指数保险，包括干旱指数、低温指数、降水过多指数、洪水淹没范围指数为标的的多项巨灾指数保险，是我国巨灾指数保险首次而且具有积极意义的尝试。

“基本险+附加险”:在前述中谈到从保障的程度上可分为一切险和部分险。在农业保险的实际推行中,一切险是一种理想的状态,但因受到政府、投保人、承保人的各种主客观条件的制约,难以全面实现,所以在实践中出现了各种农业保险的组合,如:我国一些新型经营主体已不能满足于现有政府物化成本补贴的保险品种,希望提高保费和保额,保险公司则创新了在物化成本保险的基础上加上地租成本的保险,有的在物化成本保险的基础上加上大灾保险。还有的地方在粮食作物已投保物化成本保险后,又投保期货,进行“保险+期货”的运营。因此,可以把政府给予保费补贴的险种称作基本险,在这个险种之外叠加的其他保险为附加险,这可以作为中国农业保险的一个特色,既发挥了政府对大宗农产品、特色农产品保险的引导作用,也满足了不同农业经营主体的需求,还提高了农业保险的保障水平,值得认真总结,予以提倡。

5. 农业保险的费率

农业保险的保险费率,指的是保险公司收取保险费的标准。它是保险公司以当地保险责任灾害损失率为主要依据来确定的,并报保险监管机关审批或备案后实行。

农业保险的费率是一个关键的概念,因为费率是决定保费的关键因素,费率越高,保费越多。如费率为 5%,假若保一亩水稻 1000 斤的产量,每斤 1 元的价格,则保费 = 1000 斤/亩×1 元/斤×5%,每亩保费是 50 元,如果费率是 10%,保费是 100 元,高出了 1 倍。

厘定费率是一个关键而又困难的问题,而费率的决定因素是所保险的某种农作物的风险程度,风险程度越高,自然费率就高,风险程度低,费率就低。风险程度的确定需要有科学的依据,就自然风险而言,一般以该地区农作物多年来自然灾害所造成损失的年平均数,或是农作物产量的年平均数来确定。原则上讲,年限越长,其判定的准确度越高,这也是一种概率。就市场风险而言,是按照某种农作物一定时间、区间内价格的平均数来确定的。

就自然风险而言,区间小一些,其精准度相对高一些,因为自然灾害是有区域性的,如山区泥石流的风险大,河泽地区涝灾的风险大,沿海地区遭受台风的风险大,黄土高原地区旱灾的风险大。我国目前是以省为单位确定某一种农作物的费率,精准度有待提高,一些地区农业基础条件好,自然条件优越,几乎年年风调雨顺，与经常受灾地区交同样的保费，影响了农户投保的积极性。如果以县为单位确定某种农作物的费率，会显得更为实际。

另外，影响费率高低还有一个重要因素，就是保障水平。保障水平越高，费率也随之增高，因为保障水平高，保险公司承担的风险也随之增高，如果风险发生了，保险公司的赔付也随之增多，保险公司一般都通过提高费率增加保费以应对高保障的风险，这是一个通例。我国目前主要粮食作物采用的方式是，低保障、广覆盖，保险金额是物化成本，保险金额不高，费率也不高，如玉米，保障额度一般在一亩 300 元左右，费率在 4%—5%之间，如果提高到每亩 400 元左右，费率一般就提高 1 个百分点左右。如果北京每亩玉米的保额是 600 元，其确定的费率为 9%。目前，因各省自然条件的差异以及中央财政的品种补贴政策的程度，费率不尽一致，这依赖于保险公司和各地经过精算和协商来确定。总之，农业保险的费率是一个关于保险双方切实利益的核心因素，体现的是科学、精准和公平，需要不断总结和完善。

6. 农业保险保费

这是指农业保险的投保人就某一农作物向农业保险公司交纳的费用。保险费用的多少由保险费率和保险金额决定，用算式表示：保费 = 保险费率×保险金额。如：北京市水稻政策性农业保险的保险金额为每亩 700 元，保险费率为 9%，那么每亩保险保费为 63 元。我国实行对粮食等主要农产品农业保险保费补贴的政策，目前中央财政已对种植业、养殖业和森林 3 大类共 15 个品种实行农业保险的财政补贴政策，与此项政策相同步，省、市、县地方政策也实行一定比例的财政补贴，其基本的政策框架是中央财政补贴 40%，省、市、县补贴的比例是 40%，农户分担 20%的比例。2016 年年初，中央财政对三大粮食作物在中西部、东部的补贴比例由目前的 40%、35%，逐步提高到 47. 5%、42. 5%，取消粮食主产县政府对粮食农业保险的补贴。除此之外，地方政府也对本省的特色农产品农业保险的保费实施补贴，少的十余种，多的达三十余种。四川省 2010 年就印发了《四川省特色农业保险工作奖补方案》，省财政对地方区域优势明显并具有一定产业规模的特色农业保险给予奖补。特色农业保险品种的保险方案由市县政府确定，省财政按照市县政府对其保险品种的财政补贴给予一定比例的奖补，最高的奖补比例达到 35%，低的 20%，依各地市的财力状况分档确定。湖南省 2016 年省财政列支 5000 万元,对县一级的特色农产品保险实施奖补。这种对粮食等关乎国计民生的大宗农产品和特色农产品农业保险采取中央、地方、个人分担农业保费的办法,既发挥了政府的引导作用,又极大地减轻了农户农业保险保费负担,推进了中国农业保险的加快发展。

7. 农业保险保障额

农业保险保障额,就是保险金额,是指保险人承担赔偿给付保险金责任的最高限额,也是保险公司支付合理费用赔偿的最高限额,它是计算保险费的主要依据。农业保险保险额确定的基本依据是农业保险的标的,一般包括生产成本、农作物产量、价格,其保险要么是生产某种农产品所需投入的价值量,要么是其产出的价值量,保险的目标是保障投入的价值量或产出的价值量,这个价值量的数量表现出来就是金额量,就是我们通常所说的保险保障金额。这个保障金额不是投保人想要多少就是多少,是有其客观依据的,比如保险生产成本的保险额是一个区间对某一农作物的实际投入的平均数,即成为生产成本保险保险额的客观依据。又比如保险某一农作物的产量,也是以某一区间若干年产量的平均数作为保险产量数的客观依据。了解农业保险保障额的形成具有客观性,有利于把握农业保险保险额的标准,确保农业保险金额的合理、适当。

8. 农业保险条款

农业保险条款就是农业保险单上规定的有关保险人与被保险人的权利义务以及其他保险事项的条文,它是保险合同的核心内容。由于农业保险合同是一种定式合同,保险单上事先就印有保险条款,这些条款称为“基本条款”,如农业保险的保险责任,对其所保农作物都会规定损失负责任赔偿的内容:(1)冰雹、×级以上的大风;(2)暴雨;(3)洪水;(4)内涝;(5)火灾;(6)地震;(7)泥石流、山体滑坡;等等。而责任免除条款中往往会载明:(1)投保人、被保险人及其家庭成员或其雇佣人员的故意或重大过失行为;(2)罢工、骚乱、暴动、恐怖主义活动;(3)政府行政行为或执法行为;(4)核辐射、核污染;(5)盗窃;(6)种子、化肥、农药质量问题;等等。保险双方的权利义务、赔偿的标准等作为“基本条款”载明,有的农业保险条款则是有关法律规定必须列入的内容,称为“法定条款”,如投保人应是所在行政区内的农户、农民专业合作组织、集体经济组织或农业企业。农业保险条款的内容周全、明确、清楚,对保证农业保险双方的权利,履行各自的义务,保证保险合同的履约十分重要,应严肃认真制定。

9. 农业保险合同

合同(也称契约)是平等主体的当事人为了实现一定的目的,以双方或多方意思表示一致设立变更和终止权利义务关系的协议。那么,农业保险合同是农户或农业专业合作组织、集体经济组织或农业企业与从事农业的保险机构约定某种农产品权利义务关系的协议。根据农业保险合同,收取保险费是承保的保险公司的基本权利,赔偿是该保险公司的基本义务;与此相对应,交付保险费是农户等投保人的基本义务,请求赔偿也是投保人的基本权利。保险双方按所签订的保险合同,都必须严格履行。

10. 农业保险责任

农业保险责任是指对受损保险标的的赔偿责任。农业保险根据合同中约定的条款,对发生的损失依据合同中约定的标准给予赔付。其中有两个要点:一是这种责任是一种必须责任,即合同中所载条款所规定的损失发生后,必须按合同约定的标准给予赔付;二是这种责任的履行受到法律的保护,从某种意义上讲,是一种法律责任,因为不履行合同条款即是违约,投保人就可以上诉到法院,法院站在保护合法权益的角度,给予投保人以法律保护,不仅判定投保人利益的正当性,而且可以实行法律强制和某种法律监督。对农业保险责任作一个广义的理解,即投保人和承保人(保险人)按照保险合同确定的条款,都同时享有某种权利,也承担某种义务,都有遵守履行合同条款的责任。从这个意义上讲,农业保险又是一种共同责任。

(二)农业保险的运行模式

农业保险是一项专门性的保险业务,涉及保险双方当事人的利益,加之涵盖的保险品种(标的)多,内容庞杂,涉及面广,具有自然和市场风险双重因素,政策性强,技术性要求高,规范和程序是农业保险运行的基本要求,构成了农业保险运行的基本模式,以保证农业保险有序、合规、安全、健康地经营。其

基本运行模式是:

1. 投保

农业保险的第一个必备要素是投保,由投保人,即农户或农业生产经营组织向从事农业保险的保险机构,按照某种农作物(农业产品)的保险条款提出农业保险的意愿。因为,我国农业保险实行自主自愿原则,所以农业保险建立在要约的基础上,即能否签订农业保险合同,首先是基于投保人的要求。为了使更多的农户参加农业保险,并能维护好自身的正当权益,保险公司有义务对农户或农业生产经营组织就保险的条款,以及其中包含的保险标的、保险责任、合同双方的权利义务、理赔的标准和方式作出宣传和说明,以得到投保人的充分了解和理解,积极主动投保。

2. 承保

承保是对应投保而言的,即由从事农业保险的保险经营机构承接投保人的投保要约。世界各国都对农业保险承保资格设置了严格的准入条件。在我国,从事农业保险的机构是经中国保监会批准的可以从事农业保险业务的保险公司和保险组织。能否承保,对保险公司的要求是应查验投保人的资质是否合格,所投保的标的是否真实合法,如承保种植业保险,应查验投保人土地承包经营权证书或土地承包经营租赁合同。承保养殖业保险,应查验保险标的的存栏数量、防灾防疫、标识佩戴等情况。这些都是能否承保的客观要件和基础要求。承保还包括承保方和投保方对保险费率、保障金额的协商约定,形成合约。

3. 签订合同

订立农业保险合同是保险双方当事人对保险条款的共同认同,签订的有关农业保险的协议文书。农业保险合同的签订,既是某一农业保险契约建立的一道必经的程序,又是农业保险运行中的中心环节,标志着某一农产品标的的保险关系已经建立,保险双方的权利、义务、责任已经成立,开始运行并受到法律的保护,保险双方当事人都不能随意更改,都有履行的责任,否则将发生违约责任。保险公司在按合同规定收取农户自缴保费后,向农户(投保人)出具保险单,这种保险单是农户(投保人)发生保险损失向保险人要求赔付的凭据,对农户(投保人)而言这是一个“放心单”。

4. 报案

当某一保险农产品受损后,投保人可以向承保的保险机构报案,告知受损情况,要求予以赔偿损失。这也是农业保险运行过程中的一个重要环节。农业保险的宗旨就是防范风险,而风险的发生是一种必然的现象,它涉及千家万户,将损失情况报知承保机构自然也成为一种常态。这要求保险公司加强接报案管理,保持报案渠道畅通,并将报案信息及时准确录入业务系统,作为立案的依据以及查勘定损的重要信息来源。

5. 查勘定损与立案

按照保险监管部门的要求,保险公司应在接到报案后 24 小时内进行现场查勘。对种植业的灾害查勘,一般采取实地查勘的办法,受灾面积大的,往往采取定点定位确定样本、测定保险标的损失程度;受灾面积小的,也采取受灾实际面积实勘的办法,同时也可以利用相关的农业技术数据和气象数据,以使受灾损失的勘定更为准确。对于养殖业事故,主要是对死亡标的进行拍摄,实录其损失数量。对损失核定的时间,种植业因保险事故发生绝收的,应在接到报案后 20 日内完成;造成部分损失的,在农作物收获后 20 日内完成;养殖业保险则在接到报案后 3 日内完成。凡查勘结束后,保险公司都应及时形成查勘报告,确定受损情况,并予以立案,作出赔付决定。

6. 理赔

理赔是保险公司执行农业保险合同,履行保险义务,承担风险责任的具体体现。一份农业保险合同,其完整的运行过程,或经营模式,在发生灾害损失,经过查勘定损立案,并确定损失程度及赔付,就进入理赔的程序,整个的运行过程就已完成,构成一个完整的运作过程,成为一个完整的经营模式。当然,有相当一部分农业保险合同因未发生触发赔付的灾损情况,不发生理赔。

理赔要经过三个环节:一是理赔公示。凡理赔,保险公司都应事先告知投保的农户,对农业生产经营组织、村民委员会等组织农户投保种植业保险的,保险公司应将定损结果、理赔结果在村级或生产经营组织公共区域进行不少于 3 天的公示。保险公司还应根据公示反馈结果制作分户理赔清单,由被保险人或其直系亲属签字确认。对被保险人提出异议的,应予调查核实,据实调整。二是核赔。为保证理赔的合规、合理,保险公司的省级分公司或总公司要对查勘报告、损失清单、查勘影像、公示材料进行严格审核。三是赔款支付。保险公司应在与被保险人达成赔偿协议后10日内支付赔款,其赔款原则上应通过转账支付到被保险人银行账户,现在通行的做法是直接将赔款打到农户的"一卡通"上。

(三)农业保险应遵循的原则

农业保险是一个合意行为,也是合规行为,政府、企业、农户及农业经营组织参与其中,有其运行的原则,遵循这些原则,能保证运行流畅、安全,促进农业保险健康发展。

1. 政府引导原则

这是我国农业保险所确定的首要原则。确定政府引导,是因为农业保险需要政府确定大政方针,以保证其在正确的轨道上运行。政府引导主要体现在计划引导、政策引导、宣传引导上。计划引导,主要是政府提出农业保险发展的方向、目标、重点、范围。政策引导,主要是政府对参与农业保险的农户、公司给予某种政策支持,使农民获得更多的利益,使保险公司有更好的市场环境,并减轻一定的成本负担。宣传引导,政府把推动农业保险作为一项重要的职责,鼓励和倡导农户,参加农业保险,形成良好的舆论环境和社会环境。

2. 市场运作原则

保险的市场功能决定了农业保险要遵循市场运作的原则。市场运作原则指农业保险是农户和保险公司依据保险合同设定的相关程序自主运作,保险的关系一经确立,按照市场的法则运行和处置。保险双方都作为市场的主体而存在,行使保险合同条款所规定的权利、义务,除违反法律法规和监管规定外,不受政府的包办,也不受其他主体的干涉。

3. 自主自愿原则

农户参不参加农业保险,是由农户自主决定的,不受任何外力的强制干预;农户参加何种农业保险,是他的选择权利;农户与保险公司签订保险合同,对其保险条款有平等发表意见的权利。总之,农户参加农业保险是一种自主自愿的行为。当然,这不排斥政府和公司对农业保险的引导和宣传,它将使农民更多更好地了解农业保险,增强对农业保险的信心,提高参与农业保险的热情，提升在农业保险中保护正当权益的能力。

4. 协同推进原则

农业保险不是一个单体行为，需要协同形成合力。如：保险双方需要协同，以提高共同履行合同条款的主动性、积极性、自觉性，以保证合同的顺利履行。在运行的过程中，农业保险需要政府的政策支持，需要政府监管部门的监督，需要政府的财政、农业、林业、发展改革、税务、民政、国土资源、气象等相关部门的支持，既形成推进和监管的合力，又建立起相关信息的共享机制，这是农业保险作为一个市场与社会大系统中的子系统所不可或缺的。

5. 权利和义务对等原则

这是指农业保险双方，无论是农户，还是保险公司，都是平等的市场主体，在农业保险条款中所规定的权利和义务是对等的，投保人有交纳保费的义务，同时享有相应赔偿的权利，保险人有获得保费的权利，同时负有相应赔偿义务。这种权利和义务对等的原则不仅源自双方都是平等的市场主体，还有保险贯彻“收支衡等原则”，尤其是农业保险，带有惠农的性质，不同于纯商业性保险以营利为目的，这就要求保险公司在农业保险中把更好地保护农民的利益作为一种道德要求，使权利和义务对等原则贯彻得更为有力。

6. 协商一致原则

我国的农业保险贯彻自主自愿、权利和义务对等原则，基于尊重农民的主体地位，体现在保险条款的认可、保险双方权利义务的确定、保险灾损和赔付的认定，都要充分听取投保人的意见，遇到不理解的要给予解释，遇到有不同意见的要说明和讨论协商以取得认同，遇到投诉的要受理并据实予以回馈和处置，不得有任何的歧视、压制、强迫。这些对保险公司尤为重要，相对农户而言，保险机构自然处于强势地位，加之保险的技术性特征，都可能让农户处于不利的地位，更要求保险机构按照协商一致的原则，在解释、说明、讨论中实现农业保险条款的认知、认同、认可、合约。

7. 程序性原则

程序实则是一种次序，而作为一条原则，即有其规范性和系统性。如计算机程序，其编程是有一定的次序的，否则一片乱码，达不到正确运算的目的。农业保险的程序性原则，体现在某一农业保险项目的运行都是有先后次序的，并有其规范性要求,如前所述中的农业保险运行模式中的若干环节,讲的就是先后运作顺序及其规范要求,其中任何一个环节都不能省除,也不能颠倒,否则就会在其运行中产生障碍,难以运行。强调农业保险的程序性原则,实则是强调农业保险要有必要的步骤,要遵循必要的规则。

8. 法律保护原则

农业保险的法律保护作为一个原则主要体现在农业保险合同上。一份农业保险合同,就是一份法律文书,合同中规定的农户和保险机构的权利义务受到法律的保护,任何人不得干预和妨碍,否则,将受到法律的追究,合同的双方同样负有履行合同条款的义务和责任,违反的,要受到违约的处罚。这在《保险法》和《农业保险条例》中都有明确的规定。要求无论是农户还是保险机构,都要增强法制意识,用法制的思想来规制自己的保险行为,用法律的武器维护自身的正当权益,保证农业保险的健康发展。

三、农业保险的组织管理体制

中国的农业保险受到从中央到地方政府的高度重视,相关部门给予积极支持,政府的监管部门进行专门的监督管理,保险公司独立自主开展农业保险活动,基层组织和网点办理具体的农业保险业务,其组织管理体制日臻科学,体系逐渐健全,保障和支撑着中国农业保险健康而又快速的发展。

(一)中央层面

党中央、国务院高度重视农业保险工作,特别体现在进入 21 世纪以后。早在 2002 年,第十届全国人民代表大会常务委员会第三十次会议通过的修订后的《中华人民共和国农业法》第 46 条规定:“国家逐步建立和完善政策性农业保险制度。”明确了中国农业保险发展的基本定位,并把农业保险作为一种法律定制,这是中国农业保险发展的新的里程碑。2003 年,党的十六届三中全会把要“探索建立政策性农业保险制度”写入《中共中央关于完善社会主义市场经济体制若干问题的决定》,作为党的一项工作任务。2004 年中央一号文件明确要求“加快建立政策性农业保险制度,选择部分产品和部分地方率先试点,有条件的地方可对参加种养业保险的农户给予一定的保费补贴”。自此,开启了中国农业保险的新进程,也标示着中央高度重视农业保险,既作为一项重要的农业政策,也是政府一项重要的农村工作。至 2017 年,历年的中央一号文件都强调农业保险工作,并提出新的任务要求,表明农业保险工作在中央农村工作中具有重要的地位,党和政府各级部门都要加强对农业保险的重视程度,积极予以组织、推动、支持、引导、管理,发挥好农业保险对稳定农业生产,保证粮食安全,减少农民风险,稳定农民收入的作用。

国务院作对农业保险的高度重视主要体现在三个方面:一是提出了农业保险的发展体制框架和政策框架。国务院 2006 年 6 月出台的《国务院关于保险业改革发展的若干意见》,对农业保险作出了比较具体明确的设计和规定:“探索建立适合我国国情的农业保险发展模式,将农业保险作为支农方式的创新,纳入农业支持保护体系;有步骤地建立多种形式经营、多渠道支持农业保险体系;逐步建立政策性农业保险与财政补助相结合的农业风险防范与救助机制;探索建立中央、地方财政支持的农业再保险体系;探索中央财政对农户投保给予补贴的方式、品种和比例,对保险公司经营的政策性农业保险适当给予经营管理费补贴,逐步建立农业保险发展的长效机制;探索发展相互制、合作制等多种形式的农业保险组织。”这种关乎农业保险发展的蓝图式的意见,成为以后农业保险发展的目标和路径。二是 2007 年,中央财政对农业保险试点予以保费补贴,涵盖玉米、水稻、大豆、小麦和棉花等关系国计民生的大宗农作物,试点省份为内蒙古、吉林、江苏、湖南、新疆、四川等地。为应对当年生猪市场发生的剧烈波动,国务院出台了《国务院关于促进生猪生产发展稳定市场供应的意见》,明确提出:“积极推进能繁母猪保险工作。国家建立能繁母猪保险制度,保费由政府负担 80%,养殖户(场)负担 20%。要在总结能繁母猪保险工作的基础上,逐步开展生猪保险,并建立保险与补贴相结合的制度。”2017 年第十二届全国人大第五次全体会议《政府工作报告》,提出对 13 个粮食主产省实施财政补贴的大灾保险。这些举措表明,政府已由政策层面走向实际操作层面,中央政府以上率下,推动农业保险向更广的领域发展。三是颁发了《农业保险条例》。该条例于 2012 年 10 月 24 日国务院第 222 次常务会议通过,并于 2013 年 3 月 1 日施行。这是我国第一个农业保险的专门性法规，一共 32 条，对我国农业保险的性质、方针、原则、农业保险合同的设立、农业保险经营的规则、农业保险的范围、农业保险的法律责任等等，都做了明确的规定，使我国的农业保险有法可依，受到法律的严格保护，也成为我国法制体系的重要组成部分。

（二）中央部门层面

《农业保险条例》规定，“国务院财政、农业、林业、发展改革、税务、民政等有关部门按照各自的职责，负责农业保险推进、管理的相关工作。财政、保险监督管理、国土资源、农业、林业、气象等有关部门、机构应当建立农业保险相关信息的共享机制”。这一规定做了两个方面的职能界定：一是负有对农业保险直接推进、管理之责；二是对农业保险负有支持之责。无论是组织推进及管理，还是提供有关农业保险方面的信息，都是借以形成一种共推共管共享的机制，使行政的力量和市场的力量相结合，成为农业保险发展的合力，减少了农业保险运行的成本，提高了农业保险的效能，同样属于服务农业、惠及农民的范畴。这也是农业保险的中国特色、中国优势。

国家财政部担负着财政农业保险保费补贴的重要任务。早在 2007 年，财政部就印发了《中央财政农业保险保费补贴试点管理办法》，明确了试点地区、试点品种、保费补贴标准，以及财政补贴资金的管理，保证了试点的成功。经过总结和完善，财政对农业保险保费补贴的品种不断增加，经费的供给不断增长，对农业保险实行保费补贴成为我国财政的一项重要政策。2017 年年初，财政部印发了《中央财政农业保险保费补贴管理办法》，将补贴品种扩大到 16 类主要品种，分区域分品种给予 30%—90%不等的保费补贴，对稻谷、小麦、玉米保险凡投必补。

为确保财政补贴的农业保险品种合规运行，提高保险公司服务农业保险的水平，2015 年 3 月，保监会、财政部、农业部联合印发了《关于进一步完善中央财政保费补贴型农业保险产品条款拟定工作的通知》，从提高农业保险保障水平、扩展保险责任、降低理赔条件，规定了条款拟定应遵循的基本原则和开发程序，从保险责任、保险金额、免赔设置、种植业不同阶段赔偿标准、种植业绝产标准、养殖业无害化处理等六个方面，对条款核心要素提出要求。重申禁止性要求，包括保险人不得主张对受损的保险标的残余价值的权利，不得有封顶赔付、平均赔付、协议赔付等损害农户利益的约定，等等。保监会、财政部、农业部一同对各保险公司实施的农业保险项目进行了监督检查，取得了明显的效果，减少了违规行为。2016 年全国农业保险的简单赔付率达到 83.43%，达到历史年份的最高值，当年农业保险赔款首次超过财政补贴总额，这是中央部门加强管理的实际体现。2016 年 5 月，保监会、国务院扶贫办联合印发《关于做好保险业助推脱贫攻坚工作的意见》，提出对扶贫相关工作的差异化监管规定，包括优先审批贫困地区开设机构的申请、优先审批备案相关产品，对保险公司开发的针对建档立卡贫困人口的农业保险、涉农保险等产品，费率可在监管部门报备费率的基础上下调 20%等。这些举措，将农业保险与扶贫脱贫相结合，是不可多得的推动力量，有着更多的利好，有利于贫困地区的贫困农民加快脱贫的步伐。国家农业部、国家林业局还设立金融保险处，专司农业保险的协助推进工作。气象部门在气象指数保险中，加强气象观测点建设，提供相关气象历史资料和现实数据，正在成为气象部门的一项工作内容。这些都构成了农业保险部门协同推进的基本要素，在建立健全其部门共推、共管、共享体制机制上日趋完善。

（三）地方层面

地方政府对农业保险的职责更为具体。《农业保险条例》赋予了地方政府明确的权责，规定："县级以上地方人民政府统一领导、组织、协调本行政区域的农业保险工作，建立健全推进农业保险发展的工作机制。县级以上地方人民政府有关部门按照本级人民政府规定的职责，负责本行政区域农业保险推进、管理的相关工作。"按照这一规定，可以作这样的理解：县级以上地方人民政府包括市人民政府、省（自治区、直辖市）人民政府。这些政府对所辖的行政区域的农业保险工作负有领导、组织、协调之责，既要担负领导、组织、协调三重职责，而且要着力建立起相关的工作机制，成为一种工作的经常性组织形态和工作模式。地方政府相关部门比同中央所属部委，有其职、担其责，其更多的工作是放在具体工作的落实上，在抓实施、抓落实上实行推进和管理之职。

目前大多数省份都成立了农业保险工作领导小组或者建立了农业保险工作联席会议制度，一般都是主管农业的副省长牵头组织和召集，其牵头部门或为农业部门，或为财政部门，或为保监部门，但都能起到统筹、协调的作用，使农业保险工作得到了有力的领导，为农业保险工作的推进提供了重要的组织保障。在县一级，农业保险工作大多由主管农业的副县长主管，农业、财政、林业等部门组成联席会议或工作领导小组成为一种普遍组织形式。

（四）保险监督部门

国家设立保险监督管理机构对农业保险业务实施监督管理，这是国务院所属的专门性机构。具体的机构是，中央层面为中国保监会，在省一级设保监局，目前已在全国各省、自治区、直辖市、计划单列市设有 36 个保监局，在苏州、烟台、汕头、温州、唐山设有 5 个保监分局。政府设立的保险监管机构，作为一级政府部门，对农业保险的业务行使监督管理权力。为确保监管职责的履行和监管任务的落实，中国保监会财产保险监管部设有农业保险处，在各省的保监局都设有专人负责农业保险的有关监管工作。农业保险的监督管理部门的主要监管职权是，监控保险公司的资产质量和偿付能力；检查农业保险是否规范，对其违法行为进行查处；对能否从事农业保险的公司进行资格审查，并决定对其农业保险的业务是否变更和终止；审核和备案管理农业保险的条款和保险费率。保险监督管理部门在农业保险实施中扮演着重要的角色，在整个农业保险的组织体制中处于关键的位置，决定着农业保险的运行是否规范、农业保险的公司服务是否到位、农业保险的费率是否合理、农业保险能否稳健运行。加强保险监督管理部门的建设，配齐配强农业保险监督管理的人员，给予农业保险监督管理的支持，也是从中央到地方政府应予以高度重视的，相关部门的积极配合也应站在农业保险的大局来把握。

（五）农业保险经办机构

按照农业保险市场运行的原则，保险公司作为市场的主体，自然也是运作的主体，在农业保险的组织体制中处于中心的位置。政府的引导、推进、管理以及基层组织的服务，说到底是为保险公司从事农业保险一方面确定方向、目标,一方面提供政策等的支持,一方面创造有利的市场环境,一方面加强规范管理,等等,最终落实到保险公司开展好农业保险业务。所以保险公司作为农业保险的实施主体构成了农业保险组织体制的中心一环。经中国保监会批准,目前从事农业保险的公司主要有27家,按照2016年农业保险保费规模排序依次为:中国人民财产保险股份有限公司(人保股份)、中华联合财产保险股份有限公司(中华保险)、阳光农业相互保险公司(阳光相互)、国元农业保险股份有限公司(国元农业)、安华农业保险股份有限公司(安华农业)、中国太平洋财产保险股份有限公司(太平洋产险)、中国人寿财产保险股份有限公司(国寿财产)、中航安盟财产保险有限公司(中航安盟)、中国平安财产保险股份有限公司(平安产险)、安信农业保险股份有限公司(安信农业)、中原农业保险股份有限公司(中原农业)、北部湾财产保险股份有限公司(北部湾财产)、锦泰财产保险股份有限公司(锦泰财产)、永安财产保险股份有限公司(永安财险)、紫金财产保险股份有限公司(紫金财产)、安邦财产保险股份有限公司(安邦财险)、中国大地财产保险股份有限公司(大地财产)、泰山财产保险股份有限公司(泰山财险)、华农财产保险股份有限公司(华农财险)、安诚财产保险股份有限公司(安诚财险)、阳光财产保险股份有限公司(阳光财产)、中煤财产保险股份有限公司(中煤财产)、太平财产保险有限公司(太平财险)、诚泰财产保险股份有限公司(诚泰财产)、信达财产保险股份有限公司(信达财险)、英大泰和财产保险股份有限公司(英大财产)、燕赵财产保险股份有限公司(燕赵财产)。加上国外保险公司取得在中国经营农业再保险资格的公司,则还有:瑞士再保险公司北京分公司、慕尼黑再保险公司北京分公司、法国再保险公司北京分公司、汉诺威再保险公司上海分公司、RGA美国再保险公司上海分公司、法国通用再保险股份公司上海分公司等。

(六)基层组织

农业保险涉及千家万户,其保险对象是农户,需要入村入户,需要走进田间、地头、栏舍,需要打通保险服务“最后一公里”。国家支持保险机构建立适应农业保险业务发展需要的基层服务体系,以构建起从中央到地方到基层,从保险监督管理机构到相关部门的从上到下、政府领导、部门协调、基层落实的机构完整、运转流畅、实施有力的组织体制。

近十年来,以保险机构为主加大了农业保险基层网点和协保员队伍建设,基层网点已覆盖到几乎所有的乡镇。上海加强农业保险基层服务体系建设的做法具有典型性。上海于2013年专题开展了建立和完善农业保险基层服务体系的工作,并提出了相应的目标和标准。上海的目标是,以本市基层农业技术推广机构为依托,建设"因地制宜、布局合理、覆盖全面、高效规范"的农业保险基层服务体系,形成区县"三农"保险服务中心、乡镇"三农"保险服务站、村"三农"保险服务点三级农业保险基层服务网络,做到"管理到区县、机构到乡镇、网络到村组、服务到农户"。以为实现农业保险"惠农政策公开、承保情况公开、理赔结果公开、服务标准公开、监督要求公开"和"承保到户、定损到户、理赔到户"提供组织保障。要求县乡的保险服务有场所、有标识、有人员。从规范运行的要求出发,由保险机构与有关区县、乡镇农业保险基层服务机构签订了农业保险业务委托办理合同,明确双方的权利义务。委托的对象是区乡的涉农基层机构,包括区县农业技术推广站、蔬菜技术推广站、农机推广站、动物疫病预防控制中心、林业站以及乡镇的农业综合服务中心。这些机构是否能承担委托的任务,由区县农委予以确认。为保证其规范有效运行,区县农委会同保险机构予以绩效考核,其考核结果与委托方给付的工作费用额度挂钩。由此,上海已初步建立起基层的"三农"保险服务机构网络,建设了一支专兼职结合的人员队伍,截至2016年,共有农业保险协保员2178名,覆盖行政村1183个。有效地提高了农业保险服务水平,也减少了农业保险的运行成本,推进了农业保险的稳健运行。

四、农业保险的政府责任

在农业保险组织体制中,政府始终处于领导者的地位,负有引导、组织、管理的职责,为更好地发挥农业保险在保障国家粮食安全、稳定主要农产品生产、发展特色农产品、稳定农民收入方面的效能,需要进一步明确和深化政府对农业保险的责任,更好地发挥政府在农业保险中的作用。

（一）制定法规政策

制定法规政策是政府对农业保险的一项重要责任。只有制定完备的法规和健全的政策体系，才能更好地为农业保险提供法律保障和政策支持，使农业保险纳入国家的法制轨道和政策体系。我国目前农业保险的专门性法规除《农业保险条例》外，在我国颁布的《农业法》《保险法》等法律中对农业保险都有专门的表述和规定，形成了农业保险主要的法律依据。

我国是一个农业保险政策力度较大的国家，不仅中央制定了农业保险的诸多政策，地方也制定了一些支持性政策。

以中央一号文件为例，自 2004 年以来，中央一号文件都对农业保险提出政策性要求：

2004 年："加快建立政策性农业保险制度，选择部分产品和部分地区率先试点，有条件的地方可对参加种养业保险的农户给予一定的保费补贴。"

2005 年："扩大农业政策性保险的试点范围，鼓励商业性保险机构开展农业保险业务。"

2006 年："各级财政要增加扶持农业产业化发展资金，支持龙头企业发展，并可通过龙头企业资助农户参加农业保险。发展大宗农产品期货市场和'订单农业'。""稳步推进农业政策性保险试点工作，加快发展多种形式、多种渠道的农业保险。"

2007 年："建立农业风险防范机制。要加强自然灾害和重大动植物病虫害预测预报和预警应急体系建设，提高农业防灾减灾能力。积极发展农业保险，按照政府引导、政策支持、市场运作、农民自愿的原则，建立完善农业保险体系。扩大农业政策性保险试点范围，各级财政对农户参加农业保险给予保费补贴，完善农业巨灾风险转移分摊机制，探索建立中央、地方财政支持的农业再保险体系。鼓励龙头企业、中介组织帮助农户参加农业保险。"

2008 年："认真总结各地开展政策性农业保险试点的经验和做法，稳步扩大试点范围，科学确定补贴品种。""支持发展主要粮食作物的政策性保险。""建立健全生猪、奶牛等政策性保险制度。""完善政策性农业保险经营机制和发展模式。建立健全农业再保险体系，逐步形成农业巨灾风险转移分担机制。”

2009年:“加快发展政策性农业保险,扩大试点范围、增加险种,加大中央财政对中西部地区保费补贴力度,加快建立农业再保险体系和财政支持的巨灾风险分散机制,鼓励在农村发展互助合作保险和商业保险业务。探索建立农村信贷与农业保险相结合的银保互动机制。”

2010年:“积极扩大农业保险保费补贴的品种和区域覆盖范围,加大中央财政对中西部地区保费补贴力度。鼓励各地对特色农业、农房等保险进行保费补贴。发展农村小额保险。健全农业再保险体系,建立财政支持的巨灾风险分散机制。支持符合条件的涉农企业上市。”“推动农产品出口信贷创新,探索建立出口信用保险与农业保险相结合的风险防范机制。”

2011年:“鼓励和支持发展洪水保险。”

2012年:“扩大农业保险险种和覆盖面,开展设施农业保费补贴试点,扩大森林保险保费补贴试点范围,扶持发展渔业互助保险,鼓励地方开展优势农产品生产保险。健全农业再保险体系,逐步建立中央财政支持下的农业大灾风险转移分散机制。”

2013年:“加强涉农信贷与保险协作配合,创新符合农村特点的抵(质)押担保方式和融资工具,建立多层次、多形式的农业信用担保体系。扩大林权抵押贷款规模,完善林业贷款贴息政策。健全政策性农业保险制度,完善农业保险保费补贴政策,加大对中西部地区、生产大县农业保险保费补贴力度,适当提高部分险种的保费补贴比例。开展农作物制种、渔业、农机、农房保险和重点国有林区森林保险保费补贴试点。推进建立财政支持的农业保险大灾风险分散机制。支持符合条件的农业产业化龙头企业和各类农业相关企业通过多层次资本市场筹集发展资金。”“创新适合合作社生产经营特点的保险产品和服务。”

2014年:“启动东北和内蒙古大豆、新疆棉花目标价格补贴试点,探索粮食、生猪等农产品目标价格保险试点,开展粮食生产规模经营主体营销贷款试点。继续执行稻谷、小麦最低收购价政策和玉米、油菜籽、食糖临时收储政策。”“加大农业保险支持力度。提高中央、省级财政对主要粮食作物保险的保费补贴比例,逐步减少或取消产粮大县县级保费补贴,不断提高稻谷、小麦、玉米三大粮食品种保险的覆盖面和风险保障水平。鼓励保险机构开展特色优势农产品保险,有条件的地方提供保费补贴,中央财政通过以奖代补等方式予以支持。扩大畜产品及森林保险范围和覆盖区域。鼓励开展多种形式的互助合作保险。规范农业保险大灾风险准备金管理,加快建立财政支持的农业保险大灾风险分散机制。探索开办涉农金融领域的贷款保证保险和信用保险等业务。"

2015 年:"积极开展农产品价格保险试点。""加大中央、省级财政对主要粮食作物保险的保费补贴力度。将主要粮食作物制种保险纳入中央财政保费补贴目录。中央财政补贴险种的保险金额应覆盖直接物化成本。加快研究出台对地方特色优势农产品保险的中央财政以奖代补政策。扩大森林保险范围。""积极推动农村金融立法,明确政策性和商业性金融支农责任,促进新型农村合作金融、农业保险健康发展。"

2016 年:"完善财税、信贷保险、用地用电、项目支持等政策,加快形成培育新型农业经营主体的政策体系,进一步发挥财政资金引导作用,撬动规模化经营主体增加生产性投入。""加快推进病死畜禽无害化处理与养殖业保险联动机制建设。""创新发展订单农业,支持农业产业化龙头企业建设稳定的原料生产基地、为农户提供贷款担保和资助订单农户参加农业保险。""完善农业保险制度。把农业保险作为支持农业的重要手段,扩大农业保险覆盖面、增加保险品种、提高风险保障水平。积极开发适应新型农业经营主体需求的保险品种。探索开展重要农产品目标价格保险,以及收入保险、天气指数保险试点。支持地方发展特色优势农产品保险、渔业保险、设施农业保险。完善森林保险制度。探索建立农业补贴、涉农信贷、农产品期货和农业保险联动机制。积极探索农业保险保单质押贷款和农户信用保证保险。稳步扩大'保险+期货'试点。鼓励和支持保险资金开展支农融资业务创新试点。进一步完善农业保险大灾风险分散机制。"

2017 年:"鼓励发展农业互助保险"。"持续推进农业保险扩面、增品、提标,开发满足新型农业经营主体需求的保险产品,采取以奖代补方式支持地方开展特色农产品保险。鼓励地方多渠道筹集资金,支持扩大农产品价格指数保险试点。探索建立农产品收入保险制度。""扩大银行与保险公司合作,发展保证保险贷款产品。深入推进农产品期货、期权市场建设,积极引导涉农企业利用期货、期权管理市场风险,稳步扩大'保险+期货'试点。"

笔者用实录的办法,将 2004 年以来,中央一号文件中关于农业保险的要求、指向、工作重点一一抄写下来,是想表明,中央对农业保险重视的一贯性、农业保险工作的渐进性、支持政策的明确性。也可以说,连续十余年有关农业保险的表述,实则是一个农业保险政策的历程表,是一幅农业保险发展的目标蓝图。要求我们坚定不移地沿着中央所确定的政策目标干下去,更好地发展农业保险。

2017 年,国务院连续发出文件多次强调要推进农业保险发展,并提出明确的意见、要求和政策。一是积极开展适合农业经营主体需求的保险品种,优先在粮食生产功能区和重要农产品生产保护区"两区"范围内探索农产品价格和收入保险试点,推动"两区"农业保险全覆盖,健全大灾风险分散机制。二是逐步扩大粮食作物价格保险试点范围和规模,有条件的地方对保费适当给予财政补贴,降低农民自缴比例。鼓励地方和保险机构结合实际自主开展粮食作物价格保险,继续探索发展"保险+期货"模式,支持保险公司按照价格和约定产量,开展农产品收入保险。推动地方开展覆盖洪水、台风等灾害的巨灾保险实践探索。拓宽保险资金支持实体经济和参与基础设施建设渠道。三是加强农业保险制度建设,在部分地区对适度规模经营农户实施大灾保险,提高保险覆盖面和理赔标准,完善农业再保险体系。建立健全涵盖产量、价格、收益等数据的采集、发布和共享机制,完善政府、银行、保险公司、担保机构联动机制,深化小额贷款保证保险试点,完善农业保险大灾风险分散机制,建立行业统一的承保理赔业务监管制度。可见,对农业保险重视程度之高、政策力度之大。

(二)提出农业保险计划

对政策性农业保险,政府提出相关计划,体现的是一种政府责任,有利于有限的财政资金保证使用的方向,发挥更好的效能,起到稳定农业生产、稳定农民收入的双重效应。

政府提出农业保险计划,不是我们传统意义上的计划经济式的计划,主要内容是保险的品种、保险的风险保障、保险的保费分担、保险的种类、保险的目标、保险的相关管理等等一些带有政策属性、范畴、标准等的明确意见，以便于农户和保险公司遵循和把握，自主地开展某项农产品的保险活动。

在中央层面，提出农业保险计划，主要体现在中央对某些农产品品种进行财政保费补贴，并将这种保费补贴列入中央财政预算。如早在2007年，财政部印发了《中央财政农业保费补贴试点管理办法》的通知，实质就体现了计划性：一是，在内蒙古等6个省区试点，这是一个地域计划；二是财政补贴保险的品种是玉米、水稻、大豆、小麦和棉花，这实际是一个品种计划；三是补贴的标准是物化成本，以及保费分担比例中央和省各承担25%，这都有计划性，不是漫无边界的，而是有着某种标准的要求，形成"低保障、广覆盖"的保险模式。

在地方层面，提出农业保险计划属于中观的范畴，更明确具体，更便于操作。从不同的角度，我们列举三个样本：

1. 北京市农委2011年9月印发了《北京市"十二五"时期政策性农业保险发展规划》

该规划将北京市"十二五"时期农业保险的主要任务和发展重点确定为完善农业保险制度体系，加强农险组织体系建设，提高农业保险保障能力，加强农业保险管理工作，稳定推进农业保险创新工作。对"十二五"时期确定农业保险的具体目标为：第一，农险风险保障能力不断提高，与北京市都市型现代农业发展水平和发展特点相适应，不断提高农业保险风险保障能力。到2015年年末，政策性农业保险保障程度达到50%，政策性农业保险制度覆盖率达到80%。第二，农险服务水平显著提高。到2015年年末，实现保险公司经营服务网点乡镇覆盖率达到90%以上，农险宣传村级覆盖率达到100%，政策性农业保险"一卡通"零现金支付覆盖率达到100%。第三，农险制度体系框架逐步完善。建立一套较为完整的业务规范制度、资金管理制度、信息上报制度、稽核审计制度、农业巨灾风险防范制度和绩效考核评价制度。第四，农业保险创新能力显著增强。研究拓展农户财产和责任保险以及其他"三农"保险；试点农机具保险、生态保险和气象指数保险，探索农产品成本价格保险、区域产量保险、农房保险、民俗旅游意外险（或责任险）等；积极推进农业保险服务体系和方式的创新。正是这种计划的事先研究和目标设定，北京市农业保险得到了长足发展，"十二五"期间保费由4.31亿元增长到5.74亿元，年均增长 7.43%。

2. 上海对“淡季”绿叶菜的农业保险提出了较为详尽的方案，确保了上海淡季绿叶菜的供应和菜农的稳定收入

仅以上海市农委、财政局印发的《关于下发 2016 年度“淡季”绿叶菜价格保险实施方案的通知》为例。因篇幅所限，只列“夏淡”绿叶菜成本价格指数保险部分（见表 1）。

表 1　上海“夏淡”绿叶菜成本价格指数保险情况

“夏淡”保险品种	保险产量	生产成本	保险金额	基本保费
	（公斤/亩次）	（元/公斤）	（元/亩次）	（元/亩次）
青　菜	700	1.91	1338.9	133.89
鸡毛菜	280	3.04	850.1	85.01
米　苋	490	1.77	867.8	86.78
生　菜	420	2.68	1126.4	112.64
杭白菜	770	1.60	1231.2	123.12

保险标的：“夏淡”期间上市的青菜、鸡毛菜、米苋、生菜、杭白菜等五种绿叶菜。

保险期间：“夏淡”期间为 2016 年 6 月 16 日至 9 月 15 日。9 月 16 日后上市的绿叶菜不接受投保。

投保对象：以蔬菜生产龙头企业、专业合作社和种植大户为优先投保对象，2 亩以上的绿叶菜种植散户由所在镇、村统一组织投保。

投保面积和时段：“夏淡”期间上述绿叶菜最高保险面积为 13 万亩次，超过此面积的，市级财政不予保费补贴。如有特殊情况，经商议一致后可酌情增加面积。各区县按照“均衡播种、均衡生产、均衡上市”的工作要求，分三个时段按计划组织投保。第一个时段：2016 年 6 月 16 日至 7 月 15 日，保险面积为 3.5 万亩次。该时段投保截止日期为 2016 年 6 月 30 日。第二个时段：2016 年 7 月 16 日至 8 月 15 日，保险面积为 6 万亩次。该时段投保截止日期为 2016 年 7 月 31 日。第三个时段：2016 年 8 月 16 日至 9 月 15 日，保险面积为

3.5 万亩次。该时段投保截止日期为 2016 年 8 月 31 日。

保险金额和保费:保险金额按照保险产量(约亩均产量的 70%)与单位生产成本乘积计算,保险基本费率为 10%。

保费补贴标准:市级财政给予 50%保费补贴,各区县根据财力予以配套补贴,投保人自缴保费比例应不低于 10%。

理赔方法:根据国家统计局上海调查总队采集本市 26 家标准化菜市场前三年同期的零售价格数据作为基础理赔标准,在此基础上再加上 5%绿叶菜综合成本指数作为理赔标准。若在保险期间市场平均零售价低于保单约定价,则按其跌幅同比例进行相应赔付;高于保单约定价的不发生赔付。

赔偿金额=保险金额×(保单约定价-保险期间市场平均零售价)/(保单约定价)×保险亩数

保单约定价=[保险三年前同期市场价格×$(1+r_1)$×$(1+r_2)$×$(1+r_3)$+保险两年前同期市场价格×$(1+r_2)$×$(1+r_3)$+保险一年前同期市场价格×$(1+r_3)$]/3×105%

保单约定价是指纳入前三年各年蔬菜价格涨幅和当年度绿叶菜综合成本指数考虑后,保险前三年实际价格的平均值。其中 r_1 指 2013 年 6—9 月各月蔬菜价格涨幅,r_2 指 2014 年 6—9 月各月蔬菜价格涨幅,r_3 指 2015 年 6—9 月各月蔬菜价格涨幅。2013—2015 年"夏淡"期间相关蔬菜同比涨幅情况见表 2。

表 2　2013—2015 年"夏淡"期间相关蔬菜同比涨幅情况

时　间	6 月	7 月	8 月	9 月
2013 年	21.2%	14.4%	5.4%	13.1%
2014 年	-2.2%	1.5%	-2.4%	0.1%
2015 年	8.9%	10.4%	7.6%	3.3%

2016 年"夏淡"期间各月蔬菜价格涨幅情况按照市统计局发布的统计数据确定。

3. 2017 年湖北以省农业厅、民政厅、财政厅、林业厅、保监局的名义，提出了 2017 年湖北省农业保险工作实施方案

其方案包括指导思想、基本原则、实施内容、承保机构、工作措施等五个方面。该实施方案险种范围为中央、省级财政补贴的农业保险。因篇幅所限，其实施内容仅列其中水稻保险一项，再列举承保机构部分。

湖北省从 2017 年起，提高水稻保险保障水平。

保险对象：从事水稻种植的农户、种植大户、家庭农场、龙头企业和专业合作经济组织。

单位保额：每亩由 200 元提高至 400 元。

保险费率：由原来的 7%降至 6%，即每亩投保费用为 24 元。其中，产粮大县水稻保险保费分担比例为：中央财政 45%（补贴 10. 8 元）、省级财政 30%（补贴 7. 2 元）、农户 25%（自交 6 元；农户自交比例不低于 20%）；非产粮大县水稻保险保费分担比例为：中央财政 40%（补贴 9. 6 元）、省级财政 25%（补贴 6 元）、县级财政 10%（补贴 2. 4 元）、农户 25%（自交 6 元）。产粮大县根据财政部产粮（油）大县奖励办法确定。

保险责任：(1)暴雨、洪水（政府行蓄洪除外）、内涝、风灾、雹灾、冻灾、旱灾、地震；(2)泥石流、山体滑坡；(3)病虫草鼠害。

保险期限：自水稻移栽到大田成活（或自直播水稻齐苗之日）起至收割完毕完全离开大田之日止。

理赔标准：(1)因保险责任造成保险水稻损失率达到 25%（含，该起赔点由原来的 30%降至 25%）以上时，保险人按照约定负责赔偿；损失率达到 70%（含）以上时，视为全部损失，按照生长期最高赔偿限额全部赔付；损失率在 25%—70%（不含）之间时，按照损失率赔付（赔款计算公式为：赔款 = 出险当期每亩最高赔付限额×受灾面积×损失率×投保面积/实际种植面积）。(2)分段确定赔付限额，水稻损失的理赔标准根据生育期确定。水稻种植保险分三个时段确定最高赔付限额，各生长阶段的最高赔付限额与总保险金额的比例为：移栽期（齐苗）—分蘖期（含），50%，即 200 元；分蘖期（不含）—抽穗期（含），75%，即 300 元；抽穗期（不含）—成熟期，100%，即 400 元。(3)保险期内，投保水稻多次受灾，每亩累计赔款最高不超过保险金额，即不超过 400 元。

农业保险的承保机构:(1)水稻保险。根据省政府有关文件精神,水稻保险维持原承保机构不变,黄冈、鄂州两地水稻保险依然由中华联合财产保险湖北分公司经办,其他地区仍由中国人民财产保险股份有限公司湖北省分公司经办。(2)油菜保险和棉花保险。原油菜保险试点的潜江等5个县(市、区)和棉花保险试点的天门市,承保政策不变。2017年扩大油菜和棉花保险保费补贴试点范围的44个县(市、区),经省农业厅会同省财政厅、湖北省保监局等部门指导监督专家评审,依据承保机构提出承保区域的意向、承保能力和工作方案进行评分,承保机构按评分排名顺序分轮依次自主选择县(市、区),确定具体承保区域。各公司承保区域见表3。

表3 湖北保险机构油菜和棉花承保区域情况

序号	承保机构	油菜种植区域选择	棉花种植区域选择
1	人保财险	监利县、咸安区、赤壁市、应城市、孝南区、麻城市、黄陂区	襄州区、汉川市
2	太平洋财险	松滋市、洪湖市、江陵县、京山县、蕲春县、宜城市、红安县、天门市	无
3	中华联合财险	掇刀区、仙桃市、孝昌县、浠水县	仙桃市、宜城市、松滋市、钟祥市
4	平安财险	石首市、沙洋县、汉川市、鄂州市、荆州区	潜江市、石首市、京山县
5	太平财险	巴东县、阳新县、大冶市、枝江市	监利县、公安县、枝江市
6	国元农险	新洲区、黄梅县	新洲区、黄梅县

湖北的例证表明,农业保险是一项精细、精准的工作,有具体的规范、精准的计算、明确的标准,要求有科学、周密的计划,政府处于组织、统筹、管理的领导地位,提出农业保险的相关计划是履行领导责任的重要方式。

(三)实施监督管理

依法依规对农业保险实施严格的监督管理,是政府的一项重要责任,以保证保险公司合规运行,形成良好的农业保险秩序,维护好保险双方的权益,特别是投保农民的正当权益,确保农业保险的稳健运行和发展。我国政府专设政府保险监督管理机构对农业保险业务实施监督管理。

1. 对从事农业保险经营机构的资质制定准入条件

在我国,不是任何一个保险机构都可以随意经营农业保险的,首先,它必须符合中国保险监督管理委员会规定的资质,未能满足资质要求的,不得经营农业保险业务。从事农业保险的保险机构必须具备相关的资质和条件,包括偿付能力充足,上一年度末及最近四个季度末偿付能力充足率均在150%以上;有经过该保险总公司股东会或董事会认可的农业保险发展规划;有与拟开办农业保险业务的区域内与之业务规模相匹配的基层网络;有拟开办区域内的分支机构专设的农业保险经营部门并经保监部门认定的专业人员;有较稳健的农业再保险和大灾风险安排以及风险预案;等等。只有符合资质和条件,方能从事农业保险业务。

2. 对农业保险的条款和费率进行审批或备案

农业保险的条款和费率是农业保险的核心内容,条款和费率是否公正、合理,直接关乎投保农户的切身利益和正当权益,也关系到政府对农业保险的保费补贴的公共效用,应当进行严格的审查和监督。中国保监会于2013年专门印发了《关于加强农业保险条款和费率管理的通知》,通知要求保险公司制定的农业保险条款和保险费率,应当在经营使用后十个工作日内由其总公司报中国保监会备案,提出保险公司对保险条款和费率承担相应的责任。要求保险公司制定农业保险条款和费率应按照"公开、公平、合理"的原则确定,不得侵害农户的合法权益,不得损害保险公司的偿付能力,不得妨碍市场公平竞争。在农业保险条款中还提出了"三个不得"的禁止性内容:条款中除相互制保险条款外,不得有封顶赔付、平均赔偿等损害农户合法权益的内容;农业保险合同当事人不得在合同有效期内因保险标的的危险程度发生变化增加保险费或解除合同;除农业保险合同另有约定,保险公司不得主张对受损的保险标的的残余价值的权利。农业保险监管机构对农业保险条款和费率的监管权利最终体现在,可以对违反其规定的依法责令其停止使用,限期修改;情节严重的,将在一定期限内禁止申报新的保险条款和保险费率(事实上是取消业务资格),并对相关责任人依法实施处罚。可见,政府对农业保险条款及费率的监督管理是严肃、严格的。

3. 对农业保险的经营进行监督管理

对保险公司的经营进行监督管理是国家保险监督机构的一项重要工作。农业保险的经营自然也在监督管理的范围之内。《农业保险条例》第二十四条规定，禁止任何单位和个人挪用、截留、侵占保险机构应当赔偿被保险人的保险金。所不同的是，农业保险保费中大部分资金来自于各级政府的财政补贴，政府的监督管理将其作为一项主要内容。《农业保险条例》规定，禁止虚构或者虚增保险标的或者同一保险标的进行多次投保；禁止假理赔、虚列费用、虚假退保或者截留、挪用保险金、挪用经营费用等方式冲销投保人应缴的保费或者财政给予的保险费补贴。国家财政部为加强对财政补贴农业保险保费的管理监督工作，还实施了预算管理，要求省级财政部门在每年12月20日之前向财政部提交下一年度保费补贴申请，并载明本省农业保险的开展情况、下一年度农业保险工作计划、下一年度保费补贴计划。据此来批准和拨付中央财政的保费补贴资金。财政部还要求各级财政部门要定期检查保费补贴资金的使用情况，防止骗取、挪用保费补贴资金等行为。各省都制定了相关的监管规定，完善了相关制度，严肃查处农业保险资金的违法违规行为，防范农业保险资金使用中的道德风险，保障农业保险资金的合理使用，维护国家、农户和保险公司的利益不受侵害，确保农业保险稳健开展。

4. 对农业保险运行开展绩效考核

为提高政策性农业保险服务水平，提高农业保险资金尤其是财政农业保险补贴资金的使用效率和效益，更好地保障投保农民利益，促进农业保险持续健康发展，对农业保险运行开展绩效评价、考核，成为政府监督管理农业保险的一项重要工作和可行方法。在2012年年初，财政部选择了四川、内蒙古、安徽、江苏四省（区）开展农业保险保费补贴绩效评价试点工作，试点通过成本效益分析法、比较法、因素分析法、公众评判法等方法，综合评价农业保险工作的经济效益和社会效益等综合效益，进而使对农业保险的绩效评价逐步走向制度化。北京市农村工作委员会、市财政局、市保监局2013年印发了《北京市政策性农业保险绩效考核办法（试行）》，对考核的目的、考核的原则、考核的内容、考核的方式、考核的结果运用都做了比较详细的规定。考核内容主要包括重点工作、服务能力、基层满意度、经营管理状况、宣传培训工作等 5 个方面。采取百分制，获得 100 分为满分。绩效考核结果与保险公司经营费用补贴和政策性农业保险经营业务资格挂钩。绩效考核得分低于 60 分的，视为考核结果不合格，取消该公司本年度经营费用补贴。连续两年考核得分低于 60 分的，存在虚保、虚赔等违法违规行为，且造成重大负面影响的，取消在北京市政策性农业保险业务经营资格。其监管的力度和严格的程度，足见其严，值得借鉴。

5. 给予农业保险保费补贴

对农业保险给予保费补贴是世界各国的通行做法。我国把给予农业保险保费补贴作为一项重要的农业政策，体现对农业和农民的支持和关心，视为一项政府的重要责任。《农业保险条例》规定："农民或者农业生产经营组织投保的农业保险标的属于财政给予保险补贴范围内的，由财政部门按照规定给予保险费补贴。"财政部早在 2007 年印发了《中央财政农业保险保费补贴试点管理办法》，在内蒙古、四川等省区开展了农业保险保费补贴的试点工作，试点的保险品种有玉米、水稻、大豆、小麦和棉花，保费补贴 38.82 亿元。2010 年财政部又印发了《关于进一步做好农业保险保费补贴工作有关事项的通知》，进一步扩大了保险品种保费补贴的范围，涵盖玉米、小麦、水稻、棉花、马铃薯、油料作物、能繁母猪、奶牛、育肥猪、橡胶、森林、青稞、牦牛、藏系羊等 14 个品种，并规范了各省对中央财政保费补贴申报的办法和程序。2016 年财政部又印发了《中央财政农业保险保险费补贴管理办法》，进一步扩大了保险品种保费补贴的范围，在原有 14 个品种的基础上，将糖料作物纳入中央财政农业保险保费补贴范围，补贴的省份扩大至全国。明确补贴险种的保险金额原则上应覆盖直接物化成本。自此，中央财政对农业保险保费补贴步入一个稳定较快的发展阶段。

《农业保险条例》提出，"国家鼓励地方人民政府采取由地方财政给予保险费补贴等措施，支持发展农业保险"。地方政府财政对农业保险给予保费补贴一般是从两个方面来实施。一是，与中央财政给予的农业保险保费补贴相配合，分担一定的比例，目前的基本框架比例是：凡中央补贴的农业保险品种除北京、上海等发达地区外，东部地区中央财政占保费的 35%、地方财政补贴占保费的45%，中西部地区则是中央和地方财政均承担40%的保费补贴。2017年全国新开展的13个主产粮区的粮食作物大灾保险，其保费补贴分担比例，中央财政在东部的比例提高到40%，在中西部地区的比例提高到47.5%，体现了中央政府在确保国家粮食安全、减轻地方财政压力方面承担了更多的责任。二是，依照“中央保大宗、地方保特色”的原则，地方财政加大了对本区域内关乎地方特色农业产业发展，关系农民收入的主要农产品的农业保险保费补贴的力度。如：四川省开展的地方特色农产品保险品种已到达43个，省级财政补贴的品种达27个，2016年保费补贴23.88亿元（全险种，含中央财政补贴），市县保费6.49亿元。江苏特色优势农产品保险品种达到59个，2016年地方财政给予保险保费补贴达8.57亿元（全险种）。足见我国已形成从中央到地方，从省到县市给予关系国计民生、关系地方农业发展、关系农民收入的农业保险给予保费补贴的基本格局。

6. 提供政策支持

《农业保险条例》在总则中就开宗明义地提出，“国家支持发展多种形式的农业保险制度，健全政策性农业保险制度”。农业保险的政策性是农业保险的重要特征，政府制定政策支持农业保险成为政府的重要工作内容，亦是政府的重要责任。上述已谈到的政府给予多种种养农产品保费补贴，是一项重要的政策支持。除此之外，政府对农业保险的政策支持还体现在：一是为农业保险给予税收优惠，如国家免征农业保险营业税；所得税应税基数9折计算；保险机构计提的农业保险保费准备金，在成本中列支，计入当期损益；保险机构计提的大灾准备金，享受税前扣除政策。二是加强涉农信贷与涉农保险的合作，将涉农保险作为授信要素，为农户“贷款难”提供新的途径。中国银监会和中国保监会2010年印发《关于加强涉农信贷与涉农保险合作的意见》，明确农户投保的农业保险保单可以作为涉农贷款的质押物，解决了目前我国广大农户涉农贷款抵押物不足的问题。另外，该文件还提出农户涉农贷款还可以运用保证保险的办法加以解决，即对所贷涉农贷款由保险公司提供保证保险，用买保险的办法，解决抵押不足的问题，解决农户特别是新型农业经营主体的大额贷款需求。这既是农业保险增信功能的外延，也是政府支持政策的重要体现，正在广泛地推进。三是政府给予农业保险机构工作经费补贴，如:北京按照保费比例的10%给予农业保险机构工作经费补贴,年补贴工作经费达5739.23万元。河北印发了政府补贴农业保险机构工作经费管理办法,提出"政策性农业保险工作费用60%以上应支付给具体负责收取保费、登记造册、协助查勘定损等工作的县、乡(镇)、村级机构或人员"。尽管给予农业保险机构工作经营补贴还未成为一项全国性的政策,但是工作经费列入保险成本,并计入综合赔付率,以此作为绩效考核的重要依据,已成为一项政策性内容。四是支持保险机构委托基层农业技术推广机构协助办理农业保险。农业保险涉及千家万户,直接和农户打交道,农业保险机构很难对农户一一了解,一家一户做农业保险宣传也难以做到,尤其是一家一户收取保费耗时耗力,我国乡村基层组织完备,这是一大组织性优势,我国农村党政及村社组织负有宣传农民、组织农民、服务农民的责任,充分利用这些组织及基层工作人员,既可以大大地降低农业保险的成本,又能更好地反映农民意愿,符合农村实际,提高农业保险的效应。目前,农业保险机构依托乡镇基层农业技术推广等机构建立农业保险基层网点已普遍开展,村社的基层干部担任农业保险的协保员已达到广覆盖。据统计,截至2016年年底,全国村级的农业保险协保员达到45.55万名,覆盖到了全国55%的行政村。

7.建立大灾风险分散机制

农业保险的大灾风险是农业保险经办机构的一个现实性风险,超高的赔付往往使农业保险机构难以承受。正是这种现实性困扰,国家负有消解农业保险大灾风险的责任。《农业保险条例》提出,"国家建立财政支持的农业保险大灾风险分散机制"。这为政府建立财政对农业保险大灾风险支持提供了法律依据,也成为一项法定责任。尽管目前我国农业保险大灾风险分散机制还未形成,但相关工作正在推进中,像2017年国家提出的在13个主产粮省份实施农业大灾保险。中国保监会着力引导和支持的中国再保险集团牵头联合23家保险公司共同发起成立了中国农业保险共同体,目前已扩展到32家成员公司和5家观察员公司,承保农业保险的再保险业务,迈出了农业保险灾害风险分散的重要步伐,取得了成功的经验和分散风险的重要成效。上海和北京的做法,更具有机制性意义。

上海市农业保险大灾(巨灾)风险分散机制的基本构建是:一是保险机构

为在上海市地区从事享受市级财政保费补贴农业保险种类的农业保险公司。二是将大灾风险界定为由于遭受台风、特大暴雨、重大病虫害(疫病)等不可抗拒灾害,一个公历年度政策性农业保险业务赔付率超过90%的情况,巨灾风险则是赔付率超过150%的情况。三是其大灾(巨灾)分担的机制采取分层方式,赔付率在90%以下的损失部分,由农业保险公司自行承担;赔付率在90%—150%的损失部分,由农业保险机构通过购买相关再保险的方式,分散风险;赔付率超过150%的损失部分,由再保险赔款摊回部分和大灾准备金承担,不足部分,由市、区县财政通过一事一议方式予以安排解决。四是政府对再保险和巨灾风险的具体支持办法是,对农业保险业务赔偿率90%—150%损失部分的再保险给予保费补贴,年度补贴标准为上年度农业保险机构购买相关再保险保费支出的60%,最高不超过800万元,其补贴经费列入预算。对于赔付率超过150%以上的,可由市政府按照程序给予保险机构巨灾风险补偿资金补助。上海市2014年专门印发了《上海市农业保险大灾(巨灾)风险分散机制暂行办法》,成为一种制度性安排。

北京市的做法是,当发生巨灾时,保险公司承担160%以下的风险,超出部分风险通过再保险合约转移到再保险公司,超出再保部分由政府承担。对于再保险,北京市建立了政府主导、市场运作的政策性农业再保险机制。一是凡是政策性农业保险品种,由政府集中投保,与再保险公司签订再保险合同,指定在北京从事政策性农业保险的保险公司为受益人。因各保险公司经营规模、管理水平差异导致超赔风险水平不同,在计算再保险起赔点时,实行各保险分别核算,任一公司赔偿率超过160%时,即启动再保险的赔付工作。二是赔偿区间确定在160%—300%这个区间,在北京可以用再保险的方式应对"五十年一遇"的灾害水平,政府主要承担了这一区间的再保险责任。北京市在2009年实行这一再保险制度,至2016年再保险保费支出2.1亿元,不仅分散了大灾(巨灾)风险,也使现有费率减低了31个百分点,如果没有系统的再保险机制,此期间的保费要增加6亿多元,无形中增加了政府和农户的保费支出,也可以理解为少付出保费6亿多元,由此取得的再保险杠杆效应是显而易见的。这也可以称为再保险分散大灾风险的"北京模式"。

第三节　我国农业保险的现状

一、基本状况

2007年中央财政启动农业保险保费补贴试点，这可作为我国政策性农业保险发展具有标志性意义的年份，也开启了中国农业保险加快发展的进程。2007年至今的十余年，我国农业保险国家政策支持力度不断加大，保险品种不断增多，保险覆盖面不断扩大，农业保险保障水平不断提高。我国现在农业保险保费规模已居世界第二（仅次于美国）、亚洲第一，养殖业保险和森林保险规模已居全球第一。农业保险在防范化解农业风险，稳定农业生产尤其是粮食生产，促进农业转型升级，保障国家粮食安全和稳定农民收入等方面，发挥了积极作用，成为国家强农惠农安农政策的重要内容、农业支持保护的重要手段和农业现代化发展的重要支柱。

（一）保险品种不断增多

中央财政补贴的品种从2007年的小麦、水稻、玉米、棉花、油料、能繁母猪等6个品种，扩大到现在的马铃薯、糖料作物、天然橡胶、奶牛、育肥猪、森林、青稞、牦牛、藏系羊等品种，这其中大部分是关乎国计民生的品种，而青稞、牦牛、藏系羊等品种则体现了国家对边疆少数民族地区的特殊关怀。各地根据地方资源禀赋特点和农业发展规划，以及农户的广泛需求，积极发展特色优势农产品保险。据初步统计，目前全国农业保险承保的农作物品种已达211类，基本覆盖了农、林、牧、渔各个领域。如：江苏特色优势农产品保险品种已达59类、浙江51类、北京45类、四川43类、湖南41类。以四川为例，地方特色农产品保险品种包括茶叶、水果、蔬菜（食用菌）、高粱、烟叶、中药材、杂交制种、肉牛、肉羊、鸡、鸭、鹅、兔和特种鱼等43种。

（二）农业保险保障广度不断扩大

农业保险保障广度是从保险覆盖面的角度来测量和反映农业保险的保障程度，其计算公式为：

$$农业保险保障广度=\frac{农业保险承保面积（数量）}{种植业（养殖业）生产规模}$$

从农作物来看，2007—2016 年，农业保险承保农作物从 2.3 亿亩增加到 17.2 亿亩，增长了 6.5 倍，约占播种面积的 70.2%，从农业保险保障广度的角度理解，我国农作物农业保险的广度已达 70.2%，接近发达国家水平。参保农户从 4981 万户次增长到 2.04 亿户次，增长了 3.1 倍。因参保户次涵盖家庭农场、农业专业合作社等新型经营主体，难以准确计算农户参保的比率，只能得出两个基本的概念：一是大多数农户已参保；二是参保的农户增长较快。2017 年《中国农业保险保障水平研究报告》（以下简称《研究报告》）显示：中国 2015 年的农业保险保障广度（规模覆盖率）已达 56.40%，这是一个涵盖了种养生产规模及覆盖比率的综合性程度的表述，其与美国、加拿大、日本、印度、菲律宾相比，低于美国的 93.77%、加拿大的 82.98%，高于日本、印度、菲律宾，所以我国农业保险保障广度在世界上处于领先水平。

（三）农业保险规模快速增长

农业保险保费收入从 2007 年的 51.8 亿元增长到 2016 年的 417.12 亿元，年均增速 26.1%，是保险领域增长最快的险种，已成为第二大财产保险险种。2007 年至 2016 年的农业保险保费收入依次为：2007 年 51.8 亿元、2008 年 110.7 亿元、2009 年 133.9 亿元、2010 年 135.7 亿元、2011 年 173.8 亿元、2012 年 240.13 亿元、2013 年 306.7 亿元、2014 年 325.7 亿元、2015 年 374.7 亿元、2016 年 417.12 亿元。与之相对应，提供的农业保险风险保障从 2007 年的 1126 亿元，增长到 2016 年的 2.16 万亿元，年均增长 38.83%，依次为：2007 年 1126 亿元、2008 年 2397 亿元、2009 年 3812 亿元、2010 年 3943 亿元、2011 年 6523 亿元、2012 年 9006 亿元、2013 年 1.39 万亿元、2014 年 1.63 万亿元、2015 年 1.94 万亿元、2016 年 2.16 万亿元。

（四）农业保险保障水平加快提高

农业保险保障水平是一个国家农业保险保障程度的宏观性指标，反映的是农业保险对农业生产提供风险保障的程度。此项数值越高，表明农业保险提供的风险保障越高。其计算公式为：

$$农业保险保障水平=\frac{农业保险总保金额}{农业总产值}$$

《研究报告》显示，我国农业保险保障水平从2008年的3.67%逐年提高到2015年的17.69%，逐年的保障水平为：2009年5.54%、2010年4.93%、2011年7.19%、2012年9.39%、2013年13.78%、2014年15.31%、2015年17.69%。8年中，提高了14个百分点，年均增长率达25.24%。尽管与美国（均值52.65%）、加拿大（均值31.99%）有很大差距，但我国的增长率与世界其他国家比较，是最快的。我国上海市的农业保险保障水平已超过60%，处在世界前列，也展示出我国农业保险保障水平提高的广阔前景。

（五）各类农业保险险种、品种试点呈蓬勃之势

一是价格类、收入类和指数类保险险种大力推行。价格保险试点已在全国31个省、自治区、直辖市全面启动，试点品种包括生猪、蔬菜、粮食作物和地方特色农产品共4大类50余种农产品，保费收入在2016年突破10亿元，同比增长65%。如：广西糖料蔗价格保险试点，2016年1月启动，承保面积40余万亩，占自治区所建“双高”糖料蔗基地总面积的31%，既承保糖价下跌农户面临的市场风险，又在糖价上涨时以适当方式将一定保费返还农户，确保农户分享糖价上涨的收益。黑龙江、河南、吉林等地分别开展了水稻、小麦、大豆收入保险试点。湖北、海南等20个省份研发了68个天气指数保险产品，涉及玉米、水稻、小麦、蔬菜、海水养殖等多类农产品。黑龙江、广东开展了财政巨灾气象指数保险试点。辽宁、吉林、山东等12个省份开展了玉米、大豆、棉花、白糖、鸡蛋等“保险+期货”试点。

二是经营方式不断创新。如：浙江、福建等25个省份通过互助保险或“互保协会+商业保险”模式开展的渔业、渔船和农机互助保险，为商业保险不

愿进入的高风险领域，尝试新的保险方式。又如，中原农业保险股份有限公司在河南，根据玉米、小麦、水稻作物的生产主体结构、农业成本要素、风险要素的变化，针对农户对风险保障的需求，开发了直接物化成本、准全成本、种植收入等 A、B、C 三款农业保险产品，其中玉米保额从 329 元/亩（C 款）到 700 元/亩（A 款）；水稻保额从 487 元/亩（C 款）到 850 元/亩（A 款）；小麦保额从 447 元/亩（C 款）到 800 元/亩（A 款）；以及保障种植收入的小麦种植收入保险（B 款）产品，即：平均产量×保障比例×保障价格，形成一个保险产品系列，可由农户和新型经营主体自主选择，创造了同一保险标的，多项款式的新方式。该方式 2015 年已开始试点，取得了一些难得的经验。湖南、安徽等省针对新型经营主体对保险的高保障需求，较大面积开展“物化成本保险+附加保险”试点，水稻每亩保险金额由 400 元提高到 800 元。黑龙江农垦的阳光农业相互保险公司也开发出多档次保额的玉米保险产品，每亩保障金额从 405 元、460 元、515 元到 570 元，一共 4 个档次，由农户投保时自主选择。这些都满足了不同农户的多元化需求。

三是“保险+金融”得到普遍推行。陕西、广东、安徽等 26 个省份开展了“农业保险+涉农信贷”试点，通过农业保险保单质押、保证保险等方式，实现政府、农户、银行、保险公司多方风险共担，财政小钱撬动金融大钱，解决农民尤其是新型经营主体融资难的问题。经国务院同意，保监会批准人保公司设立 250 亿元的资产管理产品，在河北、江西等 23 个省份选择部分贫困地区开展“险资直贷”试点，直接向参保农户提供无抵押、无担保、低利率的小额贷款，这种积极的尝试，为贫困地区注入发展新的活力。上海还在农业部支持下，实施上海市新型农业经营主体“互联网金融+品牌抵押贷款”创新项目，农业企业用品牌来质押，获得保证保险，由保险公司出具保单，而后向银行贷款。2015 年启动该项目，2016 年有 10 家农业企业成功申请贷款，共计 3600 万元，预计该项目三年内可实现放款 5 个亿的目标。这表明，农业保险的增信功能，在农业领域有着巨大的潜力和需求，是解决农户贷款难情况下较为便捷和保证农业贷款安全投放的途径。

（六）财政对农业保险的支持力度不断加大

2007 年至 2016 年，各级财政对农业保险的保费补贴合计达 1634. 9 亿元，财政补贴金额年均增长 26%，占保费总收入的 72%。其中，中央财政补贴金额年均增长 25%，累计补贴占保费收入的 37%；地方财政补贴金额年均增速 28%，累计补贴占保费收入的 35%。2016 年，上海、北京、浙江、西藏、宁夏等 24 个省份地方财政对农业保险的保费补贴金额超过中央对该省份的保费补贴金额。

（七）农业保险赔付水平不断提高

2007—2016 年，农业保险简单赔付率逐步上升（见表 4），从 63. 34%提高到 83. 43%；支付赔款从 32. 83 亿元增长到 348. 02 亿元，增长了近 10 倍；受益农户从 451. 21 万户次增加到 4575. 51 万户次，增长了 9 倍。特别是 2015 年保监会、财政部、农业部开展了以扩责任、提保额、降费率、简理赔为核心的产品改革后，赔付率快速提高。2016 年，在自然灾害较往年没有明显增多的情况下，农业保险赔款支出 348. 02 亿元，占农作物直接经济损失的比例超过 10%，是国家农业灾害救助资金的 10 倍，简单赔付率达 83. 43%，首次出现总赔款超过财政补贴总金额的情况。赔付率最高的福建省达 186. 58%，另有黑龙江、安徽、青海等 11 个省份赔付率超过 100%。尤其在特大灾害中，农业保险突出地发挥了“稳定器”作用。2015 年辽宁特大旱灾，农业保险支付赔款 14. 3 亿元，简单赔付率 133. 3%。2016 年黑龙江洪涝灾害，农业保险支付赔款 43 亿元，简单赔付率 148. 3%。

表 4　2007—2016 年全国农业保险简单赔付率一览表

年　份	赔付金额（亿元）	简单赔付率（%）
2007	32. 83	63. 34
2008	69. 09	62. 42
2009	101. 89	76. 15
2010	100. 69	74. 21

续表

年　份	赔付金额(亿元)	简单赔付率(%)
2011	88.76	51.06
2012	142.2	59.22
2013	208.61	68.02
2014	214.57	65.93
2015	260.08	69.41
2016	348.02	83.43
平均	156.67	69.16

赔付率反映农作物受损的程度,即风险程度,也反映农业保险的服务水平,农户受损后,能及时勘查定损,按合约赔付。

(八)农业保险的基础建设不断完善

农业保险经办机构从最初的6家保险公司增加到现在的31家,多数省份有3家以上的保险公司经办农业保险业务,区域内市场竞争的体系基本形成。全国已建成基层服务网点36.37万个,保险协办员45.55万人,保险服务乡镇覆盖率达95%,村级覆盖率达55%。不少保险公司与气象部门、林业部门共建气象信息预警服务平台和人工干预天气队伍,定期向参保农户发送气象预警信息,通过人工降雨、人工防雹等方式,帮助农户开展防灾防损工作。有的保险公司和林业部门共同建立森林防火监测体系,引入卫星定位、无人机巡航等高新科技,建立从空中到地面的监测网络。如中国财产再保险公司,自主研发了我国农业保险巨灾模型、气象指数模型和农作物损失评估模型,研究开发了水稻、小麦、玉米等9种主要农作物和干旱、洪涝等5种主要灾因的农业气象指数模型,为行业开发标准的气象指数保险产品奠定了基础。中财再公司还成立了巨灾研究中心,与之相适应,建立了大数据平台、云平台。这对农业保险的管理和服务,都是必不可少的基础性工作,这表明农业保险正在不断迈向科学化。

二、存在的主要问题

我国农业保险近十余年进入到发展的快车道，已成为世界农业保险大国，农业保险保费规模仅次于美国，但是，还远非保险强国，仍然处于初级发展阶段，主要表现在农业保险水平不高，农业保险机制不健全，农业保险服务水平较低，农业保险与广大农民的需求不适应，农业保险的作用还未得到更有效的发挥。

（一）农业保险保障深度较低

农业保险保障深度是从已承保的农产品产值（或收益）角度衡量农业保险所能提供的风险保障程度，是检验农业保险对农业生产经营者收入提供的风险保障和贡献大小的指标。该指标可以视为农业保险保障水平的一个核心指标。其计算公式为：

$$\text{农业保险保障深度}=\frac{\text{农业保险单位保额}}{\text{单位农产品产值}}$$

其与农业保险保障广度共同构成农业保险保障水平，即农业保险的保障水平=农业保险保障广度×农业保险保障深度。据《研究报告》计算，我国2015年种植业保障广度超过56%，而保障深度仅为13.74%，我国种植业保险保障水平仅7.75%，尽管比2008年的3.80%有较大的提升，但仍处于一个不高的水平，其主要制约的因素是保障深度低，而且近些年保障深度下降，2008—2015年平均保障深度为16.95%，这种保障深度不仅远低于美国（均值60.64%）、加拿大（均值39.29%）、日本（均值41.49%），也低于印度（均值20.74%）和菲律宾（均值41.45%）的水平。这不能不视作一个突出存在的问题。这与我国目前实行的低保费、低保障、广覆盖的政策导向相关。对粮食等主要农产品的财政保费补贴只覆盖其直接物化成本。2016年三大主粮作物亩均保险金额为369元，不到完全生产成本的40%。如湖南早稻、晚稻亩均生产成本分别为959.08元、1014.49元，而每亩保额仅为360元。湖北省的水稻2016年前每亩保额为200元，2017年提高到400元，仍与实际的生产成本相差较大,如果按保障深度来计算,其保障的额度与生产的产值相差会更大,一亩水稻按亩产1000斤的平均产量,按中晚籼稻每斤最低收购价每斤1.38元计算,则每亩的产值近1400元。玉米亦是如此,如辽宁玉米的亩均物化成本为370元,每亩保额为280元,为物化成本的76%。另如奶牛,每头保障金额为6000元,实际不及其价值的50%。农业保险保障程度比较低,对防范农户的农作物风险有限,风险保障对农民来讲普遍感到"不解渴"。对于新型经营主体,资金投入大,现行保障水平远不能满足其防范风险需求,"不解忧"。保障水平低已成为制约农户参保积极性的主要因素,也是发挥保险损失补偿功能的重要瓶颈。

(二)农业保险品种的覆盖面及保障广度不高

一是地域分布不均衡,如三大主粮作物的平均覆盖率超过70%,海南、浙江、安徽、上海、内蒙古、辽宁等地接近100%的覆盖率,有的省覆盖率不足30%。二是中央财政补贴农业保险品种覆盖率较高,地方补贴的特色优势农产品保险品种覆盖率较低。前文所述,尽管全国31个省份都对地方特色农产品开展了农业保险试点,进行保费补贴,品种达50余种,但全部保费近10亿元,相对于2016年全部农业保险保费417亿元,占比仅2.3%,保障的广度太低。如:湖北是水产养殖大省,至2016年,全省淡水养殖面积约1000万亩,农户对小龙虾、淡水鱼养殖的保险需求强烈,但全省承保的淡水养殖面积不到5万亩。新疆现有2100多万亩林果、4000多万只羊,也因缺乏中央财政保费补贴的支持,自身财力所限,几乎没有农业保险。三是农业保险明显存在"种强养弱"的现象。2015年,养殖业保险保障水平达到了6.03%,同比增长了22.31%,但低于同期种植业7.75%的保障水平。特别是2015年全国有超过四分之一的省份养殖业保障水平较上年出现不同程度的回落,其中,湖北、山西、云南、贵州四省保障水平同比降幅超过10%。还如,2015年全国生猪出栏量70824.98万头,而当年育肥猪投保量仅为16316.05万头,保障广度仅为23.04%,羊的保障广度为4.2%、肉牛仅为0.15%。这些都表明,我国农业保险还有巨大的空间,远未满足农民和农业产业的需求。

（三）农业保险赔付率长期处于中低水平

农业保险赔付率的高低，既反映农业灾损的严重程度，也反映农业保险承保机构的服务水平。我国近十年来农业保险的赔付水平不高，除2016年农业保险简单赔付率达到83.43%外，2007—2016年农业保险平均赔付率仅为69%，显然有差距，这是因为2016年农业受灾的程度就全国而言，并不是高的，这只能从农业保险的服务水平来找原因。有的保险公司经营定位不准、理念有偏差，惠农意识不强，片面追求保费规模和利润，拔高农业保险费率，保低（风险）不保高（风险），政府财政补贴高的农业险种抢着做，补贴低的或者没有补贴的险种如渔业保险避而不做。有的保险公司压低农业受灾的程度，少赔偿或者是不赔偿，有的保险公司甚至与基层政府部门串通，通过编造虚假资料和虚假赔案套取财政补贴，用于返还县级农业保险保费补贴或支付工作经费。这些情况的存在，直接影响农民参保的积极性，降低了对保险机构的信任度，需要进一步加强对农业保险的监督管理。

（四）一些地方和部门对农业保险履责不够

一些地方和部门对农业保险的重要性认识不足，对农业保险的政策性把握有偏差，重视程度不高。具体表现在，还有少数的省未建立农业保险的全省组织协调的机制，不少县市未建立县级政府领导农业保险的组织体制；一些地方财政对农业保险支持度比较低，对政策性农业保险地方配套补贴资金不到位，或是因缺少必要的财政资金支持，采取下达指标的办法，人为控制参保面积和数量；相当多的地方不同程度地拖欠政策性农业保险的补贴资金。据统计，截至2016年，约有数十亿财政补贴资金未拨付保险公司，影响保险公司农业保险运营；一些地方部门之间缺乏协调，相互支持不够，有的甚至推诿扯皮；不少地方政府部门农业保险信息互通不畅，既未建立共享平台，也缺乏共享机制，影响农业保险的工作效率；不少地方政府对农业保险的监管缺位，一些地方监管部门未能将农业保险摆到应有的位置，监管人员严重不足，绝大部分省级保监局只有1人专职监管全省农业保险，显然力不从心，难以实行监管。

（五）农业保险产品和服务不足

我国农业保险的品种已达211类，但相对于种类浩繁的农产品还处于一个较低的比例，尤其是，我国地域广阔，气候差异大，土壤成分不同，形成一些地域性特色农产品，无论是增加农民收入，还是助推贫困地区脱贫，都具有特殊的意义。但是，保险公司缺少调查研究，开发的农业保险品种比较单一，同质化现象比较严重，难以满足农产品的多样化、农民需求多元化的需求，成为农业保险的一个短板。保险公司服务水平不高是一个较为普遍性的问题，既缺乏为农服务的意识，也缺少同农民打交道的办法。有的公司不注重服务和内控管理，农业保险公示走过场、勘损不及时、理赔不到位，以种种理由不落实监管部门"五公开、三到位"的服务要求。特别是，我国农业生产以农户小规模经营为主，点多面广分散，逐户收取保费、查勘定损和支付赔款成本较高，有时收取的农户保费还不足以弥补其间发生的成本。出于成本控制和经营绩效考虑，保险公司对设立农村基层服务网点积极性不高，对基层服务体系的投入和专业服务队伍的培养不够，基层服务力量严重不足，保险服务"最后一公里"不畅通。如：某保险公司一个县级机构仅有农险专职人员5人，人均需要负责2.22万农户58.40万亩耕地的承保和理赔，人员力量严重不足。这样的情况不是个案，其大量存在就影响了农业保险管理及服务的质量。

（六）农业保险大灾风险分散机制不健全

早在2007年，中央一号文件就提出建立农业风险防范机制。十余年来，在建立大灾风险防范机制上作出了积极努力，主要是从事农业保险的保险公司按规定的比例提取农业保险大灾准备金，可以在成本中列支，计入当期损益，并允许总部公司统筹用于超额赔付，这对应对大灾风险发挥了积极作用，但仅靠大灾风险准备金是不够的，在巨灾风险面前显得势单力薄，如不建立逐级风险转移和分摊机制，个别保险公司在特大农业灾难面前会显得无能为力，或是巨额的赔付会拉垮保险公司。如：辽宁省农业保险开办9年，有3年出现特大干旱，简单赔付率9年平均超过100%，没有利润效益，持续亏损使保险公司难以为继。再如，2013年黑龙江特大洪涝灾害，种植业保险赔款27.16亿元，相当于该省 2009—2012 年四年农业保险赔款的总和。目前，保险公司还通过再保险来转移分散风险。在保监会、财政部支持下，中国农业再保险共同体成为我国农业再保险的主渠道，但农共体不是一个完整的公司法人，不是完全意义上的市场主体，其市场运作的功能不完备。同时，缺乏国家的政策支持，近两年，自然灾害频发，赔付率高，导致农共体综合成本率达 111.3%，如果没有国家财政的补助和相关政策支持，其持续稳健运行面临不少困难，这是我国农业再保险体系不完善的现实性问题。对于巨灾风险防范，虽然有少量省份开展了实践，但远未上升到国家的层面，政府兜底农业巨灾风险，既缺乏具体的政策，又未形成制度性安排，需要加大工作和政策力度，解决农业保险从直保到再保到巨灾风险消解的流程，运用好市场和政府两个力量，保障农业保险流程的顺畅，保证农业保险体系的稳定运行。

（七）农业保险基础建设不完备

通过十余年的发展，我国农业保险基础建设取得了长足的进展，但基础建设不完备，在客观上制约了农业保险的高质量、高标准、高效率。主要反映在以下几个方面：一是基础数据不完备，如有的单位年度农作物产量缺乏基础数据的统计和保存，有的农作物承保的位置缺乏方位数据，有的二轮土地承包的面积不准确，有的管理方面未达到国家的基本要求如生猪耳标佩戴率低，等等。二是基础设施不适应，有的基层农业保险机构缺乏必备的工作场所；有的缺少勘定损失必要的设备和工具；更为普遍存在的是农业、气象、水文、病虫害等观监测点布局密度不大，所反映的数据难以满足准确测定农业损失程度的需要。三是缺乏基础信息平台，保费补贴信息、农户投保信息、土地确权信息、气象灾害信息等等，都需要有信息发布的平台，也需要共享的平台。在县一级实现信息的公开和共享显得更为需要。但目前，有关部门农业保险基础信息的获取和收集以及发布，有关主管机构进行整合等基础性工作还显得薄弱。四是基层组织和基层队伍建设比较薄弱。突出的问题是农业保险基层网点覆盖率不高，基层农业保险工作人员，尤其是农业保险的协办员，缺乏专门培训，对农业保险的政策、业务不熟悉，不能准确地宣传和解释农业保险的流程和条款，不能回应参保农民对农业保险的诉求，直接影响了农业保险的质量。

第四节　我国农业保险发展展望

一、世界各国农业保险的做法及借鉴

农业保险已在世界100多个国家推行，尽管推行的时间有长有短，国情也不尽相同，经济发展程度不一，但从其国情出发，呈现出各自的特色，其中有不少成功的做法，反映出农业保险发展的规律或趋势，具有借鉴性意义。

（一）政府直接推进农业保险，给予有力的组织支持

通观世界各国的农业保险，凡农业保险保障水平高的国家，都有强力的政府作用。如美国明确农业保险的主管部门是美国农业部，农业部设有风险管理局和联邦农作物保险公司（两者实际上是两块牌子、一套人马），负责制定农作物保险规划和支持政策、制定管理办法、制定条款厘定费率、监督商业保险公司经营以及为它们提供再保险安排等等工作。与之相对应，美国还建立了美国农作物保险人协会，其性质是非营利性行业组织，代表参与联邦作物保险计划的商业保险公司、私人代理人与政府部门协调，并从事农业保险宣传、推广工作。形成为以政府为主导，政府、协会、公司各行其职，协同推进的组织机制。西班牙是欧洲农业保险做得比较成功的国家，政府财政部成立了农业保险管理局，其职责是确定年度计划的保障水平、费率及其他保险条款内容；监督农业保险联合体和私人保险人行为；向农业保险提供补贴；承担农业保险超额损失绝大部分赔付；开展商业保险公司不愿开办的险种，国家农业保险管理局还与国家私营保险总局、保险补偿总基金、私营保险联合体合作协同，形成政府主导的格局。日本农业保险采取共济互助的形式，但其中央政府给予了强力的主导和支持，日本中央政府主管农业保险的部门是农林水产省，在农林水产省经营局内设有保险课，再保险特别会计，负责实施政府对农业保险的

计划以及保费补贴，再保险风险分担。

（二）制定完备的农业保险法律

制定完备的农业保险法律，为农业保险的开展提供法律支持，这是农业保险稳健发展的必然要求，也是农业保险发展稳定成熟的特质。在这方面具有代表性的国家有美国、日本、西班牙。（1）美国。早在1938年，美国国会就通过了《联邦作物保险法案》，至今已经过15次修订，其有代表性的法案有：一是1980年美国国会修订了《联邦农作物保险法案》，初步确立“政府主导、市场经营”的框架，为引入私营保险公司参与农业保险提供法律依据。二是1994年国会通过了《联邦农作物保险改革法案》，旨在帮助生产者应对不可避免的损失提出的综合性经济保障措施，实施“巨灾保险”。三是1996年颁布了《联邦完善与改革法案》，将农作物收入保险作为法案提出。四是2000年《联邦农业风险保护法案》，进一步规定农业保险保费的增加措施。五是2014年国会通过的《2014年农业法案》，明确将收入保险作为农业保险的主导险种。（2）西班牙。1978年西班牙颁布了《综合农业保险法》，1979年又以皇家法令的形式公布了《综合农业保险法》实施细则，使农业保险的保险品种、保险险种、风险承担以法律的形式具体化。正是这部法律及其周密的实施细则，至今仍是西班牙农业保险提出年度计划的法律依循。（3）日本。1938年4月日本就颁布了《农业保险法》，表明日本的农业保险一直处在法制轨道的运行，日本1947年又颁布了《农业灾害补偿法》，之后经过十几次修改，使日本农业保险中的再保险及其农业大灾风险分散机制的法制化程度不断趋于成熟。

（三）收入保险成为美国农业保险的主导险种

自1996年开始，美国开始实施农作物收入保险，2013年，美国的农作物收入保险的保费收入占联邦农作物保险总保费收入的83%以上，表明收入保险已成为美国农业保险的主导性险种。收入保险是农业保险的最高形态，它对农作物所遇到的自然风险和市场风险能起到双重消解的作用，美国从政策上大力支持收入保险，使美国的农业保险在世界各国中走在前列，也为他国提供了借鉴。美国农作物收入保险分为针对个体农场主的个体收入保障保险和针对县域所有农场主的团体收入保障保险。其保障产量主要依据历史产量的年平均数来确定，对美国而言，其历史产量数据一般是完整的。对新农场或者无个人历史产量记录的农场，联邦农作物保险公司要求以该县域近十年平均产量为依据确定投保农场的保障产量。关于保障价格，有以下四种情况：第一种是附带收获期价格期权的收入保险，其公式表达为：单位面积保障收入＝农场历史平均单产×(预测价格，收获期市场价格)×保障水平，其中预测价格和收获期市场价格中价格较高的为保障价格；第二种是以预测价格为保障价格；第三种是附带收获期权的区域作物收入保险，其单位面积保障收入＝全县平均历史单产×(预测价格，收获期市场价格)×保障水平，其保障价格选择预测价格和收获期市场价格中的较高者；第四种是不附带收获期价格期权的区域农作物收入保险，其产量为全县平均历史单产，保障价格为预测价格。农作物收入保险因是政府高保费补贴的品种，最高保费补贴率可达67%，为防止道德风险，美国经过多年实践，形成了一个对产量保障水平和基本单位保费补贴率的程式：产量保障50%时，保费补贴率高达67%(见表5)。

表5　美国农作物收入保险产品的保费补贴率

产量保障水平(%)	50	55	60	65	70	75	80	85
基本单位保费补贴率(%)	67	64	64	59	59	55	48	38

(四)互助合作保险是日本农业保险的主要模式

日本的农业保险采取互助共济的形式，并形成了严密的组织体系，成为一种国家模式，其合作性、互助性、共济性值得推崇。日本的互助合作保险分为三个层级：第一个层级，叫共济组合，也可以叫作合作社，它是互助合作的基层组织，起于农民为了抵御灾害、分担损失、互助互保。它的组织范围在日本的市町村，相当于中国的乡镇或几个乡镇的区域范围，组合有相应的组织结构，组合有组合长、理事会、监事会，由组合长聘请职员、损害评价员。组合向农户收取互助共济金，组合在每个村或片区建有一个支部，由支部长和总代员为农户办理互助共济手续，提供服务。第二个层级，是共济组合联合会，它是由基层的各个组合组成的保险组织，其区域范围是道府县，也可以说是道府县域内基层组合的联合体。它建有理事会、监事会、会长，均由选举产生。由会长聘请职员、负责发展和管理农业保险事务。这一层次的职责是收取组合的互助共济金，同时按照组合对其不同行业风险大小交付的不同比例的互助共济金进行保险，联合会还有一层职责，为了分散风险，视情况又将其互助共济金的大部分（一般在85%左右）交到中央政府农林水产省再保险特别会计，进行分保。第三个层级，是国家农林水产省经营保险课、再保险特别会计。这一层次除承担各联合会的分保，进行再保险外，还承担对农业保险保费补贴、组合及联合会经办经费补贴的工作，以及从国家层面农业保险的计划提出和推进工作。互助合作保险在不少国家都有推行，如法国烟草互助保险、我国的渔业共保体、农机共保体等，但作为一种国家保险机制，日本是独特的，其运行机理有不少可借鉴之处。

（五）采取区间风险划定的科学办法

费率厘定是农业保险很为棘手的问题，政府对农作物保险品种的补贴如何更切合实际，也是一个现实难题。不少国家在这方面进行了成功的实践，取得了一些可资借鉴的办法。如葡萄牙，全国农业保险划分为五大区域、五大农作物，其农业保险的费率和保费补贴，依照不同区域、补贴农作物的情况来确定，提高了农业保险政府补贴的精准性，提高了政府补贴的效率。如瑞典，按气候、土壤类别和风险种类把全国划分为420个农业区。保险对象是种植面积2公顷以上的农业单位，保险作物包括小麦、黑麦、大麦、燕麦、萝卜、甜菜、土豆（不包括菜用土豆和种植不足5公顷的工业用土豆）、苜蓿、饲草和种子，采取一切险的办法，同一区域同一农业单位的所有作物统一衡量损失，一些类型的农作物可能收成好，一些类型的农作物可能受损，可以相互抵补。这种做法的推行来自于比较科学的农业区划。如斯里兰卡，为了精准确定农业保险的费率，将农作物的风险保障的范围确定为积水、缺水、洪水、干旱、虫害、病害、野鸟害。以此确定农业保险的低风险区、中风险区、高风险区，并按照低、中、高不同的风险区域确定农业保险的费率为6%、9%、12%。具有很高的参考价值。

（六）给予农业保险保费补贴是一个通行做法

各国在农业保险的推行中，都普遍遇到了私营保险公司因没有政府的财政补贴、超高的赔偿率而难以为继的情况，在教训的总结中，把农业保险的财政补贴作为一项重要的政策。美国是政府对农业保障补贴力度最大的国家。美国2003年到2013年，农业保险保费补贴从18.74亿美元增加到72.79亿美元，保费补贴合计占到农作物损失赔偿额度的69.85%，对农业保险保费的平均补贴已达到62%。美国还对保险公司的经营管理费进行补贴，从2003年到2013年，经营管理费用补贴从7.43亿美元增长到13.5亿美元。2014年美国农业法案提出，在未来10年中，财政对农业保险的保费补贴要达到898.27亿美元。意大利的农业保险保费补贴为80%；韩国对政策性农业保险保费补贴从50%到62.2%不等，保险经营管理费用补贴100%；加拿大农业保险纯保险保费补贴25%、经营管理费用补贴50%；葡萄牙农业保险补贴经费险种不一，最高为50%；瑞典政府承担农作物产量验证费、农业组织登证费、农作物保险管理费，以及75%的保险补贴，是对农业保险经费政府支持程度最高的国家；希腊采取的办法是，农民按产品销售价的4%支付保险费，保险费在销售产品时向财政部门交纳，保险所需其余资金由政府提供；菲律宾采取的办法是，政府保费由政府和农户分担，如贷款农户，则由政府、农户、银行共同分担，以水稻为例，保费费率为8%，贷款农民承担2%费率的保费，银行承担1.5%费率的保费，政府则承担4.5%的费率保费，若是非贷款农户，农户2%费率的保费不变，政府承担6%费率的保费；印度也采取菲律宾同样的办法，保费率在2%—8%的，政府给予的保费补贴比例为25%，超过8%保费率的，政府给予的保费补贴比例达50%；日本的做法更为精细，以旱稻为例，见表6。

表6　日本旱稻保险保费补贴情况

费率（%）	15以上	11—15	8—11	6—8	4—6	2—4	2以下
政府补贴比例（%）	80	75	70	65	60	55	50

（七）开展农业保险再保险和巨灾风险兜底被多数国家采用

加拿大政府承担农业保险再保险费用，并由联邦政府和农业保险公司签订农作物再保险协议；智利等南美国家大多采取将80%左右的农业保险业务分保给国际再保人，主要是欧洲的再保险公司，政府给予再保险费补贴；葡萄牙政府设立了农业风险巨灾基金，作为农户受灾的救助基金，参保作物发生意外的灾害损失达到50%以上时，由保险公司申请巨灾基金给予农户赔偿。农民在投保时自愿向巨灾基金交纳相当于基本保费的0.2%即可，当其受到大灾损失时，按程序启动对其的赔偿。巨灾基金由政府预算、农民缴纳保费的0.2%、保险公司的再保费构成，政府承担了主要的部分。法国、比利时等欧洲国家均建立了农业保险的大灾基金，法国还制定了《农业灾害救助法》。

美国和日本是农业保险大灾风险分散机制较健全的国家，其农业保险再保险和巨灾风险的处置机制较完备。

1. 美国的做法

美国农业保险大灾风险分散机制由直保公司、农业再保险体系、农业保险保障基金和紧急预案四个层级构成。

第一层是直保公司。承保农险业务的直保公司主要承担低层风险。

第二层是农业再保险体系。美国制定了《标准再保险协议》，明确再保险安排中的相关事宜。按照《标准再保险协议》规定，FCIC（联邦农作物保险公司）代表国家向经营农业保险的公司提供再保险，直保公司只有在与FCIC签署《标准再保险协议》后，才能获得政策性农业保险业务的经营资格。直保公司必须将政策性农业保险业务向FCIC办理一揽子成数分保和超赔分保，再保险双方按照不同的比例分担风险和分享利润。具体为：FCIC通过稳健型保障基金（Assigned Risk Fund）和进取型保障基金（Commercial Fund）为经营农险公司提供分州分险种的超赔损失分担。2017—2018年度的分配比例如下：稳健型保障基金：亏损时，赔付率100%—160%部分，政府负担92.5%的损失；赔付率160%—220%部分，政府负担94%的损失；赔付率220%—500%部分，政府负担97%的损失；赔付率超过500%部分，政府负担100%。赢利时，赔付率100%—65%部分，政府分得77.5%的收益；赔付率65%—50%部分，政府分得 86. 5%的收益；赔付率 50%—0%部分，政府分得 97%的收益。进取型保障基金：亏损时，赔付率 100%—160%部分，政府负担 35%（州组 1）—57. 5%（州组 2、3）的损失；赔付率 160%—220%部分，政府负担 55%—80%的损失；赔付率 220%—500%部分，政府负担 90%—95%的损失；赔付率超过 500%部分，政府负担 100%。赢利时，赔付率 100%—65%部分，政府分得 2. 5%—25%的收益；赔付率 65%—50%部分，政府分得 60%的收益；赔付率 50%—0%部分，政府分得 95%的收益。如直保公司在向 FCIC 分保后仍有再保分出需求，经向 FCIC 申请并获准后，可向国际市场办理分保。

第三层是农业保险保障基金。保障基金由财政部设立，资金来源于每年的财政预算，主要用于补偿大灾发生时超过再保险体系赔付能力部分的损失。基金委托 FCIC 管理，并体现在 FCIC 的财务报表中。具体操作为，年初由 FCIC 根据联邦农业保险计划向财政申请预算，年末如果基金扣除支付赔款及经营成本后仍有结余，则将结余返还财政。如基金累积规模无法满足赔付时，启动紧急预案募集资金。2011 年基金规模为 7. 77 亿美元，2012 年为应对旱灾赔付，基金获得 36. 36 亿美元的高额拨款。

此外，保障基金还包括一个分项应急基金，当直保公司处于被监管部门处罚或偿付能力不足、运转不良等情形，无法继续经营农业保险时，FCIC 将接管该公司的农险业务，应急基金用于补偿 FCIC 在此期间产生的费用。

第四层是紧急预案。依据《联邦农作物保险法》的规定，当 FCIC 的保障基金发生赔付能力不足时，启动紧急预案募集资金，具体由联邦农作物保险公司向商品信贷公司申请贷款。商品信贷公司（Commodity Credit Corporation）是农业部的下属公司，主要任务是运用金融工具帮助政府缓和市场农产品过剩，应对农业危机，其资金主要来源于联邦财政拨付，同时还可通过借款等方式进行筹集。

2. 日本的做法

日本农业保险大灾风险分散机制由农业共济组合、农业共济组合联合社、国家农业共济再保险和紧急预案四个层次组成。

第一层是农业共济组合。作为农业保险的直接承保机构主要承担低层风险。

第二层是农业共济组合联合会。都、道、府、县设立农业共济组合联合会为农业共济组合提供农业再保险支持，农业共济组合依法向农业共济组合联合会办理成数分保，分保比例为90%。

第三层是国家农业共济再保险。为进一步提高农业大灾风险的防范能力，加大国家对农业风险的再保险支持力度，日本政府以国家农业共济再保险的机制，由政府为农业共济组合联合会提供再保险保障。具体的实施机构是农林水产省的农业共济再保险特别会计处。

第四层是紧急预案。日本政府和农业共济组合联合会共同出资建立农业共济基金，负责在发生大灾导致高额赔付时，向农业共济组合联合会提供贷款。同时，国家农业共济再保险的资金不足以支付赔款时，可以由国库提供紧急资金。

（八）强制性农业保险的做法具有重要意义

不少国家将农业保险和政府的政策目标挂钩，使政府的政策性农业保险起到既保障农民避免自然风险和市场风险，又实现政府的政策目标，实现政府和农民双赢，不失为一种成功的做法。日本按照保险标的的不同，分别实行强制保险和自愿保险。日本的政策性农业保险中的自愿保险有水果、花卉等，以及小规模的农作物。而强制性农业保险主要关系到国家的粮食安全、重大的国计民生产品以及严重影响农民收入的农产品，如水稻、小麦、牛、马、猪、桑蚕等。同时，和这一指导原则相联系，参加农业保险是共济合作的基本要求，当可保农作物的耕种面积超过都、道、府、县规定的面积时，农户就会自动成为该地区农业共济组合成员，自然成为被保险人，如北海道的标准为，水稻、旱稻30—100公亩，麦类为40—100公亩。美国虽然法律规定政策性农业保险实行自愿保险，但现行的实际做法带有强制性，如：美国政府规定，不参加政府农作物保险的农民不能享受政府的诸如农户贷款计划、农产品价格支持计划和保护计划等，也不能优先享受政府救济，把保费补贴、农户贷款、价格补贴等与投保农作物保险挂钩，农民（农场主）为了享受到这些政策优惠，不得不参加农业保险。印度为了发展天气指数保险，将贷款和农业保险捆绑在一起来推行，形成“银保互动”模式，农户在获得农业贷款的同时，要购买农业保险，保险机构在政府的支持下，通过此种方式向从小微型金融机构贷款的农户推销天气指数保险，既解决了农户生产的资金短缺，又降低了贷款的违约风险，还使天气指数保险得以推行，一举三得，多方共赢。菲律宾也规定凡贷款农民，均要参加农业保险。实行强制性农业保险的还有新西兰等国家。

（九）评估定损专门化的方式值得仿效

农业保险的一个现实难题是，灾害发生时如何及时准确地勘测定损，这涉及保险双方的利益，无论是逐块调查，还是抽样调查，都面临一个如何科学、准确的定损问题，唯其如此，才能为赔偿提供准确的数据，确保赔偿公平合理。目前，世界各国都在进行这方面的努力，取得了不少成功的做法，尽管做法不一，但有一点是共同的，就是把勘损定损作为一项专门性工作，走专门技术人员勘损的路子。如葡萄牙建有 100 名的定损员队伍，这些人员由葡萄牙保险协会负责提供；向风群岛农作物保险有限公司，是一个以香蕉为保险主要品种的农业保险公司，业务涉及圣卢西亚、格林纳达等几个国家，除有专门的定损员外，该公司建立了一支由 100 名技术员组成的临时定损员队伍，这些人员是香蕉生产协会的田间工作人员，每年都要接受专门的培训。巴拿马的农业保险定损工作由农业局检查员进行，检查员的必备资格是具有大学文凭并有农业部门工作 3 个月以上的资历。巴西圣保罗州的保险公司的定损小组由 15 名农技师组成。智利要求凡定损员都必须是接受国民保险集团培训的农业专家。菲律宾成立了定损 3 人小组，由农险公司代表 1 名、农业部生产技术人员 1 名、土改部当地代表 1 名组成。农险公司设有 90 名专职定损员。塞浦路斯尽管只有 70 万人口，因其气象灾害频发，对定损工作高度重视，全国设有 12 个评估专家和 4 个助理，都是经国内或希腊培训的农艺师、农学家，所有上报的农业灾害损失都由评估专家确定。以色列是一个现代农业国家，全国建有专家网，建有定损专家队伍，根据农业受损地区情况，定损专家负责领导和监督专家网的工作，定损必须是农民在现场时进行，定损结果上报地区定损专家，地区专家负责定损结果与基金、产销委员会和被保险人联系，并负责将赔款直接支付给农民或农业委员会，这自然提高了定损赔偿的权威性。

二、我国农业保险发展展望

回顾我国农业保险的历史过程，几经起落，近十余年是农业保险发展的一个跨越期，我国已成为世界农业保险大国，积累了丰富的经验，培育了广大农民的保险意识，构建了农业保险的基本体制，建立了农业保险发展的初步机制，培植了农业保险经营的多种样式，形成了我国农业保险可持续发展的良好局面。

（一）我国农业保险已进入到一个进一步扩面、增品、提标的新发展阶段

1. 广大农民特别是新型农业经营主体对农业保险有着广泛的需求

与传统农业相比，地方特色优势农业发展面临的市场价格风险趋于增加，新产业新业态全产业链条面临的各种风险也在不断展延，现代农业发展面临的自然风险特别是规模经营风险和市场波动风险更加严峻，新型农业主体发展面临的规模经营风险越发凸显，对农业保险发展的需求也更加迫切。2016年，湖北襄州区就有12户水稻种植大户，平均规模6000亩左右，一同自发找到人保财险公司，以亩产800斤、每斤1元稻谷价、保险费率7%的收入保险模式投保，这是一个农业保险需求强烈的生动例证。另外，一些地方特色农产品保险赔付率非常高，也从另一个侧面印证农业保险的紧迫性。在调研中，我们了解到，2015年湖北仙桃市黄鳝养殖保险赔付率495%，武汉的冬瓜价格指数保险赔付率达到543%，黑龙江农垦的杂粮杂豆价格保险赔付率达到456%，其中高粱733%、谷子893%、芸豆1922%、白瓜籽2277%。尽管是较为极端的例子，但表明，地方特色农产品发展正处在一个特殊的时期，既是现代农业发展、农民增收的一个取向，又缺乏成熟的种养经验，也未形成常态的供需市场，自然风险和市场风险叠加，无论是政府和农户都难以承受这种发展中的风险，农业保险的风险防范特质，使之成为现时期农业发展新业态、新品种、新主体的新的广泛需求，构成为农业保险扩面、增品、提标的客观基础。

2. 农村集体产权制度改革,为农业保险进一步发展提供了基础保障

深化农村土地制度改革,不断健全归属清晰、权能完整、流转顺畅、保护严格的农村土地产权制度,确认农村土地所有权、承包权、经营权"三权"权利主体,明确权利归属。深化农村集体产权改革,重点聚焦经营性资产,科学确认农村集体经济组织成员身份,明晰集体所有权关系,量化经营性资产,保障农民集体资产权利。这些改革对农民参加农业保险明晰了权属,获得了法律保障,也解决了保险公司普遍反映的农业保险承保基础数据质量不高、权属不准、数据不真等问题,进而完善基础信息和数据管理系统,为农业保险发展提供可靠的基础保障。

3. 农产品价格形成机制和收储制度改革,为农业保险更大发展提供了广阔的市场空间

我国多年实行的农产品最低收购价和临时收储政策,在某种程度上固化了粮食等主要农产品的收益水平,形成了一定的路径依赖,也在很大程度上抑制了农业保险这一市场化工具的运用。党的十八大以来,我们坚持市场化改革取向和保护农民利益并重的方针,不断深化粮食等重要农产品价格形成机制和收储制度改革,开展了新疆棉花、东北大豆目标价格改革试点,取消了油菜籽临时收储政策,确立了东北地区玉米"市场化收购"加"生产者补贴"的新机制,稻谷和小麦最低收购价水平更趋弹性和灵活性,改革产生的积极效应已经显现。比如,东北玉米收储制度取消以后,大连商品交易所玉米期货交易量和持仓量迅速增长了10倍以上。在这种"市场定价、价补分离"的大原则下,市场价格的真实性为农业保险提供了对称的保险信息,农业保险的市场需求空间必然得到扩展。

4. 保险试点创新,为推进农业保险深入发展提供了实践基础

农业保险品种不断增多,保险覆盖面不断扩大,保险规模快速增长,产品服务创新不断涌现,赔付水平不断提高,农业保险基础设施得到加强,这些都表明,我国农业保险已经进入了跨越式发展的新阶段。农业保险试点无论"试对"还是"试错"、"证实"抑或"证伪",都有重要的实证价值,对于变"盆景"为"风景"具有重要意义。今后,农业保险的发展路径不仅有经验规律可循,也有典型模式可参照,还有案例范式可选择,展示出广阔的发展前景,标示

着我国农业保险可以迈入“扩面、增品、提标”的新发展时期。

5. 推进农业供给侧结构性改革，为农业保险发展提供了强大动力

推进农业供给侧结构性改革，提高农业综合效益和竞争力，是当前和今后一个时期我国农业政策改革和完善的主要方向。从广义上讲，调整完善农业调控政策属于供给侧结构性改革的范畴。我国农业保险实行对保费财政补贴的制度，如何调整财政对农业发展的补贴资金，使其发挥更大更好的效应，让政府和市场“两只手”同时发力，是一道现实课题。将财政对农业农民的直补资金调整为农业保险间接补贴，其实质是通过农业保险这种市场化工具，来配置政府的财政资源，运用市场的方式防范农业生产遇到的自然风险和市场风险，稳定农产品生产，保障农民基本收益。运用更多的财政直补资金作为财政对农业保险的保费补助资金，符合农业供给侧结构性改革的内在要求，也是农业保险扩大保障广度和深度，提高保障水平的强大动力。

6. 充分运用农业保险工具是化解农业直补“爆箱”问题的现实路径选择

我国作为 WTO 重要成员方，农业政策的制定和走向越来越为西方国家和其他国家所关注。在全球化时代背景和世贸组织规则框架下，我国应履行世贸组织的规则和承诺，树立负责任的大国形象，充分利用农业保险规避风险，避免予人口实、引发质疑，牢牢掌握主动权显得尤为必要。与现行农业直接补贴相比，农业保险间接补贴是重要的政策选项：一是按照世贸组织规则，自然灾害保险的保费补贴属于“绿箱”政策；二是 WTO“黄箱”保险项目只通报保费中的政府补贴项目，无须通报风险保障水平；三是政府对再保险的财政补贴，不属于“黄箱”保险通报范畴；四是政府对保险公司的运行管理费补贴属于“绿箱”政策。据测算，目前我国农业保险财政补贴约 320 亿元，而且绝大多数属于“绿箱”保险，“黄箱”保险补贴占农业总产值的比重微乎其微，与世贸组织规则下“黄箱”8.5%的支持水平相去甚远，加大对政策性农业保险保费补贴扩面、增品、提标的支持空间巨大，也是我国农产品防止补贴“爆箱”，走进世界市场的现实政策选择。

(二)把发展农业保险作为一项重要的农业政策

1. 确立科学目标

贯彻创新、协调、绿色、开放、共享的新发展理念,推动农业保险在保障国家粮食安全、稳定主要农产品生产、发展特色农业方面发挥更大作用。积极调整现行农业直补为农业保险间接补贴,加大财政资金对农业保险保费的补贴力度。通过完善体制机制、加大政府支持力度,通过几年的努力,主要粮食作物农业保险保额覆盖生产成本。同时,进一步扩大保险覆盖面,丰富产品供给,充分发挥农业保险在农业现代化发展中的风险管理、经济补偿和增信融资作用,保障农业生产基本收益,探索建立符合国情的主要农产品农民收入保险模式和大灾风险保险模式,健全中国特色的农业保险体系,为全面建成小康社会和实现“两个一百年”奋斗目标提供重要支撑。

2. 把握基本原则

一是政府引导、市场运作。加强组织推动,完善财税、产业政策,健全中央财政、地方财政和农户合理分担的保费补贴机制,充分发挥财政补贴资金的杠杆作用,引导更多农户参保和调动市场主体积极性,实现“愿保尽保”。二是试点先行、有序推进。鼓励各地遵循保险原理和市场规律,探索发展适合当地实际的多种形式的农业保险。逐步实现从覆盖物化成本到生产成本乃至收入保险的升级递进。对于覆盖面广、涉及农户规模大的险种创新,要把握循序渐进的原则,扎实开展试点工作,不断完善产品设计和试点方案,取得可复制、可推广的经验后再从面上推开。三是以农为本、加强监管。准确把握农业保险准公益性的基本定位,把落实国家强农惠农富农政策作为发展农业保险的根本出发点和落脚点,加大财政对政策性农业保险的支持力度,有效发挥农业保险“稳定器”和“助推器”作用。保险公司经营农业保险应立足于服务农民,努力降低经营成本,力求收支平衡、保本微利。守住不发生区域性、系统性风险的底线,营造适度竞争的市场环境。

3. 加大财政预算安排中对农业保险的投入

鉴于农业保险是带有服务性、公益性的“准公共产品”,促进农业保险发展,需要财政把支持农业保险作为重要的着力点,持续稳定加大投入。尽管近十年来我国农业保险发展较快，但与发达国家相比，总体上还处于初级水平的发展阶段。农业保险的供给能力与普通农户和新型农业经营主体多样化、多层次的需求相比，远远不能满足他们的需求。农业保险是农业支持保护政策的重要组成部分，现代农业发展离不开农业保险的保障保证。如果不能补齐农业保险短板，加快解决群众反映突出的保额偏低、品种不够、覆盖面不广等突出问题，可能会影响农业供给侧结构性改革的进展，甚至影响我国农业现代化发展的进程。从这个意义上说，把农业保险作为促进现代农业生产发展的重要举措和强农惠农富农政策的新支撑点，也是健全我国农业政策体系的当务之急。持续地增加财政预算，加大对农业保险的财政支持，应当成为中央和地方政府的财政责任。

4. 将部分农业直补资金调整为农业保险支持方式

农业直接补贴直接面向农民（包括牧民、渔民以及农民合作社等新型经营主体），支持农业生产发展或生态保护，农民能够直接受益，是中央强农惠农富农政策的重要内容，是近年来重要的财政支农政策方式，是农民转移性收入的重要来源。其发挥的历史性作用是显而易见的。但是，从农业供给侧结构性改革的要求出发，有必要梳理、总结农业直补资金的时效，从以下四个方面研判农业直补是否调整为农业保险间接补贴，以期提高财政补贴的效率，构建更高效、更合理的农业支持保护政策体系。一是转换成本划算，这里既要考虑经济成本，更要考虑社会和政治成本；二是政策目标一致，与直接补贴相比较，运用保险能够更好地实现政策目标，且有利于市场化改革；三是资金渠道稳定，选择转换的补贴资金应是稳定的支农支出，以确保农业保险资金持续实施；四是符合国际规则，主要是考虑世贸组织农业协议规则，尽量扩大“绿箱”，避免特定产品“黄箱”补贴“爆箱”，用足“黄箱”非特定补贴空间，用好“蓝箱”政策。根据这样的思路，农业直补资金部分调整为农业保险补贴资金还是有不少空间的。如政府支持优势农产品发展的资金，其中调转一部分为农业保险保费补贴，其推动和保障的效应会更大；将一部分主要农产品价格改革的补贴资金，调转为农业保险保费补贴资金，对生产者防风险、稳收益的作用会更强；将用于灾后恢复生产的农业生产救灾资金，调整为购买巨灾保险，变事后救助为事前保险，既可以稳定防灾预期，又能提高财政救灾资金的效率。

（三）增加财政农业保险保费补贴品种

增加财政农业保险保费补贴品种是广大农户的现实愿望，也是适应加快构建我国粮经饲协调发展的三元结构的新取向。首先是中央财政对农业保险保费补贴的品种应在目前15个品种的基础上有所增加，将量大面广、事关国计民生、农户需求比较强烈的品种纳入到中央财政补贴的范围。

1. 适当扩大畜牧业品种

在我国的畜产品中，目前猪肉占到我国肉产量的63.6%，除此之外，羊肉、牛肉、鸡肉分别占肉产量的5.11%、8.12%、21.17%，也都是百姓菜篮子的重要品种，且消费增长趋势明显，部分地区还是消费主打产品。这些产品在生产中也经常面临重大疫病、冻害、意外死亡等巨大风险。因此，可将全国范围内或者相应品种的优势区域布局规划范围内的规模养殖场（户），纳入中央财政农业保险保费补贴。初步测算，按照将年出栏50头以上的肉牛养殖场（户）、年出栏100只以上的肉羊养殖场（户）、年存栏规模2000只以上的商品蛋鸡、年出栏规模10000只以上的商品肉鸡纳入补贴范围，规模分别约2687万头、2.06亿只、8.69亿只、32.4亿只，分别占到全国饲养量的28.5%、36.7%、69.5%、74.8%。可参照目前中央财政保费40%—50%的比例予以补贴，按照保额覆盖饲养成本的办法实施农业保险。

2. 将水产养殖纳入中央财政保险保费补贴范围

水产养殖保险因投保理赔难等限制，加上缺乏财政补贴支持，保险推进缓慢。而水产养殖往往因一场台风、暴雨就成了免费的增殖放流，给养殖户带来巨大的财产损失。随着对保险模式的不断探索、保险技术的不断进步，安徽、浙江、湖北等很多地方进行了成功的实践，目前已经基本具备开展水产养殖保险条件。从养殖结构看，青鱼、草鱼、鲢鱼、鳙鱼、鲤鱼、鲫鱼和鳊鲂，是淡水养殖的主体，也是百姓消费的重点，目前产量占全国淡水养殖鱼类总产量的77.54%，在全国各个省份均有较为广泛的养殖分布，且上述多种鱼类多采取在同一个池塘中混养的方式。可以考虑开展大宗淡水鱼养殖保险保费补贴试点，具体的保险模式可以推广互助保险或者“商业保险+互助”的模式，也可以探索气象指数保险的方法。初步测算，全国大宗淡水鱼养殖面积约3025万亩,以保养殖成本、保障恢复再生产为主要目的,参考人保财险在湖北省淡水养殖保险平均保额 1500 元/亩、费率 7%,全覆盖的保费规模为 3025 万亩×1500 元/亩×7%=31.8 亿元。如按照 50%的投保率,财政总补贴 50%、中央财政承担其中一半计算,需中央财政保费补贴 4 亿元。这确实是一件政府花钱不多,但能大面积惠农安农的政策之举。

3. 将重点水果品种纳入补贴范围

我国是果品生产和消费大国,果品生产也是优化农业生产结构,促进农民增收的重要渠道,但由于果品生产区域自然条件相对较差,经常面临巨大的病虫害、低温冻害、冰雹大风等灾害侵袭,果农对农业保险需求强烈,但缺乏财政补贴,难以形成规模化保险服务市场,保险公司也很难根据大数法则推出纯商业化的产品。可在中央层面将占全国水果种植面积 36%、产量 29%的苹果、柑橘两大水果品种纳入补贴范围,在优势区全面启动推广农业保险,鉴于果品生产经营市场化程度较高,政府补贴比例可适当少一些。初步测算,全国苹果优势区面积 2000 万亩,参照陕西苹果保险标准,按照每亩保额 4200 元、费率 9%计算,全国苹果优势区保费合计 75.6 亿元;全国柑橘优势区种植面积 2100 万亩,参照广西柑橘保险标准,按照每亩保额 3500 元、费率 5%计算,全国柑橘优势区保费合计 36.75 亿元。如果按照两个品种优势区 70%的投保率,财政总补贴比例 50%、中央财政补贴承担其中的一半计算,分别需要中央财政补助 13 亿元和 6.4 亿元。这无疑是我国数千万果农的一大福音。

4. 地方政府要扩大特色农产品保费补贴品种

按照中央保大宗、地方保特色的原则,地方政府要加大对当地优势特色农业保险保费补贴的力度,对当地面积占比较大、影响相当一部分农民收入、对农业产值具有一定贡献度的农产品进行农业保险保费补贴。地方特色优势农产品给予农业保险保费补贴,基于农产品在一个区域内具有资源的禀赋性特色、具有市场的比较优势,又成为区域内农民增加收入的重要来源。对此类农产品进行保费补贴,本质上是保护农业特色产业,保障农民的收入,尤其是不少特色农产品产于贫困地区,其意义是多重的。为了分担特色农产品农业保险保费补贴财政压力,在省以下,可以构建起从省到市、到县以至乡镇的财政补贴机制,这和我们推进的“一县一业、一村一品”农产品发展模式相对应。

往往一个乡的区间，就会形成一个由若干村叠加的大蒜种植乡、金针菇种植乡、核桃种植乡、鳝鱼养殖乡、鸭鹅养殖乡等等。对一个县而言，更可能形成由于历史传统以及平原、丘陵、山区等地域特色构成的特色产业。因此，采取层级式的保费补贴，当级补贴和上一层级对下一层次保费给予保费补贴，是现实的路径框架，在逐级减轻财政压力的情况下，也有利于调动各个层级的积极性，并使保费补贴贴近农业生产实际，贴近农民的需求。

5. 实行中央财政对地方特色优势农产品农业保险以奖代补政策

各地已经开展了200多个产品的试点，但受限于缺乏系统的政策支持，保费收入规模仅占农业保险保费总规模的15%，表明特色农产品保险的覆盖率很低，远不能满足农民的需求，迫切需要中央财政加大支持和引导。从2015年开始，中央一号文件就连续三年对地方优势特色农产品保险中央财政以奖代补政策进行了部署，应该说中央有要求、地方有实践、农民有需求、机构有积极性，应加快出台相关政策。一般而言，地方优势特色农业保险可以包括三类：一类是结合农产品优势特色区创建工作，重点围绕杂粮杂豆、蔬菜瓜果、茶叶蚕桑、花卉苗木、食用菌、中药材和特色养殖等产业开展的生产保险；一类是农机、设施农业、渔船等装备设施灾损保险；一类是农产品质量安全责任保险、小额贷款保证保险等与农业生产发展密切相关的保险。应立足于调动地方政府发展特色农业保险积极性，坚持特色产品保险以地方为主的思路，中央财政对符合条件纳入奖补范围的险种，按照地方财政自行开展且实际到位保费规模的一定比例给予适当奖补，建议中央财政分东部、中西部给予10%—30%的奖补，目前地方财政用于特色产品保险的保费补贴约37.5亿元，据此测算中央财政以奖代补资金不超过10亿元，即使地方再增长一倍，中央财政奖补资金20亿元左右。如果按照这样的思路推进，农业保险的品种将会有一个不小的增加，会受到地方政府和广大农民的欢迎，会有更多的农民获益。

（四）提高农业保险保障风险的标准

提高农业保险的保障水平，使之能覆盖完全成本以至保障收入，这是农业保险追求的目标。从现实出发，从政策性农业保险的角度，我国较低的保障水平、更广范围覆盖的格局难以很快改变。但循序渐进地提高农业保险保障风险标准是可能的,也是必要的。调研中,不少地方建议先行提高三大主粮作物农业保险的风险保障标准,确保种粮农民不吃亏、有收益,同时保障粮食稳定生产、粮食安全供给。具体可分为保障物化成本、生产成本、完全成本保险和收入保险两个阶段、四个步骤实施。

第一个阶段,生产成本保险。可分为三个步骤,即保物化成本——保生产成本(物化成本+劳动力成本)——保完全成本(生产成本+地租成本,主要针对规模经营主体)。目前我国的保障水平尚处于第一阶段,即保物化成本阶段,且多数省份尚未达到这一标准。目前,全国三大主粮作物保额平均只有368.95元。根据国家发改委成本调查数据测算,2015年全国三大主粮作物物化成本425.07元,13个粮食主产省三大主粮作物物化成本399.93元,可以看出还都没有达到物化成本保障水平,分别覆盖了86.8%、92.3%。因此,两到三年内应按照物化成本保险全覆盖、种粮农民愿保尽保的原则,满足农民的保险需求。在此基础上,再用两至三年时间,按照生产成本全覆盖、种粮农民愿保尽保的原则,将保险保障水平提高到覆盖物化成本和劳动力成本,目前全国和粮食主产省份的标准分别为872.28元、800.32元,现在的保险只覆盖了42.3%、46.1%,只有尽快补齐这个差距,才能提升农民灾后赔付的获得感,才能调动农民自愿投保的积极性,才能真正增强灾后农民的生产恢复能力。完全成本保险主要面向规模经营主体,建议在实现生产成本保险的同时,同步启动规模经营主体完全成本保险,提供能够进一步覆盖土地成本的保险产品,建立多层次、高保障、可选择的产品体系。从2016年国家发改委成本收益调查看,三大粮食作物土地成本约218元,但各地实际土地流转费差异较大,可以结合实际确定纳入保险的额度。

第二个阶段,收入保险。确保粮食安全的关键是调动农民种粮的积极性,农民主要看收益。水稻、小麦最低收购价政策,虽然保证了农民的种粮收益,但也带来了巨额的库存压力、财政补贴压力、WTO规则"黄箱""爆箱"压力。随着农产品价格形成机制改革不断深化,为确保种粮农民收益稳定,确保粮食尤其是口粮安全,可以加快研究探索建立种粮农民收入保险制度,由传统的政府直接干预市场向利用保险等市场化手段调控转变,通过合理设定收入保险保障水平,构建种粮收入安全网。具体操作可考虑通过科学测算后,确定一定数量的种粮面积上限纳入收入保险补贴计划。比如以 13 个粮食主产省为补贴范围,也可以是 1000 多个产粮大县为补贴范围,可占到全国粮食播种面积和产量的 70%以上,精准落实补贴对象和面积,通过确保种粮农民收益稳定,从而确保粮食生产稳定。考虑到玉米价格已经基本实现市场化,可先行选择部分地区进行试点,探索模式,总结经验。

(五)探索开展三大粮食作物完全成本和收入保险试点

完全成本保险是物化成本+地租成本+劳动力成本的保险。调查研究中多数意见认为,我国有必要将完全成本保险作为一种在现行粮食价格政策下的粮食作物主导性险种,并加快推进三大粮食作物的完全成本保险试点。它的实际意义体现在以下四个方面:一是完全成本保险具有很强的针对性,有助于解决农业保险保障水平低、对农民吸引力弱等现实问题。完全成本保险保额大大高于现行物化成本保险的保额,对农民的生产损失实现了全成本保障,不仅真正让农民在遭受严重灾害后能够得到较多赔偿,既可恢复生产,又能获得底线保障,还确保了种粮农民的基本收入。二是完全成本保险是在完全保障物化成本基础上,将地租和劳动力成本纳入保障范围,是在现行政策性保险和大灾保险试点基础上做加法,与已有的农业保险险种有很高的契合度。三是从本质上讲,完全成本保险隐含了土地、劳动力等生产要素的平均价格,体现了农民的物权收益和劳动收益。既是在 2017 年开展大灾保险试点保障物化成本和地租成本基础上的“提标”,又因融入了土地、劳动力等全要素投入,是一种带有准收入性质的保险。四是完全成本保险与现有农业政策可以较好地衔接。实行完全成本保险,不影响现行的最低收购价以及生产者补贴等政策的实施。从长期看,因完全成本保险和收入保险的保额基本趋同,如果今后放开小麦、稻谷市场价格,完全成本保险还可以为开展收入保险打下基础。

关于收入保险。从国际经验和我国的农业保险实践来看,对于大宗农产品来说,通过收入保险管理自然风险和市场风险,可能是未来农业保险产品的主导形态,有助于实现维护国家粮食安全、确保农产品供应、保障农民收入等多重目标。玉米主产区已经取消了临储政策,形成了充分竞争的市场条件,农民面临市场风险挑战,有参加收入保险的需求,也具备开展收入保险的市场条件,还可以为其他大宗农产品开展收入保险提供借鉴。

努力使试点的模式变成范式,具有可操作性、可复制性。由此,在试点的区域选择上,应以县为单位整县推进,使之具有规模效应,同时选择不同自然条件、地理条件、经济条件的县域进行,以获得较为完整的数据和经验。试点时间,可考虑为三年,这符合农业丰歉的自然周期,也有足够的时间对试点中出现一些可以当期解决的问题进行校正。再保险和大灾风险分散机制,中央、地方、农户的保费分担比例,都可以有创新性的举措,以求在农业保险的运作机制上有新的发展。

(六)建立和完善中国特色的农业保险大灾保险分散机制

分层分散农业保险的大灾风险,是农业保险风险分散机制的核心,其要义是多方参与、风险共担、多层分散。

第一个层次是,农户(包括政府的保费补贴)交纳农业保险保费补贴,由保险公司在受灾出险后给予农户相应的风险补偿,在一般灾害的情况下,由保险公司利用保费收入自行承担赔付(比如赔付率90%以下)。

第二个层次是,保险公司购买再保险分散风险,其赔付率区间一般在90%—150%,对再保险的保费,财政可以给予适当补贴,这是再保险分散风险的一般通行做法,保险公司还可以用提取的大灾准备金予以弥补。对于赔付率超过150%的超赔付,政府可以进行援助或提供贷款予以支持,这就需要政府建立大灾救助基金,作为一种制度性安排。

第三个层次,财政大灾(巨灾)保险。针对经常发生的高温、干旱、洪涝、台风、冻害等自然灾害,支持地方财政购买大灾保险,将灾后的农业生产救灾补助调整为事前保险,平滑财政年际支出,确保大灾之后农业生产公共设施恢复等救灾资金需要。如果说农民的大灾保险解决的是单个经营主体恢复生产的问题,财政大灾保险则是解决一家一户难以独立解决的恢复生产所需的基础设施或生产能力资金。参照黑龙江的经验,对发生频率较高的自然灾害及相应省份,中央财政通过农业生产救灾资金预先帮助地方购买财政大灾保险,投保人和受益人都是地方财政,灾害发生后,根据约定由保险公司及时给予地方财政赔付,用于灾后恢复生产。变灾后救灾为灾前保险,灾后定损理赔,形成一种由政府投保、保险机构运作的机制，使大灾风险的防范由单纯的政府承担分散成为“政府+市场”的制度安排，常态化运行。

尽快成立国家农业再保险公司是完善农业保险风险分散机制的当务之急。这是因为，没有再保险，农业保险风险分散仅停留在保险公司的层面，成了风险分散的“断头路”，农业再保险公司作为再保险的承保体，就有了分散更大的农业保险风险责任的平台，也具有在更大市场空间分散风险的运行主体。目前，我国成立全国性的农业再保险公司的条件基本具备。

中国农业再保险共同体有32家成员公司，承保能力达3600亿元。成立两年来，已支付再保险赔款98亿元，综合成本率达111%。尤其在重特大灾害如辽宁旱灾、黑龙江旱灾和南方洪涝灾害中，农共体支付的赔款占总赔款的40%以上，有力地化解了区域性、流域性风险，避免了以往大灾后国际再保险价格大幅上涨甚至有国际再保人退出的现象。农共体还为国际再保人不愿承保的价格保险、地方特色优势农产品保险、天气指数保险、渔业保险等国家鼓励发展但风险较高的领域提供了再保险支持，支持这些国家鼓励的产业的发展。

这表明，建立中国农业再保险公司已经有了良好的实践基础。鉴于大灾风险的承担是一种准政府责任，中央财政应当注入资金，占有相当的比例，以履行大灾风险保障的政府主导责任。同时，应以大灾风险准备金为基础，建立大灾风险基金，可交由新建立的中国农业再保险公司运作，在中央层面统筹农业风险转移分散事宜。这种农业保险风险转移最终由政府兜底的制度安排，是中国农业保险的一个特色，也是政府为民宗旨的重要体现。

（七）加强农业保险对贫困地区产业脱贫支持

一些贫困地区支持保险机构为贫困户量身打造适合自身需求的农业保险产品，加快了脱贫的步伐，形成了很好的范式。如：河北省隆化县开展“政银企户保”农业合作贷款模式，打通了“农户—银行”借贷放款的“绿色通道”。即县财政出资设立担保机构、建立“资金池”，作为农户贷款的担保金和风险金，银行根据资金池内资金额度，按1∶10比例放大贷款金额，保险公司为农业企业、农户贷款办理保证保险，发生损失时，由担保机构、银行和保险公司按照 10%：10%：80%比例承担代偿贷款本息。宁夏盐池县为贫困户量身定制特色农业保、羊肉价格保、大病医疗补充保等 14 种脱贫保险，由贫困户自行选择、县财政给予保费补贴。“脱贫保”规避了自然风险和市场风险，给贫困户吃了“安心丸”。比如，2016 年的滩羊肉价格从 2015 年的每斤 20 多元下降到 15 元左右，但通过建立基础母羊养殖保险和羊肉价格指数保险，保险公司按照 22 元/斤的保额对投保的养殖户及时理赔，对 2718 户价格保险参保农户支付赔款 559.96 万元，使养殖户收入没有因滩羊肉市场价格的波动而受影响，收入不降反增。据统计，盐池县 2016 年农村居民人均可支配收入 8532 元，增长 11.2%，增幅居宁夏山区县之首。各地做法和经验可以借鉴的有：一是鼓励建档立卡贫困户结合自身条件积极参加农业保险，未脱贫前由财政承担农户自缴部分的保费。二是鼓励保险机构结合贫困地区资源条件开发特色农产品保险，探索开展收入保险、指数保险等试点，帮助贫困户规避自然风险和市场风险，财政对保费予以补贴。三是鼓励保险机构与银行合作开展小额贷款保证保险等业务创新模式，财政在担保、保费补贴等方面予以支持，强化农业保险的防灾减灾、生产调节、担保增信、扶贫开发等服务。四是逐步提高中央、省级财政补贴标准，对国定贫困县未摘帽前取消县级财政承担的保费补贴，为贫困群体构建更加牢固的安全网。

（八）完善农业保险运作机制

1. 建立健全促进农业保险政策推进和协调机制

农业保险关乎千家万户的切身利益，是重大的惠民工程。有关部门和地方政府应从全局高度提高对农业保险重要性的认识，切实加强对农业保险的支持。加快农业保险发展，政府要担负起协调推进职责。进一步明确基层政府组织推动农业保险职责，各县市要加快建立适应农业保险发展要求的领导管理体制，负责协调各有关部门步调一致、落实到位。在国家层面应建立促进农业保险发展的部际联席会议或领导小组，根据农业农村发展形势分析提出对农业保险发展的总体要求，加强农业保险的顶层设计，出台扶持农业保险发展的具体政策，加强各部门间的政策协调，构建有利于农业保险发展的政策环境，指导农业保险不断创新发展。

2. 建立健全中国农业保险的法律制度

2012年，国务院印发《农业保险条例》，这是一部农业保险的专门法规，条例明确了农业保险的基本性质、基本原则，并对农业保险合同、经营规则以及违法违规的法律责任等内容进行了规定，为农业保险的运行提供了法律依据，成为我国农业保险平稳健康发展的法律保障。但是，鉴于条例所限，这些年农业保险跨越式发展，其保险种类的创新、保险品种的多样、新型经营主体对农业保险的更高需求、大灾分散机制的不完善、保险中道德风险和逆向选择的时有发生，费率厘定和查勘定损的方法缺陷，都需要有法律更为明确具体的规定，需要有更高的权威性，尤其是对政策性农业保险政府的责任，更有必要以法律的形式予以规定。适应新的形势、新的发展需要，与全面建立法治社会的要求相一致，更需要国家颁布一部《农业保险法》，同时颁布涉及农业保险若干重大问题如政府部门间的协同机制、农业保险公司的责任、政府农业保费补贴的要求、费率厘定、几大粮食作物保险的推进等的相关条例，以构成中国农业保险的法律规范制度体系。确保我国农业保险在法制的轨道上运行。

3. 加强农业保险基础建设

加强信息共享平台建设。建立全国统一的农业保险信息管理系统，实现保险信息与补贴信息、征信信息、土地确权信息、气象灾害信息和建档立卡贫困信息系统的互联互通。增加农业、气象、水文、病虫害等监测站点布局密度（如：气象观测点以20km^{2}为一个区间较为科学），加强农业基础数据、灾害风险数据的积累，提高农业生产查勘定损的精准度。加强信息发布制度建设。建立粮食等主要农产品价格数据的统计、采集和发布平台，为大数据积累创造条件。及时发布农业保险有关政策、险种等信息，为农民提供政策咨询、参保办理等服务。尽快在县级层面实现农户和新型经营主体的生产经营、土地流转、农机服务、融资贷款、保额费率、财政补贴等动态信息的网上采集查询功能。建立健全能够真实反映新型农业经营主体经营状况的征信、财务管理等制度，为增加收入保险等农业保险产品供给创造条件。

4. 加强农业保险服务与监管能力建设

建议各级财政、农业等相关部门设立农业保险专门管理机构，专任其事、专司其职，提高服务效能。加强农业保险监管能力建设，在机构设置、人员编制、工作经费、业务培训等方面予以倾斜。财政部门要确保农业保险保费补贴及时足额落实到位，进一步加强资金使用监管。农业部门要加强对农业保险的政策解读和宣传推动工作，掌握和反映各类生产主体需求，在农业保险推进过程中保障好农民的经济利益。保险监管部门要加强对保险机构依法依规开展农业保险业务的监管，强化风险管理、保险精算、费率厘定等业务能力，完善保险运作机制，确保农业保险坚持为农服务的方向不走偏。建立覆盖全面、高效规范的农业保险基层服务体系，支持专业合作社等各类农村基层服务组织协助农户参加保险，全面提升农业保险服务水平和能力。对于基层组织、合作社等协助保险公司开展投保、理赔等公共服务，地方财政可适当给予经费支持。

5. 加强保险公司自身建设

一要加强保险公司的思想作风建设，农业保险公司要立足于农民、服务于农业，坚持农业保险的准政策性和准公益性，以维护农民利益、减少农业农民风险损失作为工作的重要原则，开发更多符合农民需求的产品和做好对农民的理赔服务，把党的惠农政策通过农业保险落实到农民身上，在履行社会责任的同时实现公司的发展。二要加强业务能力建设，要全面提高农业保险公司从事农业保险的业务水平，把知悉农业、精于保险业务、提高工作效率作为重要的标准，并加以考核。三要加强基层服务体系建设，工作经费中应有一定比例用于对基层服务网点特别是村级网点的投入。要加强农业保险协保员培训和管理。可考虑参照保险营销员管理制度，对其实施专业资格考试和资质认证。

6. 建立严格的农业保险准入退出审批制度

从全球来看，各国都对农业保险实行严格的市场准入，美国政府授权联邦农作物保险公司进行审批，加拿大每个省由国有的农业保险公司专营，日本有农业相互保险会社专营。目前，保险机构对农业保险的态度已从早期的避而远之到高度重视，各类主体、各路资本蜂拥而入。农业保险对经办机构资本实力、偿付能力、服务能力的要求远高于商业保险，建议参照国外实行市场准入审批制度，并设置更高的准入门槛。如核心偿付能力充足率不低于150%，在开办业务的县域应有分支机构且基层服务网点至少覆盖30%的乡镇，各级机构应设立独立的管理部门且专业人员数量应与业务规模相挂钩。监管部门在审批时可以考虑将险种和地域进行搭配,保险公司在国家鼓励的高风险业务或创新型业务达到一定规模后方可给予其他优质业务。同时,要建立以合规经营和服务能力为核心的动态考评机制和综合指标体系,对考评发现不符合经营条件的,依法采取责令整改、停业整顿或者吊销业务许可证等措施,确保经营主体持续加大投入,防止短期行为。

7. 增加保险产品的供给和建立科学的费率

按照农业保险的保险责任要覆盖农业生产面临的所有主要风险的思路,鼓励通过“普惠保险+补充保险+商业保险+大灾保险”的模式,保险机构要在增加保险品种上下功夫,特别是要针对新型农业经营主体的需求,提供多品种、多档次保额的产品供其自主选择。要加大农业保险险种、品种试点的力度,加强总结,使之成为成熟险种、品种,便于广为推广,使农户参保的选择更具针对性和稳定性。要建立科学的费率厘定和审核机制,防止保险公司收取过高的费率攫取不合理利润,保险监管部门应积极作为,会同财政、农业等部门,尽快开展农作物风险费率区划研究,使保险费率与风险相匹配,确保费率公平合理。保险监管部门要严格监控保险公司的费用率,对费用率明显高于同业的公司,要采取约谈或责令整改等监管措施。要完善保险费率调整机制,对多年不出险的农户给予降费或无赔款优待等措施。

参考书目

1. 龙文军等:《健全农业保险制度研究》,中国农业出版社 2016 年版。

2. 罗帅民、郭永利、王朝华编著:《世界农业保险》,中国农业出版社 2010 年版。

3. 尹成杰、黄延信主编:《中国农业保险组织制度研究论文集》,中国农业出版社 2011 年版。

4. 张峭、王克、李越等:《中国农业保险保障水平研究报告》,《中国种子》

2017年总第75期。

5. 中国发展研究基金会:《指数保险与中国自然灾害救助体系改革》,中国发展出版社2014年版。

调查报告篇

第一篇　辽宁省玉米“保险+期货”试点情况调查报告

2015 年辽宁省农委和人保公司辽宁省分公司、大连商品交易所在义县探索开展玉米“保险+期货”试点，这在全国属首次。2016 年辽宁省在农业部、保监会、证监会等相关部委的支持下，在义县、康平县、铁岭县开展了玉米“保险+期货”试点，中央财政补贴 500 万元。为详细了解辽宁省玉米“保险+期货”试点进展情况，2017 年 2 月 14 日至 16 日，调研组一行赴辽宁省锦州市进行了专题调研。调研组在义县进村入户实地调查，先后走访了聚粮屯羊圈子村玉兰种植合作社、九道岭镇农旺大田合作社、大榆树堡镇人保财险营销服务部，与村组干部、合作社带头人、种粮大户、参保农户和人保公司基层网点业务人员进行座谈，直接了解基层干部群众反映。调研组在锦州市两次召开座谈会，就辽宁省开展农业保险、玉米“保险+期货”试点情况，与省农委、省财政厅、辽宁保监局、大连保监局、人保公司辽宁省分公司、大连商品交易所、新湖瑞丰金融服务有限公司、锦州市有关部门和参保农户进行了深入交流和讨论，听取各方面的意见和建议。从调研总体情况看，辽宁玉米“保险+期货”试点虽然规模不大、效果有限，但是对于探索在玉米价补分离改革背景下建立健全农户收益稳定机制具有重要的启示意义。

一、辽宁玉米“保险+期货”试点基本情况

2016 年，农业部、保监会、证监会等相关部委联合 12 家期货公司和 7 家

保险公司在黑龙江、吉林、辽宁、内蒙古、安徽共同开展12个“保险+期货”试点项目。辽宁省的玉米价格“保险+期货”试点，由人保财险辽宁省分公司、上海新湖瑞丰金融服务有限公司承担。据调查，义县、康平县玉米价格“保险+期货”试点的主要做法是：

（一）种植大户参加保险

保险公司推出玉米目标价格保险产品并向新型农业经营主体销售。考虑到新型农业经营主体对国家政策及玉米价格行情有很强的敏感度，且有强烈的高保障的需要，试点明确投保主体为从事玉米种植的大户（种植面积100亩以上）、家庭农场、农民专业合作社、农事企业等新型经营主体。试点涉及21个乡镇，63个自然村，其中包括10家合作社，74个种植大户。义县共有294户参保，承保量0.8万吨；康平县共有280户参保，承保量1.03万吨。经各方多次协商，确定目标价格为1650元/吨，费率为14.91%，保费为246元/吨，农户自缴73.8元/吨，约占保费的30%。人保财险共取得保费收入450万元，其中，中央财政补贴315万元，农户自缴保费135万元，地方财政未予补贴。

（二）保险公司转移风险

保险公司购买期货公司的“场外期权”产品进行风险转移。由于目前中国再保险公司不能提供基于农作物价格险的再保险业务，为此，人保财险辽宁省分公司与上海新湖瑞丰金融服务有限公司（期货公司）签订了场外期权合同，以图通过购买玉米场外看跌期权把集聚的风险予以转移。保险公司向期货公司支付380.64万元期权费用（权利金），从而达到“再保险”的目的。由于目前国内期货市场没有上市期权合约，期货公司只能利用场外期权在场内期货市场实现再保险，但这种风险对冲机制较为复杂，成本也较高，同时也存在一定风险。因此，保险公司向期货公司购买期权的权利金也相对较高，占到保费的85%左右。

（三）期货公司对冲操作

期货公司收到保险公司支付的权利金后，发挥其专业操作优势制定相关的交易策略,在大连商品交易所玉米期货市场复制期权进行对冲操作,以将从保险公司承接的玉米保单在期货市场上进行消解,减少收益损失。

(四)按照合同约定理赔

保险公司根据合同对承保农户进行理赔。按照合同约定,以大商所公布的保险期间(2016 年 10 月 16 日—12 月 16 日)玉米期货 C1701 合约收盘价格平均值 1563.07 元/吨作为理赔依据,上海新湖瑞丰金融服务有限公司按照目标价格 1650 元/吨计算,每吨理赔 86.93 元(目标价格 1650 元/吨-期货合约平均收盘价 1563.07 元/吨),共兑付理赔资金 159.0819 万元(每吨理赔 86.93 元×承保量 1.83 万吨),其中义县理赔金额为 69.5337 万元(每吨理赔 86.93 元×承保量 0.8 万吨),康平县理赔金额 89.5482 万元(每吨理赔 86.93 元×承保量 1.03 万吨)。人保财险公司从期货公司得到这笔理赔款后,再向农民进行赔付。2016 年年底前,理赔款已全部兑付到位。

各有关主体损益情况如下:除了中央财政为农户提供保费补贴 315 万元以外,参保农户从 159 万元理赔收入中扣除自缴保费 135 万元,收益约为 24 万元;保险公司从 450 万元保费收入中扣除 380.64 万元期权权利金支出,收益约为 74 万元;期货公司从 380.64 万元期权权利金收入中扣除 159 万元理赔支出,收益约为 221 万元(不包括对冲支出)。

此外,辽宁省在铁岭县也开展了玉米价格“保险+期货”试点,具体做法与义县、康平县试点类似。铁岭县由中华财险辽宁省分公司、华信万达期货公司承担,目标价格定为 1600 元/吨,共有 7 家合作社承保,承保量 1.5 万吨,每吨理赔 36.93 元,共赔付 55.4 万元,理赔工作也已完成。

二、辽宁玉米“保险+期货”试点取得的成效

(一)“保险+期货”为农户提供了管理市场风险的有效手段

对于参保农户来说,“保险+期货”以“价格”为赔付标的,对他们的价格损失给予经济赔偿,这就等于提前锁定了种植玉米的产期保底收益,“保险+期

货”为玉米种植新型农业经营主体承担了重要的经营风险，确保他们在面临市场价格下跌风险时，可以获得相当的收入补偿。根据当年约定的玉米价格，义县和康平县的参保农户相当于每斤玉米较未参保户多卖5分钱，这在很大程度上解决了玉米种植户最为关心的价格风险问题。我们走访的几位合作社领头人和种植大户都对这项试点给予积极评价，他们觉得参加“保险+期货”试点最大的好处就是让农民心里有底。另外，尽管通过“保险+期货”防范和规避市场风险是一项极为复杂的经济活动，但对于农民与合作社来说只是简单购买了玉米价格保险，后续的风险化解过程全部交由专业的金融机构来完成。这样，农民只算价格账，核算理赔易于操作，比较容易理解和参与投保。

（二）“保险+期货”担当了农产品价格保险的再保险角色

我国传统农业保险主要承保自然灾害和意外事故造成的物质投入损失，目前，对此已有比较成熟的做法和经验。但是由于市场波动的风险太大，国内目前没有针对价格险种的再保险，保险公司很难通过再保险机制把风险分散出去，所以保险公司一般不愿保价格和收入。随着玉米等大宗农作物市场化改革的推进，农户必然要面对越来越多的市场风险，也迫切需要规避市场风险的有效手段。开展“保险+期货”试点，保险公司通过向期货公司买入看跌期权将价格风险进行转移，期货公司再将转移过来的风险通过对冲交易在期货市场上化解，这为解决保险公司不敢大规模提供价格保险提供了一个途径，在一定程度上满足了新型经营主体规避市场风险的需求。因此，在“保险+期货”试点过程中，期货公司有效解决了保险分散风险的路径问题，实际扮演了再保险的角色。

（三）“保险+期货”有利于推进玉米市场定价、价补分离改革

取消玉米临储政策后，玉米价格浮动，不仅影响着玉米种植户当年的收益，还对他们的生产积极性和信心有极大影响。政府给予一定保费补贴，农民自缴一定比例保费，再通过“保险+期货”，保险公司借助期货公司的专业能力实现对冲交易，实际上是发挥保险公司风险管理优势以及期货公司在场外期

权方面的风险管理优势，形成“政府+市场化”的方式，共同解决农户面临的价格下跌风险。据大商所介绍，玉米临储政策取消后，玉米期货交易量和持仓量迅速增长了10倍以上，现在玉米持仓量已经达500万手，每天的交易量达200多万手。可以预期，随着期货市场上玉米仓容持续扩大，期货市场的价格发现和套期保值功能将会强化，玉米价格保单通过期货市场消散风险的成本也会随之降低，农户通过“保险+期货”抵御市场风险的能力将会进一步提高。这就有效规避了因市场价格不确定因素对农户生产以及农产品供给造成的冲击，有利于推进玉米市场定价、价补分离改革的进一步深化。

此外，开展“保险+期货”试点，期货借助保险作为中介进村入户，改善了期货在农户眼里“高大上”、知之甚少的现状，发挥了农村保险服务网络的优势，扩大了期货市场交易量，提高了期货市场的活跃程度。同时，我们调研发现，各类生产经营主体通过参加“保险+期货”试点，对农产品价格风险有了更深层次的认识，防范风险的意识大大提升，这对深化农产品价格形成机制改革具有重要意义。

三、思考和建议

（一）把“保险+期货”作为防范农民收入风险的有效探索形式来推进

相对价格保险，收入保险不仅保生产风险，而且可以保价格风险，借鉴美国经验，收入保险可能是未来农业保险发展的方向。为了让农产品价格保险在农民和涉农企业中得到普及和接受，保险公司利用期货市场，为其保险产品寻求再保险，在短期内是必要且可行的。“保险+期货”可在推动农业保险由保成本向保收益、保收入更高层次跨越，探索开展农业收入保险创造条件、积累经验。美国从20世纪70年代探索农产品收入保险至今形成成熟的商业模式，前后经过了几十年时间，在这个过程中，收入保险是以期货市场的远期合约价格为预期价格的，期货市场在价格发现方面发挥了不可替代的功能。“保险+期货”可以促进保险与期货这两种金融手段深度融合，通过发挥期货市场对远期价格的发现作用,有效引导农户生产行为,提高他们抵御自然风险和市场风险的能力,为探索农产品收入保险开辟道路。

(二)稳步扩大"保险+期货"试点

总体上,目前"保险+期货"试点规模小、时间短,难以反映整体情况和深层次的问题。建议适当扩大试点区域、数量和类型,以取得普遍性经验,为探索适合国情的农业保险发展模式提供参考。建议选择一些粮食主产区的县(市)开展整县(市)试点,也可以以整村推进的方式开展试点,以获得区域性的经验,以至具有可复制性。鉴于"保险+期货"的试点地区都是农业大县,地方财力有限,建议中央和省级财政进一步加大对"保险+期货"试点的补贴力度,减轻县级财政压力,更好地推动"保险+期货"试点。

(三)科学设置保费比例是"保险+期货"模式可持续的关键

从"保险+期货"的试点经验看,期货不失为转移和化解价格风险的一种有效方式。但是,农业主管部门和农户都反映保费太高,一般政策性农业保险费率为6%左右,试点费率高达14%以上,比政策性农业保险高一倍多。目前玉米、大豆等主要农产品都没有场内期权,无疑增加了对冲成本。据人保公司估算,因为没有场内期权,提高了约两成保费。"保险+期货"模式的综合成本较高,最终会降低农民收益。在义县、康平县玉米"保险+期货"试点中,财政补贴共315万元,农户、保险、期货分别得到净收益24万、74万、221万元,农户净收益仅占财政补贴的8%。如果综合成本不能降到合理区间,只能靠政府补贴来维持,政府既不堪重负,也有违于政府补贴的初衷,对"保险+期货"而言也没有商业可持续性。为进一步做好今后试点工作,建议有关部门和地方政府要认真总结已有经验,完善试点方案,把保费比例降低到合理区间。要引导农户理性看待"保险+期货"的保底作用,避免盲目要求过高标的价格,付出不必要的高额保费。同时,支持交易所适时推出玉米、大豆等更多的农业相关期货期权品种上市,逐步替代现有场外期权的保价形式,降低对冲成本、扩大受益面。

（四）大力加强粮食等主要农产品期货市场建设

经过二十多年的培育和发展，我国农产品期货市场已逐步成长为品种覆盖广泛、市场规模较大、具有一定国际影响力的期货市场，在稳定农业生产特别是促进农产品市场化改革等方面发挥了积极作用。2016 年，大连商品交易所安排 1960 万元专项资金用于补助期货公司开展“保险+期货”试点。“保险+期货”试点充分证明了期货市场为保险公司提供了一个重要的再保险渠道，无论是运用场外衍生品还是未来上市的场内期权，保险公司都可以围绕期货市场设计保险产品做再保险。因此，期货市场功能在原有的“价格发现”和“套期保值”基础上得以延伸。但总体上，农产品期货市场总量还比较小。从持仓合约规模来看，美国玉米期货单边持仓量占美国玉米现货产量的比例，近十年来一直稳定在 50%左右，而我国这一比例仅为 6%左右。这反映了我国农产品期货市场风险管理规模总量与成熟市场相比仍有较大差距。另外，农产品品种体系还比较单一。许多现货市场规模大、市场需求大的农产品尚未开展期货交易。大力发展农产品期货市场有利于深化金融服务“三农”。要鼓励产业企业和银行、券商、基金等更多机构广泛参与农产品期货市场。加大农产品期货新品种上市力度，鼓励期货交易所推出期货、期权、场外等更多的风险管理工具，为相关农产品价格及收入险提供定价支持，为支持相关业务的保险公司、期货公司等机构提供税收优惠。

（五）充分发挥地方政府在“保险+期货”试点中的参与主体作用

地方政府虽然不是保险合同的签约人，但却是签订保险合同最重要的推动力量，对农户参保具有举足轻重的决定性作用。在辽宁的试点中，地方政府发挥的作用主要是制定试点规则和程序、动员和组织农户参保，在厘定费率、确定标的价格等关键环节的谈判中尚未能充分发挥引导农户获得有利地位的作用。一方面，是由于地方政府缺乏专业的精算能力和期货知识，很难帮助农户争取到更有利的谈判条件。另一方面，在试点的方案设计中没有建立中央财政和地方财政的分担机制，中央财政承担了 70%的保费补贴，地方财政没有补贴，这就减弱了地方政府的主体责任意识。建议在今后的试点中将期货价格保险保费补贴纳入中央财政和地方财政补贴范畴，建立中央财政和地方财政的分担机制，在补贴结构上可采取“中央补贴+地方财政+农户自缴”的形式，具体的分担比例可以参照政策性农业保险设置。此外，要构建政府和农户与保险公司、期货公司间的有效沟通机制，地方政府加强对粮食价格走势的研判，提升价格保险的定价能力，尽可能帮助农户提出有说服力的目标价格和费率水平。

第二篇 上海市开展农业保险创新情况调查报告

上海市农业保险起步早、发展快，创新险种多，覆盖面广，有效化解了农业自然风险和市场风险，对保障农业增效、农民增收作出了积极贡献。2017 年 2 月 20 日至 23 日，调研组一行赴沪开展了专题调研。调研组在松江区调查了松江养猪场参加生猪价格保险、浦远蔬菜合作社参加蔬菜价格保险和李春风家庭农场参加粮食作物收入保险的情况，在浦东新区调查了陈绍家庭农场以及绿顶粮食专业合作社参加粮食作物收入保险的情况，考察了安信农保浦东支公司川沙网点。调研组召开 4 次座谈会，分别与市农委、财政局、上海保监局、安信农业保险公司以及松江区、浦东新区有关部门和参保农户进行了座谈。

一、上海农业保险的创新实践

（一）成立全国首家专业农业保险公司

上海是我国改革开放以来最早恢复农业保险业务的地区，并于 2004 年成立了全国首家市属专业农业保险公司——安信农业保险公司。十多年来，上海秉承“政策扶持、市场运作、专业经营、以险养险”的发展思路，走出了一条符合上海实际的农业保险发展之路。上海通过制定农业风险区划、审核保险责任、合理厘定费率，把握好了农业保险经营机构与农民之间的利益平衡关系,努力做到在保障农民利益前提下,促进农业保险经营机构可持续发展。2004—2016 年安信农业保险公司农业保险业务综合成本率达到 101. 12%,截至 2016 年年底,农业保险累计赔款 22. 6 亿元,受益农户 320 万户次(上海现有 99. 2 万农户)。概括起来,上海农业保险实现了“四大跨越”:一是险种从 2004 年的 19 个扩大到 2016 年的 66 个;二是保费收入从 2004 年的 7888 万元增加到 2016 年的 5. 87 亿元;三是农业保险总保额从 2004 年的 4. 42 亿元增加到 2016 年的 211 亿元,约占全市农业总产值(2016 年约 324 亿元)的 65%,接近发达国家水平;四是农业保险从单一的保险灾害补偿职责逐渐向帮助政府转换农业风险管理角色转变,承担农业金融更多社会责任。

(二)“两淡”绿叶菜成本价格保险

为保障地产绿叶菜均衡供应、平抑淡季绿叶菜价格异动、稳定菜农生产积极性,上海从 2010 年开始试点淡季绿叶菜成本价格保险。每年 6 月 16 日至 9 月 15 日为本市地产叶菜夏季生产的传统淡季,简称“夏淡”;12 月 16 日至次年 3 月 15 日为冬季生产淡季,简称“冬淡”,统称“两淡”。其中,“夏淡”保险品种为青菜、鸡毛菜、米苋、生菜、杭白菜等五个品种,“冬淡”保险品种为青菜和杭白菜。上海市农委根据全市绿叶菜市场保障供应量测算出计划投保面积,“夏淡”和“冬淡”期间分别为 13 万亩次和 8 万亩次,超过此面积的,市级财政不予保费补贴。“两淡”保险费率为 10%,市级财政给予 50%保费的专项补贴,各区县结合各自情况给予相应配套补贴,菜农自负保险费一般在 10%左右。上海市统计局于每年“两淡”期间,在全市 16 个区县抽取 26 个标准化菜场、9 种地产叶菜开展价格日调查。淡季绿叶菜成本价格保险以上海市统计局提供的市场零售价格作为理赔依据。若在保险期间时段市场零售价低于保险前三年同期市场零售价格,则按其跌幅比例乘以保险金额进行相应赔付。高于保单约定价的则不发生赔付。

2011—2015 年,“两淡”保险累计为上海市 102. 9 万亩次地产绿叶菜种植面积提供风险赔款近 0. 9 亿元,种植面积赔付率近七成;累计惠及农户 4 万多户次,惠及合作社 6000 多社次。2016 年上海承保绿叶菜成本价格保险面积在 20. 34 万亩次,保险总金额近 2. 78 亿元,投保保费 2782. 73 万元,市级财政补贴保费约 1387. 2 万元。

“两淡”绿叶菜价格保险的推行，明显缩小了蔬菜市场价格波幅，有效地化解了菜农的市场风险，增加了菜农种菜积极性，稳定了淡季绿叶菜生产面积和市场供应，使上海连续三年鲜菜价格波动指数在全国 36 个大中城市中位列 25 位之后，发挥了价格保险稳定农副产品物价水平的积极作用。通过开展“两淡”绿叶菜成本价格保险，将政策性补贴和市场化运作有机结合起来，运用价格保险的市场手段调节了供求矛盾，既破解了“菜贱伤农”的难题，保障了菜农利益，又防止了“菜贵伤民”的影响，兼顾了市民利益。

（三）粮食作物收入保险

2016 年上海在农业部金融支农服务创新项目资金（三年试点资金 500 万元）的支持下，在松江区、浦东新区 6 个镇的部分家庭农场试点开展粮食作物收入保险。该保险对粮食生产因产量损失、市场价格波动导致实际亩均收入低于保单约定亩均收入时（2016 年约定水稻稻谷单价为 1. 55 元/斤），家庭农场可根据投保时选择的不同保障水平（80%—100%）得到保险公司相应的收入补偿。对于参保家庭农场，如果选择 100%保障水平，则每亩水稻目标收入（保险金额）1860 元/亩（保险单价 1. 55 元/斤×保险产量 1200 斤/亩），保险费率 11. 6%，每亩保费 216 元（保险金额 1860 元/亩×11. 6%），设定保险费财政补贴 80%，即政府用于收入保险的补贴为 172. 8 元/亩，农户自缴保费 43. 2 元/亩。据了解，松江区试点水稻收入保险 1. 1 万亩，保费收入 237 万元，保障标准 1860 元/亩。浦东新区承保水稻收入保险 0. 8 万亩，保费收入 61. 4 万元，保障标准 1581 元/亩。小麦收入保险 0. 2 万亩，保费收入 17. 3 万元，保障标准 649 元/亩。总试点面积 1. 9 万亩，保费收入 315 万元，保险期限 2 月 28 日结束。粮食作物收入综合保障保险突破了传统农业保险只保障粮食生产风险的单一性，综合保障了粮食生产、市场风险、家庭农场财产风险等领域，更加广泛地保障了新型农业经营主体利益。需要指出的是，该保险试点旨在作为粮食最低收购价机制的替代，但对参保家庭农场仍然执行参照国家政策确定的上海市最低收购价政策，即参保家庭农场仍可以享受 1. 55 元/斤的水稻收购保护价政策。当地粮食部门对他们生产的水稻以 1. 55 元/斤的最低保护价进行收购，违背了收入保险应在市场条件下进行的初衷，使粮食收入保险试点的探索价值大打折扣。这是下一步继续该项目试点应该修正的。

（四）建立食品安全保险管理体系

为解决农产品食用安全问题，2016 年上海引入保险公司作为第三方，探索使用市场化方法构建与特大型现代化国际大都市相符的高效率食品安全管理体系。总体思路是：保险公司作为食品安全风险管理的第三方机构，以食用农产品安全责任保险为基础，依托全流程农产品溯源体系、专业第三方检测机制和黑白名单制度，使用先进的食品安全管理信息平台，通过调整保费等市场化手段，建立闭环食用农产品安全风险管理体系。首先，要在全市范围内建立农产品安全责任保险制度，要求本地农产品生产企业、入沪农产品当地生产企业须在保险公司购买食用农产品安全责任保险，消费者因为农产品安全问题造成的利益损失，由保险公司负责赔偿。未购买食用农产品安全责任保险的农产品不得入沪销售。其次，保险公司作为主体单位，负责建立和实施食用农产品溯源体系、第三方检测机制和黑白名单制度。再次，根据溯源认证和安全检测情况，建立分档保费机制和市场化保费调整机制。对于在农产品安全检测不合格的农产品生产企业，保险公司可以调高食用农产品安全责任保险费率，甚至拒保。对于发生农产品食用安全事故的农产品生产企业，保险公司依据相关规定纳入黑名单，并调高下一年度保险费率。食品安全保险管理体系以市场需求为导向，开发了涵盖食品生产、流通及经营等各环节的多项保险产品，承保了逾 90%的农民专业合作社食品安全风险，为上海市民提供食品安全保障近 500 亿元，特别针对公众最为关注的生猪瘦肉精超标、绿叶菜农药残留及兽药使用过量等农产品安全问题建立了全流程的保障体系，确保市民吃上放心菜、放心肉。

（五）新型农业经营主体小额贷款信用保证保险

近年来，上海家庭农场、农民专业合作社等新型农业经营主体在各级政府支持下得到了迅速发展，新型经营主体规模经营后，对生产过程中的基础设施和流动资金需求都很大，但却普遍存在“贷款难”和“贷款贵”的问题，一定程度上制约了其进一步发展壮大。为缓解家庭农场和农民专业合作社融资问题,2008 年,上海首创针对农民专业合作社的小额信贷保证保险,通过保险与银行的合作,发展保证保险贷款产品,不断为专业合作社和家庭农场创新融资方式和渠道,先后引入农业品牌质押融资、仓单质押融资等新型融资渠道,降低融资门槛,解决融资难、融资贵、融资烦的问题。2014 年,上海进一步加大对新型农业经营主体的信贷支持力度,将家庭农场贷款纳入担保贷款范围,给予最高 50 万元的贷款担保额度,并将对农民专业合作社的小额贷款信用保证保险最高担保额度提高到 200 万元。为促进农业生产规模化、组织化,对蔬菜一次性投保面积在 50 亩以上的新型经营主体,给予财政补贴保额上浮 10%的奖励政策。银保联合项目下贷款一旦出现损失,在符合代偿条件的基础上,分别由财政支农贷款担保专项资金承担 90%(市、区县两级财政分别承担 70%和 30%),保险公司和银行各自承担 5%。2008—2016 年,已为 1000 余家合作社累计提供了 3000 多笔贷款信用保证(担保),贷款总额 23. 51 亿元。贷款质量总体良好,目前产生的 20 笔坏账总赔付金额约 1079. 35 万元,坏账率不足 4. 6‰。小额信贷保证保险的推出,基本解决了上海新型农业经营主体发展过程中的融资贷款需求,受到了家庭农场和农民专业合作社的普遍欢迎。

(六)建立农业保险大灾风险分散机制

2012 年 9 月,上海遭受“海葵”台风袭击,农业生产损失较大,保险公司一次性支付赔款 2. 1 亿元。为保障农业保险稳定持续经营,2014 年 5 月,上海市政府办公厅印发《上海市农业保险大灾(巨灾)风险分散机制暂行办法》,办法明确针对台风、特大暴雨、重大病虫害(疫病)等不可抗拒灾害,政策性农业业务赔付率超过 90%为大灾风险,超过 150%为农业保险巨灾风险;市级财政对农业保险机构购买有关政策性农业保险业务赔付率在 90%—150%损失部分的再保险,给予 60%的再保费补贴,最高不超过 800 万元。上海在政府扶持的基础上,以“无形的手”为主,“有形的手”为辅,强调市场运作,通过财政托底、保险参与、再保介入等市场手段,初步建立了财政支持的多层次农业保险大灾(巨灾)风险分散机制。

（七）家庭农场务农人员意外险和财产综合险

为了规避家庭农场在从事生产过程中存在的人身意外和财产损失风险，作为粮食作物收入保险的配套政策，2016 年对松江和浦东参加粮食作物收入保险试点的家庭农场开展了务农人员意外险和财产综合险。务农人员意外险保险期间为 1 年，保险责任包括意外身故、残疾等人身意外。身故或残疾，保额 20 万元，保费 7.5 元/亩，家庭农场自缴 50%保费；意外医疗，保额 1 万元，保费 6 元/亩，家庭农场自缴 50%保费。原则上是，家庭农场参加粮食作物收入保险试点，每 20 亩可获得 1 个务农人员意外险投保名额，家庭农场主既可以为其本人投保，也可以为雇用的务农人员投保。家庭农场财产综合险以家庭农场为单位，保额 30 万元，保费 450 元/年，家庭农场自缴 225 元/年，可以按保额梯度选择。保险范围为家庭农场固定设施场所、农机、农资及农产品等意外损失。从投保情况看，家庭农场主对这两项险种积极性很高，投保率达到 95%左右。目前，这两项保险还在试点进行中。

除开发上述险种以外，上海市还开展了露地种植绿叶菜气象指数保险、鸡蛋价格期货保险、渔业互助保险等农业保险创新试点，构建了涵盖保障自然风险和市场风险的农业保险产品体系。

二、看法与建议

（一）创新理念推动农业保险发展

上海在发展都市现代农业过程中认识到，随着组织化程度进一步增强，各类风险也在进一步积累，如果农业保险工作跟不上，就可能会对现代农业的发展产生不利影响。上海认为把发展农业保险视作促进上海现代都市农业发展的重要举措，始终坚持农业保险的政策性、准公益性和微利发展。2004 年上海成立了由市农委牵头组织的市推进农业保险工作委员会，推委会由市政府相关委办局和涉农区县政府等单位组成，共同协调配合推进上海农业保险工作。推进农业保险工作委员会定期召开例会，针对“三农”工作的新目标、新问题提出农险需求,各单位分工协作,共同为农业保险的平稳健康发展创造良好的政策环境。这几年,上海市充分发挥高层次协调机制的平台作用,制定了一系列扶持农业保险发展的政策举措,不断推出农业保险的新项目、新险种。上海农险发展始终坚持不以营利为目的,通过制定农业风险区划、审核保险责任、合理厘定费率,有效保护了农户利益,减轻了政府财政压力。为保证农业保险公司可持续性经营,上海在财政投入有限的情况下,通过政府引导实行"以险养险",用一些优质商业保险业务所产生的收益去弥补农业保险在遭受灾害时所导致的亏损,增强了农险公司的自身能力,也在一定程度上减轻了政府的财政压力,同时还能切实地为"三农"提供更多元的风险保障服务,形成自我积累、自我发展的良性发展机制,实现多方共赢。纵观发达国家农业保险发展历程,农业保险大致包括成本保险、产量保险、价格保险和收入保险,依次可称之为农业保险的 1.0—4.0 版。上海农业保险总体上也经历了从成本保险逐步过渡到产量保险,再到价格保险和农产品目标价格期货保险、收入保险的发展历程。上海农业保险处于全国领先水平,既有理念上的先进性,也是上海都市农业的现代性使然。各地在推进农业保险发展进程中,学习借鉴上海经验,推动保障范围从单纯承保自然风险到承保市场风险过渡,服务模式从单一农业风险保障向提供综合金融服务转变。在提升经营能力基础上,农业保险要逐步拓宽涉足领域,实现从只保生产端向保产、加、销全产业链转变。

(二)探索财政直接补贴转为保费间接补贴的有效路径

上海在发展农业保险过程中,转变以往重在财政直补的做法,借助市场化手段和险种创新,引导农产品有效供给,进而稳定农民基本收益,发挥了传统补贴方式难以替代的作用。2012 年,中央财政将上海纳入了农业保费补贴范围后,上海及时调整了农业保险补贴政策,将水稻、麦子、油菜、能繁母猪、生猪、奶牛涉及主要农产品最低保有量品种的六项险种保费补贴改为全部由中央和市级财政承担,大幅减轻区县支出压力。同时,鼓励区县将调整出来的配套补贴资金,用于区域特色农产品险种的保费补贴,聚焦发展优势产业。2013 年以来,根据上海都市现代农业发展的需要,围绕以粮食高产示范方建设、设施蔬菜、设施水果为代表的设施农业,以水稻制种、蔬菜制种、畜禽育种为代表的种源农业和高效生态现代水产养殖业，上海市重在逐步完善农业保险补贴政策，将杂交水稻制种、青菜制种、种公猪、种禽等种源类保险险种纳入到政府保费补贴范围，给予40%—50%的补贴比例；将大棚设施保险保费补贴比例从40%提高至60%；其他各险种保费财政补贴比例从原来的30%—50%提高到40%—80%，并进一步提高了财政补贴险种的保额标准。据统计，2013—2016年，中央财政和市级财政安排农业保险保费补贴分别为1.71亿元、1.97亿元、2.06亿元和2.6亿元，中央、市、区县三级财政对农业保险保费补贴比例合计72.51%（其中中央、市、区县分别为9.52%、35.02%、27.97%）。水稻、麦子、油菜、生猪、奶牛等主要农产品品种实现保险全覆盖，经济果林、设施蔬菜、西甜瓜和淡水养殖等品种的保险数量也有不同程度的提高，农业保险覆盖率在全国省级行政区位列首位。上海农业保险创新为我国探索改革完善财政补贴方式提供了新的思路。从全局来看，我国农业生产已逼近价格补贴的“天花板”，单纯通过增加生产补贴方式支持农业发展的空间越来越小，而农业保险保费间接补贴作为WTO允许的“绿箱”政策和支持保护农业发展的有效工具，在现代农业发展中，必将起到越来越大的作用。

（三）进一步健全配套政策和工作机制

上海为适应农业保险发展需求，提升农业保险精细化管理水平。从2013年起，上海委托会计师事务所对农业保险各区县投保情况及市级财政保费补贴资金情况进行审计清算工作，累计审减2012—2015年保费补贴资金1059万元。2014年上海组织开展农业保险补贴政策绩效评价工作，初步建立了包含22项内容的农业保险绩效指标体系。通过审计和绩效评价工作，进一步提高了农业保险保费补贴准确性和保费补贴资金使用效率，加强了农业保险保费补贴资金管理。另外，上海注重发挥科技对保险创新的引领作用，包括应用“3S”技术（移动终端技术GPS、地理信息系统GIS和遥感技术RS），提升承保理赔水平；建设能繁母猪芯片溯源体系，对产业链信息实施全程监控；推广“农民一点通”终端，开展农业保险承保理赔数据实时查询服务；等等。上海市在利用信息化技术提高农险经营水平方面取得了很大进展。上海市的这些好经验、好做法都是值得总结、推广的。尽管上海农业保险取得了较快的发展，但由于农业保险本身的复杂性，加之农业保险基础工作相对薄弱，在推进农业保险过程中仍存在一些不足，农业保险条款设计和费率厘定科学性有待完善。

（四）支持有条件的地区开展收入保险试点

传统农险只能保障产量风险，价格保险只能保障市场风险，只有收入保险才能完全覆盖多重风险。收入保险开展的最终目的是实现农民增收，能够替代并升级现有的传统农业保险，切实提高保险对农户的保障程度。目前，国内多个地区开展了价格保险、收入保险的试点，但是碎片化的试点方式难以具备复制推广的意义，并会造成财政资源浪费。可选择财政实力较强、农业组织化程度较高、农业社会化服务体系较完备、农民投保意愿较强的地区扩大试点。建议对大宗农产品由中央主导，地方政府辅助，选择 1—2 个品种和区域开展收入保险试点。鼓励地方可结合当地实际情况，选择 2—3 个地方特色品种，形成“中央保大宗、地方保特色”的收入保险试点模式。同时，在收入保险制度试点建设中给予创新上的支持，允许突破，允许试错，不断总结，形成可复制、可推广的经验。

（五）尽快完善农业再保险体系

传统农业保险仅承保农业生产过程中的自然灾害风险，可以通过跨险类、跨时间、跨地域承保等方式进行风险分散。但是，像蔬菜价格保险、粮食收入保险等创新险种还要承保农产品的市场价格风险，而这类风险容易发生系统性风险，难以通过传统方式分散风险。因此，发展农业保险必须将风险分散机制放在非常重要的位置。就粮食作物收入保险而言，目前保险公司很难通过再保险市场进行风险转移，这对收入保险发展带来了重大挑战。建议尽快完善农业再保险体系，包括多方寻求国际再保市场对粮食作物收入保险等创新险种的再保险渠道，建立健全期货市场分散农产品价格风险的有效途径，探索收入保险的风险证券化，将价格保险、收入保险中的巨灾风险纳入到政策支持体系等。

第三篇　湖北省农业保险发展情况调查报告

2017年2月27日至3月1日，调研组一行到武汉、仙桃等地进行了专题调研，并同潜江、襄阳、枝江、嘉鱼等地的同志进行了座谈。先后召开省和县市政府部门、乡村基层干部、新型经营主体、普通农户及保险公司负责人参加的4个专题座谈会，实地考察了胡场镇阿尔迪公司农事体验园、富迪农产品加工园、富硒农产品基地和张沟镇先锋村保险代办点等4个项目点，入村了解新型经营主体和普通农户保险意愿，考察基层保险经营机构网点运行情况。

一、开展农业保险的基本情况

湖北省自2007年开始启动农业保险试点以来，实施财政保费补贴的农业保险共8个品种，地方特色涉农险种近40个。2007—2016年全省累计收取保费50.52亿元，增加了10.8倍，其中农民承担保费11.43亿元，中央财政、地方财政和农民个人保费分担比例平均为41%：36%：23%，累计赔款29.66亿元，简单赔付率59.16%，提供风险保障4085.23亿元。全省农业保险已涵盖86个县市区、1.81万个村，惠及农户688.42万户（次），覆盖约89%的县市、71%的行政村、63%的农户。2017年全省农业保险保费预算安排总额达9.43亿元，比上年增长167%。

（一）实施了中央政策性农业保险

目前，湖北实施的中央政策性险种包括水稻、油菜、棉花、森林、能繁母猪、奶牛等6个。2007年开始启动水稻、能繁母猪、奶牛保险试点,2010年开展油菜、棉花保险试点,2013年启动森林保险试点。

1. 关于水稻保险

2016年水稻承保面积1954万亩,覆盖全省水稻面积的61%,近10年平均赔付率为57%。从2017年起水稻保险将保额由200元/亩提高到400元/亩,费率由7%降到6%,起赔点由30%降到25%,每亩投保费用为24元。其中,产粮大县水稻保险保费分担比例为:中央财政45%、省级财政30%、农户25%,农民个人交6元/亩。

2. 关于油菜保险

2016年油菜承保面积173万亩,占全省油菜面积约10%。油菜每亩保额200元,费率5%,每亩保费10元,其中农户承担25%,农民个人交2.5元/亩。2017年试点拟由原来的5个县扩大到35个县市区,其中的旱灾责任起赔标准由原定损失率70%下调为50%。

3. 关于棉花保险

2016年棉花承保面积21.93万亩,占全省棉花面积的7.22%。棉花每亩保额400元,费率7%,每亩保费28元,其中农户承担25%,农民个人交7元/亩。2017年试点范围拟由1个县扩大到15个县市区。

4. 关于能繁母猪和奶牛保险

能繁母猪和奶牛保险基本覆盖全省,承保数量呈现周期性波动趋势,2016年能繁母猪承保167万头,近10年平均赔付率为68%,每头保额1000元,费率6%,每头保费60元,其中中央财政补贴50%、省级财政补贴30%、农户自交20%。2016年奶牛承保2.2万头,近10年平均赔付率为136%,每头保额6000元,费率6%,每头保费360元,其中中央财政补贴50%、省级财政补贴30%、省级财政补贴10%、农户自交10%。

5. 关于森林保险

森林保险涵盖了14个县市区,2013—2016年,保险面积从1950万亩增加到2178万亩,每亩保额500元,综合费率3‰,公益林、商品林年均赔付率分别为16%、54%。

（二）开展了水稻天气指数保险试点

2016 年农业部拨付专项补贴资金 600 万元，在 9 个县市区开展了水稻天气指数保险，包括高温天气指数和暴雨天气指数两个险种。

1. 关于高温天气指数保险试点

高温天气指数保险试点涉及枝江、夷陵、咸安等 8 个县市区。保险责任为当年 7 月开始至 9 月止，累计高温差高于 8℃视为保险事故发生（连续 3 天超过 35℃温度差累计数）。以枝江为例，共承保中晚稻 20.36 万亩，参保农户 3.8 万户，保额 200 元/亩，费率 3%，保费 6 元/亩，其中，农业部项目资金承担 3 元/亩、县级财政承担 3 元/亩，农户不缴纳保费。因水稻抽穗扬花期普遍遇到持续超过 35℃高温热害，保险公司根据保险实施办法，给参保农户理赔 13.6 元/亩，合计 276.86 万元，简单赔付率达 210.56%。

2. 关于暴雨天气指数保险试点

暴雨天气指数保险试点涉及仙桃毛嘴、郭河、剅河 3 个乡镇。保险责任为当年 7 月 1 日至 8 月 15 日中稻孕穗和抽穗期，长江水位（纯良岭站）和汉江水位（仙桃站）高于设防水位，一次降雨过程面雨量达到 190 毫米的下限值后开始赔付。共承保中稻 13.74 万亩，参保农户 3.35 万户，保额 400 元/亩，费率 8%，保费 32 元/亩，其中，农业部项目资金承担 16 元/亩、县级财政承担 16 元/亩，农户不缴纳保费。当年 7 月上旬，仙桃市连续多天遭遇暴雨侵袭，一次性降雨量达到 193 毫米，超过 190 毫米的下限值，上述投保 3 个乡镇中稻受灾，人保财险公司依据气象部门发布的统计数据，迅速向 3.35 万农户赔偿 1063.15 万元，每亩水稻赔付标准为 77.4 元，简单赔付率达 241.86%。

（三）探索推出了具有当地特色的保险产品

湖北各地自办的特色农业保险品种近 40 个。其中，种养业有杂交稻制种、育肥猪养殖、肉羊养殖、生猪价格指数、小龙虾养殖、烟叶种植、茶树种植、温室及温室作物、大棚保险等；保障民生的有农民工小额意外、“两属两户”农房、乡村干部责任保险等。这些都为丰富农业保险种类和拓宽新的试点模式，支撑地方农业农村经济稳定发展，进行了有益的探索实践。

1. 关于特色水产(小龙虾、黄鳝)养殖保险

湖北水产品产量连续21年居全国第一位,小龙虾是其三大百亿元产业之一。2014年以来,针对潜江小龙虾产业发展需求,人保财险在潜江市"虾稻共作"重点养殖区域开展了保险试点,每亩保额分400元、800元、1000元、2000元四档(梯度保额依据养殖物化成本和地方财政承受能力综合确定,四档保额分别覆盖物化成本的8%—40%),对应保费分别为28元、56元、70元、140元,保险费率为7%,市政府财政给予50%保费补贴、养殖户承担50%。在潜江试点3年来,小龙虾承保面积从2014年的903亩,发展到2016年的3.7万亩,覆盖了12%的养殖面积。目前,小龙虾保险试点范围已从潜江扩大到嘉鱼、监利等5个县市。

调研组所到的仙桃市张沟镇先锋村,是"中国黄鳝养殖第一村",几乎家家户户养殖黄鳝,养殖户277户,年养殖黄鳝4万多口网箱。2016年国寿财险在该村开展了黄鳝养殖保险试点,签发了全国第一份黄鳝养殖保险保单,每口网箱保额600元(覆盖物化成本的50%),费率5%,保费30元,前两年由市级财政补贴20%、养殖户个人承担80%,后期由保险公司每年从保险利润中拿出20%成立发展基金,推动黄鳝养殖保险滚动发展。最高赔偿金额根据黄鳝养殖投苗期、生长期、成熟期的风险,分别为保险金额的50%、80%、100%。2016年先锋村共有1846口网箱投保,保费5.54万元,7月份遭受特大洪涝灾害后,出险率达100%,保险公司及时查勘理赔,共赔付27.45万元,赔付率495%,为受灾养殖户提供了基础保障支撑。

2. 关于蔬菜目标价格指数保险

武汉市东西湖区作为千万市民的"菜篮子",每年向全市供应50多万吨蔬菜。2016年由平安保险在该区开办了蔬菜目标价格保险,涉及冬瓜、莴苣、红菜苔三个品种。承保面积7523亩,保费158万元,提供风险保障2261万元。目标销售价格冬瓜0.65元/斤、莴苣0.95元/斤、红菜苔1.5元/斤,实际销售价格低于目标价格(按照2011—2015年五年的月度综合平均价格确定),则认定为保险事故发生。参照蔬菜生产周期,保险期限冬瓜为6—8月、莴苣为10月—次年2月、红菜苔为11月—次年2月。保险金额为3000元/亩,保险费率7%,保费210元/亩,其中农户自交42元/亩。以冬瓜为例,

保费收入为 54 万元，由于当年市场价格持续低迷，冬瓜价格严重下跌，8 月冬瓜价格指数保险到期，保险公司赔付 293 万元，赔付率达到 542.5%，为 283 户农户减少了大量损失。

3. 关于育肥猪价格指数保险

湖北全省生猪出栏量在 4000 万头以上。2014 年年末，武汉市探索了育肥猪价格指数保险试点，2015 年，市畜牧局与人保财险联合下发了《关于在全市开展畜禽养殖保险工作的通知》，以市级财政补贴 30%、区级财政补贴不低于 30%的比例，在黄陂、江夏 2 个生猪养殖大区推进育肥猪价格指数保险。试点根据 3 年“猪周期”，实行“一保三年、分年缴费”方式，投保时间越长，费率越优惠，如果一次投保一年，则每档费率上浮 20%，有效避免了农户选择在价格下跌周期才投保的逆选择行为。2014—2016 年累计承保育肥猪 26.58 万头，保费 444 万元，为 23 家大型养殖场和合作社提供风险保障 3.83 亿元。因近几年生猪价格保持高位运行，并且试点尚不足 3 年，截至目前暂未发生赔付。

二、基层反映的几个突出问题

调研座谈中，基层干部和农户反映了一些农业保险发展过程中带有普遍性的问题。

（一）对于将农业直补改为保险间接补贴的两种观点

仙桃市的负责同志说，农业直补政策对于稳粮增收功不可没，但是随着农业农村形势深刻变化，实施了十多年的直补政策效益递减，补贴效能明显降低，生产功能导向的边际激励效应渐趋于零，迫切需要调整完善。调研座谈中，对将直补转为农业保费补贴，有两种不同的意见。一种观点认为，改革现行农业直补政策的时机已经成熟，目前的保费补贴规模又比较小，拿出一部分直补作为保险补贴是可行的，应当提高农业补贴的精准性和指向性，更好发挥农业补贴的导向和保障作用。另一种观点认为，要算经济账也要算政治账，现在“三项补贴”（农业支持保护补贴）一亩地 60 多块钱、一户 550 多块钱，数量虽然不多,但这是已经“进了老百姓兜里”的钱,实实在在成了农民收入的一部分,老百姓真切感受到了党和政府的温暖,2016 年已经从农资综合补贴中拿出了 20%,如果今后再切出一块来,多数农民接受起来还需要一个过程。

(二)多数农民反映农业保险保障水平低

保障金额不仅不能覆盖全部生产成本,甚至低于直接物化投入,与农民的期望差距较大。据测算,湖北水稻、油菜、棉花直接物化成本分别为 483 元/亩、271 元/亩、440 元/亩,而目前的保额分别为 400 元/亩、200 元/亩、400 元/亩,保障水平只有物化成本的 82%、74%、91%。能繁母猪、奶牛的直接物化成本为 6000 元/头、20000 元/头,而目前保额最高只有 1000 元/头、6000 元/头,保额仅占物化成本的 17%、30%。

(三)普通农户和新型经营主体参保意愿的两种态度

调研座谈中,我们感到一家一户的小农经济与规模化经营的大户,对于农业保险的需求意愿存有明显的差异化特征,这也显示出我们今后农业保险政策意蕴,应当以需求为导向来设计政策框架,既能让小农户“有选择”“受普惠”,也能让新主体“减风险”“能解渴”。一方面,普通农户投保积极性不高。普通农户生产规模较小、经营分散,湖北全省常年水稻种植农户有 600 多万户,多为耕种 5—6 亩土地的散户,20 亩以上种植户仅占总种植户的 2.2%。不少农户反映,即使全部受灾,对家庭收入、生活影响也不大。也有一些农户认为,保险年年交、年年不受灾,不划算,投保积极性也就不高。省保监局的同志建议,对农户采取“无赔款续保优待”政策,即在保险责任期满后,对未产生赔款的参保农户,减免来年自缴保费部分,减免部分由经办保险公司承担,财政补贴资金部分仍参与财政申报。另一方面,新型经营主体购买保险意愿强烈。他们面临规模经营的市场风险和自然风险更加显化,而粮食直补数额远不及保险带来的杠杆效应,同时,新型主体多是生产者而非承包户,而直补是发给了承包户,保险补贴是支持了生产者,所以对于直补改为保费间接补贴充满了期待。有些大户反映,发直补和交保费是“左兜换右兜”,只要是给自己上保险都愿意,反正自己也需要投保,对提高风险保障程度表现得更加积极。

（四）地方反映特色农产品保险补贴财力有限

枝江的同志反映，全市拥有100万头生猪、12万亩水产、30万亩水果、10万亩蔬菜，特色农业占农业总产值比重超过80%，是地方经济发展和农民致富增收的支柱性产业，农民生产积极性很高，对特色保险需求旺盛，但因地方财力有限"心有余而力不足"，尽管进行了一些有益的试点探索，但特色农险仍然"供不应求"，全面实施特色农业保险存在现实困难。调研中，仙桃市先锋村党支部书记反映，2016年全村约近100户黄鳝养殖户想买保险，但因地方财政补贴额度限制、国寿财险公司人手不够等原因，只有18户黄鳝养殖户投保，另外70—80户农民想买保险但还是没买上。湖北水产养殖风险集中，2016年下半年遭遇暴雨大灾，全省共计394.48万亩鱼池受损，小龙虾、鱼等水产品逃逸损失36.8万吨，损失超过63.17亿元。水产养殖对保险的需求很大，由于无中央补贴政策支持，地方财政资金有限，不少农户对保险想买买不上，也有不少农户想买买不起。目前小龙虾等特色水产养殖保险试点，承保面积仅有4.74万亩，覆盖不到淡水养殖面积的0.5%，远未形成规模效应。

（五）农业保险存在勘察理赔复杂、定损难、赔付难、保费征收难等问题

仙桃的同志反映，全市水稻种植有77万亩，一场暴雨来袭，同时受灾农户多达上万户，工作量非常大。农业保险点多、线长、面广，季节性、集中式、爆发式特征明显。农业保险定损要按不同生长期确定，有些损失甚至要到作物成熟后才能确定，有些水产养殖理赔损失更是难以确定，加之保险机构缺乏专业技术力量，抽样查勘存在定损、估损不准确等现象，而一旦出现争议，由于缺乏争议仲裁机制，弱势的个体农民无法表达诉求。另外，还存在由村委会代垫代缴应由农户自担保费等问题。保险公司反映，面对广大农村分散种植户和普遍存在的"老人村""空户村"，进村入户收取农户保费十分困难，在乡镇从事农险人员只有2—3个人，即使公司全员发动，也很难在有限时间内完成，有的小自然村收费到户的人力成本远大于所交保费。

（六）希望建立农业大灾风险分散机制

武汉市的同志认为，农业保险承保规模大、担负风险高、赔付能力有限，应建立由财政支持、相关部门共同参与的农业保险大灾风险分散机制，进一步健全农保大灾风险准备金制度，推动构建农业再保险体系，除保险公司自提自缴基金外，鼓励通过财政补贴、防灾减灾资金等多渠道筹措资金，以切实提高抗风险能力。

三、几点看法和建议

（一）要逐年提高农业保险保障水平，首先实现全部覆盖物化成本再向保收入的更高目标过渡

近十年来，保额和费率等几乎无大的变化，明显不适应农业生产发展的新需求。如湖北水稻每亩物化投入已超过500元，加上地租和人工成本约1100元。从2017年起，湖北决定将水稻保险保额提高到400元，即使如此，也只能覆盖物化投入的八成、总成本的四成左右。以松滋杨树河村为例，每亩物化成本为592.5元，其中机械整田120元、种子122.5元、肥料140元、农药100元、收割机110元。我们认为，首先必须考虑保额100%覆盖物化成本，以此作为参照标准，提出明确的保险提标目标，坚持目标导向，分时档提高农业保险保额，并形成阶梯制农业保险，最终向保全成本、保收入的更高保障水平迈进。

（二）要积极发挥气象指数保险在大灾保险中的替代性作用，破解传统灾害保险定损难、理赔慢的老大难问题

从湖北水稻高温天气指数和暴雨天气指数的试点情况看，保险保额分别达到了400元/亩、600元/亩，实际上是叠加了原有200元/亩的政策性种植保险保额，其损失还需进行灾情勘察，无形增加了勘损的成本。在一定程度上，暴雨指数对洪涝、风灾等，以及高温指数对干旱、病虫草鼠害等突发状况，有较大的关联性反映。天气指数保险的优势在于气象数据客观准确，易于获

得,“一切用客观数据说话”,减少了赔付矛盾,理赔速度相对较快,方便农民快速救灾,道德风险和逆向选择问题易于控制。因此,要进一步加大这一险种的试点力度,一方面增加气象站点布局密度,使之因气象原因受损的勘定更加精准,另一方面要增加气象灾害的多种指数,扩大对认定灾害的覆盖面,进而形成对农业因自然灾害受损认定的科学性和替代性。需要增强保监和气象部门协同配合力度,针对农业生产过程中的时段性特点,加强气象指数保险的产品研发,进一步完善水稻天气指数保险试点,有效发挥气象指数保险在大灾保险中的替代性功能。

(三)要增强对新型经营主体承保的紧迫感,把财政对农业保险支持的重点向规模化主体倾斜

襄州区有12户水稻种植大户自发高额投保的案例,对我们很有触动。这12户种粮大户平均规模6000亩左右,去年,他们就集体自发找到人保财险公司,要求自己交保费提高水稻的保额。人保财险公司专门针对他们开发了水稻收入保险,双方商定保额为每亩800元,确定标准产量为800斤/亩,约定赔付价格为1元/斤,叠加原有200元/亩的政策性保险之后,每亩保额达到1000元/亩,费率为7%。每亩保费56元全部由大户承担,远高于农户自缴政策性保险保费每亩3.5元的水平。他们将7.31万亩水稻全部上了收入保险,共缴纳保费409.61万元。收获期间经省农业厅测产,每亩减产34.41斤,据此人保财险公司每亩赔付34.41元,共赔付251.66万元,赔付率为61.44%。由此算下来,种植大户每亩缴纳保费56元,获得赔付每亩34.41元,农民每亩亏21.59元;如果约定赔付价格按照2016年中稻最低收购价1.38元/斤来算,农民每亩亏了8.51元。这些大户坦言,尽管赔付金额不及所缴保费,但仍然觉得这件事很有意义,值得做、划得来,最多也就是亏了缴纳的保费,等于是用保费锁定了风险,也交了怎么投保的学费。由此我们感到,与新型农业经营主体的发展和意愿相比,有针对性的险种还不够丰富,现行农业险种保额过低,难以起到应有的保障作用,必须增强对新型经营主体保险需求紧迫性的认识,面向大户积极开发和创新多元化的保险品种,科学设置保费比例,梯度设计财政保费补贴额度,提高新型主体抗御自然风险和市场风险能力。

（四）同“三区”建设相配套，建立中央财政支持地方优势特色农业保险的机制

做大做强优势特色产业是优化产品产业结构，着力推进农业提质增效的重要内容。湖北 2016 年淡水养殖面积超过 1000 多万亩，水产品产量 470 多万吨，拥有小龙虾、河蟹、鳝鳅三大百亿元产业。目前，湖北正在开展的小龙虾保险和黄鳝养殖保险试点，中央和省级财政没有保费补贴，财政补贴全部依靠地市，市政府财政分别给予 50%和 20%的保费补贴，由农户自己承担 50%和 80%。不少地方的特色农业已经成为支柱性产业，也是农民增收的主要来源，农民投保特色产业的意愿越来越强烈，但一方面受地方财力所限，补贴力度较小，所能发挥的撬动作用相对有限，另一方面，农民承担大部分保费，对一般农户来讲也是一笔不小的开支，特色农业保险扩面提标面临现实制约。我们认为，应当把农业保险支持的重点与“三区”建设结合起来，加快粮食功能区、重要农产品保护区和地方特色农产品优势区划定，探索研究中央财政补贴基本险种与地方险种“15+X”模式，允许各省选择 1—2 个地方支柱性险种作为当前 15 个中央财政补贴险种的补充，纳入中央财政补贴范围，加大以奖代补力度，扶持地方特色农业产业发展。

第四篇　黑龙江省农业保险发展情况调查报告

2017 年 3 月 8 日至 10 日，调研组一行赴黑龙江省就农业保险问题进行了专题调研。调研组实地走访了农垦宝泉岭管理局 290 农场，并召开专题座谈会，听取了省直部门、五常市和肇东市、农垦管理局、保险机构相关负责同志，以及新型经营主体和普通农户的意见和建议，详细了解了农作物收入保险和价格保险试点情况。

一、开展农业保险的基本情况

黑龙江省 2008 年启动农业保险试点以来，实施财政保费补贴的农业保险共 13 个品种，2008—2016 年全省累计收取保费 192.86 亿元，较 2007 年增加了 8.4 倍，其中农户承担保费 44.47 亿元，中央财政、地方财政和农户个人保费分担比例平均为 56%：21%：23%，累计赔款 145.22 亿元，简单赔付率 75.3%，提供风险保障 3611.22 亿元，覆盖约 95%的县市和黑龙江垦区的所有农场，参保农户 1002.11 万户(次)。

(一)中央财政补贴型农业保险情况

目前，黑龙江实施的中央财政补贴型险种包括玉米、水稻、大豆、小麦、森林、能繁母猪、奶牛、育肥猪、马铃薯、甜菜、花生、葵花籽、甜叶菊等 13 个，其中后 6 个险种只在黑龙江垦区内开展。

1. 关于种植业保险

2016年承保面积1.06亿亩,其中农垦内承保覆盖率近100%,农垦外承保覆盖率近40%,9年来平均赔付率为79.32%。由于黑龙江农垦与地方财政管理体制不同(农垦计划和财务属中央直管),两者保费来源结构也不同。农垦内保费分担比例为:中央财政65%、农场10%、农户25%,农垦外为:中央财政40%、省级财政25%、县级财政15%、农户20%。

2. 农垦外实施多档次保险金额的产品

黑龙江种植业保险实施多档次保险金额的产品供农户选择,最高档产品已经覆盖了直接物化成本。例如,农垦外地区的水稻保险共有三档产品,亩均保额分别为220元、360元、470元,对应的亩均保费分别为15元、20元、25元,费率分别为6.82%、5.56%、5.32%。实施中,新型农业经营主体普遍愿意选择保额较高、费率较低的高档次产品。2016年,有10.99万户新型农业经营主体参保,参保面积5283.21万亩,亩均保额384.28元,高于全省平均水平22.32元。2017年起,黑龙江省将实施新型农业经营主体专属保险产品,水稻保险亩均保额提高到470元,费率降低到4.68%。

3. 农垦内实施种植业保险"全覆盖、高保障"

黑龙江农垦种植业保险基本覆盖100多个农场所有的可保耕地和所有作物,共30种保险产品,除政策性险种外,还有杂粮保险、药材保险、果树保险等。2016年,农垦内参保面积3716.52万亩,近4年简单赔付率达83.12%。农垦内种植业保险也实施了多档次产品,保障水平远高于农垦外地区。如:水稻、玉米、大豆、小麦最高档产品亩均保额分别达到820元、570元、500元、500元(农垦外分别为470元、320元、200元、220元)。农垦内农业保险由阳光农业相互保险公司独家经办,实行相互制,参加保险的农户既是投保人,也是公司的会员,可以通过会员代表大会参与公司决策。

4. 关于养殖业保险

2016年,共计承保各类牲畜72.86万头,9年来平均赔付率为76.66%。2016年,奶牛保险承保19.42万头,每头保额6000元至10000元,费率分别为7.5%和6%,每头保费360元至600元;能繁母猪保险承保28.37万头,每头保额1000元,费率6%,每头保费60元;育肥猪保险承保25.07万头,每头保额500元，费率6%，每头保费30元。农垦内养殖业保险保费由中央财政补贴80%，农户自交20%，农垦外由中央财政补贴50%、县级财政补贴30%，农户自交20%。

5. 关于森林保险

主要是承保了大兴安岭林区的国有公益林，2016年承保面积6298.48万亩，亩均保额500元，亩均保费2元，综合费率4‰，简单赔付率3.8%。

（二）开展了农业财政巨灾指数保险试点

为解决财政救灾资金“无灾小灾花不出、大灾巨灾不够花”、贫困地区“因灾致贫、因灾返贫”等问题，2016年黑龙江省开展了农业财政巨灾指数保险试点。

巨灾指数保险投保主体为省财政厅，保险区域为全省28个贫困县，保障期间为2016年6月1日至2017年5月末，保险险种包括干旱指数保险、低温指数保险、降水过多指数保险、洪水淹没范围指数保险，总保费1亿元，总保额23.24亿元。其中，干旱指数保额11.42亿元，低温指数保额2.86亿元，降雨过多指数保额5.71亿元，洪水淹没范围指数保额3.25亿元。干旱指数保险、低温指数保险、降水过多指数保险费率为4%，洪水淹没范围指数保险费率为6.16%。

针对各贫困县不同的灾害类型，巨灾指数保险设置了高、低两个赔付标准，分别对应巨灾和普通灾害，确保普通灾害下贫困县仍能得到一定的保险赔付。在保险期间内，当保险区域内气象条件超过设定的干旱、低温、降水、流域洪水触发值后，由黑龙江省气象服务中心将气象数据交予保险公司及指数计算单位，保险公司按保险合同约定计算保险赔款，直接支付到省财政厅指定账户，由省财政厅根据灾害情况统筹使用，作为救灾款的补充。根据合同中指数保险赔付流程，2016年多个阶段性指数已触发，目前已赔付7224.85万元。由于保险期间尚未结束，最终赔款需2017年6月才能确定。

由于黑龙江省2013年和2016年连续发生农业大灾，两年的赔付率均超过100%，巨灾指数保险安排了较高比例的再保险，主承保人阳光农业相互保险公司承担20%的风险，瑞士再保险公司承担80%的风险。

（三）开展了4险种的保险试点

2014年起，为配合粮食价格市场化改革，促进种植业结构调整，稳定农民种粮收入，黑龙江省开展了4种农作物价格保险试点。

1. 水稻收入保险试点

2016年，在黑龙江农垦290农场开展试点。试点实行“产量、价格”双保方式，即当实际水稻收入低于预期收入时，保险公司赔偿差额部分。亩均产量按前5年平均产量（503.3千克）的75%约定年为377.49千克。保障价格为3.1元/千克，与国家水稻最低收购价相同。亩均保额为约定产量与价格的乘积（1170.2元），基本覆盖了全部生产成本。保险费率参考290农场历年经验数据，确定为4.7%，亩保费55元，保费构成为：中央财政补贴32.5元/亩，占59.09%；农场补贴5元/亩，占9.09%；农户个人承担17.5元/亩，占31.82%。2016年，参保水稻47.3万亩，参保农户2866户，保费收入2601.46万元，支付赔款2415.1万元，简单赔付率92.8%。

2. 水稻完全成本保险试点

2014年起，部分农场开办了试点，实现“保产量”。即保险公司按照事先约定的赔付价格，对水稻减产的产值损失进行赔偿。保障产量按所在县区的前5年水稻平均亩产量协商确定，最高不超过历史平均亩产量的80%。保障价格按前5年物价部门公布的水稻平均销售价格为基础与农户协商确定，最高不超过历史平均销售价格的80%。2014—2016年，累计承保16.07万亩，简单赔付率61.23%。2016年亩均保额提升到968元，在直接物化成本基础上还覆盖了部分人力成本和地租成本，费率5.68%，亩保费55元，保费分担比例与水稻收入保险相同。

3. 大豆、玉米“保险+期货”试点

2016年在3县1农场开展试点。基本模式为：农户向保险公司购买价格保险，当农产品价格低于约定的目标价格时，农户可以获得保险赔款。与此同时，保险公司通过购买期货公司的场外看跌期权进行“再保险”，期货公司在期货交易所复制期权进行对冲操作。试点共承保大豆2.45万吨、玉米3万吨，提供风险保障1.77亿元。以赵光农场大豆“保险+期货/期权”项目为例：

阳光农业相互保险公司与南华期货合作开展试点，参保农户 114 户，承保大豆 1 万吨，约定的目标价格为 3800 元/吨，市场价格以大商所大豆期货收盘价平均值为准，费率 5.26%，保费 200 元/吨，其中保费由大连商品交易所补贴 160 元/吨，占比 80%，农户自交 40 元/吨，占比 20%。保险期满最终市场价格为 3712.39 元/吨，保险公司赔付农户 87.6111 元/吨，期货公司赔付保险公司的保值费也为 87.6111 元/吨。

4. 杂粮杂豆价格保险试点

2016 年在垦区 9 个管理局 19 个农场开办，实现了“保价格”，即当农作物收获季节市场价格低于约定的目标价格时，保险公司赔偿差价部分。列入试点的有谷子、高粱、芸豆、红小豆、绿豆、白瓜籽 6 种作物，保费由省农垦总局补贴 40%，各管理局和农场补贴 40%，农户交纳 20%。保障价格是在作物前三年市场价格基础上，由保险公司与农户、当地有关部门协商确定；约定产量根据当地前五年平均亩产量计算确定；市场价格由国家统计局黑龙江农垦调查队提供。2016 年共计承保 8.76 万亩，参保农户 733 户，保费 122.9 万元，理赔户数 672 户，赔款 560.66 万元，简单赔付率 456%。

（四）探索了“投保入股”合作试点

为落实“两大平原”现代农业综合改革试验关于“构建新型农业保险体系”的工作部署，探索建立与农户利益更加密切的农业保险机制，2015 年起黑龙江省在五常市民意乡、肇东市跃进乡富饶村开展了农业保险“投保入股”试点。

该模式以保险公司为主发起人，农户以保费形式入“股”开展互助合作，采取“封闭运行、专户管理、专人负责”的管理方式，实行“有灾理赔、无灾有奖、利润分红”模式。如农户当年受灾，则按照保险条款正常理赔，但不参与保费收益分红；如农户当年未受灾，则保费按照年息 6%计息，计入个人账户，个人账户收益既可抵扣第二年保费，也可由投保人自由支取。如连续投保满三年，投保农户可参与经营收益分红。保险公司按照农户历年缴纳保费占总出资额的比例，将历年盈余总额的 30%平均量化，计入农户账户。如农户在三年内受灾获赔数额大于或等于经营收益分红数额，则该农户不参与分红；如农户在三年内受灾获赔数额小于经营收益分红数额，则农户获得两者的差额部分。

试点两年来，累计参保面积32.5万亩，投保作物为水稻和玉米，险种主要为最高档保险产品，亩均保费25元，保费分担比例为中央财政40%、省级财政25%、县级财政15%、农户20%。由于试点地区连续两年遭灾，简单赔付率均超过100%，目前尚未启动无灾奖励机制。

二、基层反映的几个突出问题

调研座谈中，地方干部、农户和保险公司反映了一些农业保险发展过程中比较突出的问题。

（一）对于将农业直补改为保险间接补贴的看法

调研座谈中有两种不同的看法。一种观点认为农业直补如果集中投入到农业保险上，比分散到千家万户随意使用效果好，因为可以发挥集中使用的最大效益，农业保险的保费和保额都可以成倍增加，承保面积和保险品种也可扩大，能够大幅提高农业风险保障水平。另一种观点认为，农业直补已经成为农民家庭收入的重要组成部分（2014年至2016年，黑龙江农业三项补贴或耕地地力补贴的户均发放金额分别为2559元、2100元、2071元），建议不要减少农业直补的存量资金，可将农业补贴的增量资金投放在农业保险方面。

（二）地方财力严重制约产粮大县农业保险扩面

黑龙江省农业、财政等部门负责人和市县负责人表示，垦区内中央财政补贴比例高，基本实现应保尽保，但垦区外由于黑龙江的省、县两级财力较弱，参保面不足40%，导致2016年全省三大粮食作物承保覆盖率仅44.87%，低于全国平均水平近20个百分点。按照目前的产粮大县保费补贴减免政策规定，需要省级政府补贴7.5%后国家才补贴7.5%，才能免去产粮大县目前承担的15%的县级补贴。粮食作为无税产业，由于黑龙江省级财政没有能力增加相应的保费补贴，导致国家虽然有产粮大县补贴的优惠政策，但事实上享受不到，产粮大县也没办法扩大农业保险覆盖面。肇东市负责人反映，2016 年参保面积达到了 160 万亩，是历年来最高一年，但也仅占全市耕地面积的 41%，如果种植业保险全覆盖，市财政要拿出近千万元，根本无力承担。

（三）农户普遍希望提高农业保险保障水平

黑龙江设立分档保额，最高保障可达直接物化成本，但受到地方政府财力限制，2016 年高、中档参保面积仅占五分之一，近八成农民能享受到的仍是最低档保障，水稻、玉米保额还不到直接物化成本的一半。农户普遍反映目前保障水平低、补贴品种少、保险“不解渴”。对于新型农业经营主体，其经营规模大、生产投入高、市场风险大，转移风险的意愿高于普通农户，希望除水稻、小麦、玉米、大豆“四大主粮”外，能把保费补贴品种向经济作物延伸，同时尽快提高保障水平，从保直接物化成本升级为保经营收益。

（四）希望完善农业大灾风险分散机制

多家保险公司建议，要尽快提高抵御农业大灾风险的能力，保障农业保险体系持续运行。从 2013 年和 2016 年黑龙江局部灾害来看，种植业保险保费收入分别是 25.82 亿元、27.43 亿元，赔款则达到 27.16 亿元、40.6 亿元，简单赔付率分别为 106%、148%，保险公司通过再保险并动用了多年来积累的大灾风险准备金方渡过难关。如果持续发生较大灾害，保险公司将难以应对。阳光农业相互保险公司负责人建议分层次建立、分阶段使用大灾风险准备金，将大灾风险准备金分为中央、省级和公司三个层次，当赔付率在 160%以下时使用公司准备金，当赔付率在 160%—300%之间时使用省级准备金，当赔付率在 300%以上时使用中央准备金。

（五）农业保险大灾风险准备金管理政策需要完善

保险公司反映，目前相关部门关于大灾风险准备金的管理制度间还存在冲突。财政部《关于印发〈农业保险大灾风险准备金管理办法〉的通知》（财金〔2013〕129 号）第 20 条规定：保险机构计提大灾准备金，按税收法律及其有关规定享受税前扣除政策。但财政部与税务总局联合下发的《关于保险公司准备金支出企业所得税税前扣除有关政策问题的通知》(财税〔2016〕114号)第四条对大灾准备金的税前扣除规定是当年按照规定提取的大灾准备金在超过上年度累计提取的大灾准备金余额部分才允许扣除。计算公式为:本年度扣除的大灾准备金=本年度保费收入×规定比例-上年度已在税前扣除的大灾准备金结存余额。由于农业保险风险分布年度间差异很大,差额扣除政策导致保险公司当年保费收入在没有成倍增长的情况下所提取的大灾准备金均要调增纳税,不利于实现大灾风险准备金的快速积累。

三、思考和建议

(一)要重点支持农业新型经营主体参加高保障的农业保险

10年前我国农业保险开始试点时,确定了“低保费、低保障、广覆盖”的政策,推动了农业保险快速发展。但目前保障直接物化成本的政策与现代农业规模化产业化经营不相适应。新型农业经营主体规模大、投入高、市场风险大,需要较高的保险保障。2016年,黑龙江种植业保险赔款10万元以上3416户,赔款50万元以上285户,赔款100万元以上61户,单户赔款金额最高的九三农垦众兴农民专业合作社,参保的大豆、玉米成灾面积3.5万亩,赔款达903万元,足见新型经营主体风险之大。建议国家将支持政策向新型农业经营主体倾斜,对于参保保障水平较高的价格保险给予保费补贴或以奖代补政策支持。

(二)中央财政保费补贴比例与农业大省商品粮调出率挂钩

黑龙江省粮食产量和耕地面积均为全国首位,粮食商品量和调出量居全国前列,粮食产量中有2/3调出省外,用于保障国家粮食安全。为确保中央财政产粮大县保费补贴减免政策顺利落地,建议中央财政调高对商品粮调出率较高省份产粮大县县级财政保费补贴的分担比例,支持产粮大县农业保险“扩面提标”。

（三）建立多层次的农业大灾风险分散机制

为防范区域性或大面积巨灾可能对农业保险体系带来的重大冲击，建议统筹设计中央财政、地方财政、再保险市场、直保险市场等多层次参与的制度安排，完善农业保险大灾风险准备金制度和农业再保险体系，以有效提高抵御巨灾风险的能力。此外，对财金〔2013〕129 号和财税〔2016〕114 号文件存在的矛盾，研究解决本应享受税前扣除政策的大灾准备金还要缴纳 25%的企业所得税的问题。

（四）完善农业保险相关信息共享机制

调研座谈中，保险公司反映，有关基础信息和数据管理系统不完善，不利于提高农业保险工作时效、防范弄虚作假问题，如土地流转信息不准确、有关灾害数据获取成本较高等。建议按照《农业保险条例》要求，从国家层面推进建立财政、保险监督管理、国土资源、农业、林业、气象参与的农业保险信息共享机制，将耕地确权信息、地理信息、气象信息、灾害预警信息共享，合力支持无人机等高新科技在农业保险领域的应用，提高农业保险承保理赔的质量和效率。

第五篇　河南省农业保险调查报告

2017 年 3 月 14 日至 16 日，调研组一行赴河南就农业保险问题进行了专题调研。调研组先后赴郑州市、周口市和驻马店市，分别与省政府有关部门、普通农户、新型经营主体和基层干部召开了 3 次座谈会，实地考察了商水县益鑫种植农民专业合作社、发达高产种植专业合作社等多家新型经营主体，详细了解土地流转、粮食生产经营以及农业保险需求意愿和投保理赔等情况，广泛听取河南省有关方面对发展农业保险的意见和建议。

一、河南省农业保险发展概况及创新做法

河南省是首批纳入中央财政保险保费补贴试点范围的省份，现 18 个省辖市的 106 个县(市、区)均已开展农业保险业务。在全省推广的财政补贴型农业保险品种共有 14 个，其中中央财政补贴品种 12 个(玉米、小麦、水稻、棉花、大豆、花生、油菜、公益林、能繁母猪、奶牛、育肥猪、商品林)，地方财政补贴品种 2 个(烟叶和肉鸡)。共有人保财险、中华联合财险和中原农险等 10 家保险公司在豫开展农业保险业务。2016 年，全省农业保险保费收入 24.24 亿元，居全国第四，其中各级财政负担保费补贴资金 19.84 亿元，占 81.8%。三大粮食作物参保率分别为小麦 39.73%、玉米 69.39%、水稻 38.64%。2016 年全省农业保险理赔共计 16.2 亿元，简单赔付率 67%。工作中，河南省积极推动模式和产品创新，突出体现在以下五个方面。

（一）全部取消产粮大县三大粮食作物县级保费补贴

为减轻产粮大县县级财政压力，河南省自2016年起全部取消103个产粮大县三大粮食作物县级保费补贴，原县级财政负担部分由中央财政和省级财政均担。其中，对济源市和22个财政直管县中的产粮大县，中央、省财政保费负担比例提高至47.5%、32.5%；对另外81个非财政直管县中的产粮大县，中央、省、市财政的保费负担比例为45%、30%、5%。据测算，政策实施后，省级财政对三大粮食作物的保费补贴达5.61亿元，直接减轻了产粮大县财政负担1亿元。

（二）建立省财政对市县特色农产品保险“以奖代补”机制

为鼓励创新农业保险品种支持地方农业经济发展，促进农民增收，河南省出台了地方特色农产品保险保费奖补政策。自2016年起，对经济社会效益显著、市县财政自行提供保费补贴的特色农产品保险，省财政根据当年预算安排情况，提供最高不超过市县实际到位负担保费比例50%的奖励，奖励资金继续用于支持农业保险发展。

（三）开展新型农业经营主体高保障保险产品试点

在省财政支持下，中原农险开发了服务新型农业经营主体的小麦、玉米和水稻种植三款高保障产品。产品费率与传统产品相同，仍为5%。保险金额方面，在生产投入物化成本基础上增加部分地租成本和人力成本，具体为：小麦800元/亩，较传统产品提高353元/亩；玉米700元/亩，提高371元/亩；水稻850元/亩，提高363元/亩。保险责任方面，在传统产品保险责任基础上增加了火灾、降雨量指数、倒伏收获费用等三项责任。保费分担方面，直接物化成本保险保费由各级财政按现行分担比例给予补贴，超出直接物化成本部分保费由省级财政补贴80%，投保人承担20%。2016年三款产品在全省74个县推广，合计投保面积210.78万亩，参保农户4937户，保费11133.12万元，赔付10227.82万元，简单赔付率达92%。我们调研的商水县发达高产种植专业合作社就购买了小麦、玉米两款高保障产品，自交保费3.4万元，获得理赔

13.2 万元，合作社理事长对此非常满意，他说基本上保了全部生产成本，但希望能够保额再提高一些，能达到保收入的程度。

（四）开展小麦种植区域产量保险试点

2016 年，农业部安排金融支农创新项目资金 600 万元，支持河南省开展了小麦种植区域产量保险试点。该试点主要有三个创新：一是用区域风险保障替代个体风险保障，即按乡镇近三年小麦平均亩产的一定水平（分 70%、75%、80%三档）设定保险亩产标准，当测产的乡镇小麦平均亩产低于保险亩产时，对该乡镇全体投保农户进行赔偿；如果乡镇平均亩产未低于保险亩产，但有些村确实损失严重的，则可在村一级赔付。二是保障范围更广，试点以最终测产为依据，相当于对所有自然灾害、意外事故等造成的减产损失都给予赔偿。三是理赔更加客观公正，保险机构与地方政府成立区域测产联合工作小组，通过卫星遥感技术监测和选点实测，测产结果公开透明，理赔直接明了，且无须确定投保农户的具体地块位置和个体的损失程度，这既鼓励了农户加强田间管理促进个体产量增长，又大大提高了承保理赔效率。截至 2017 年 2 月 28 日，试点共承保小麦 23 万亩，涉及 2 个乡镇、51 个行政村、17 个分场；签单保费 802 万元，农户自交保费 241 万元，财政补助资金 561 万元，提供收入风险保障 2.32 亿元。预计将于 5 月开始测产，6 月开展理赔。

（五）建立农业保险勘损理赔第三方评估机制

为提高农业保险理赔的公允性，更好地维护参保农户合法权益，河南省出台《关于进一步规范农业保险损失鉴定工作的意见》（豫保监发〔2016〕55 号），建立了“公司、专业技术人员、被保险人”三方参与的损失鉴定机制。由各级农业、林业、畜牧管理部门分别负责组建省、市、县三级专业技术人员数据库。保险事故发生后，保险公司按照属地原则先从县级专家库随机抽取农业技术人员协助开展损失鉴定。如县级人员数量不足或出现理赔争议时，再抽取更高级别的农业技术人员。完成现场查勘后，农业技术人员出具损失鉴定意见，由相应组建管理单位统一出具鉴定报告并加盖公章，以此作为保险公司赔付的重要依据。农业保险公司依据与组建管理单位签订的协议支付工作经费，直接转账到组建管理单位指定账户。

二、反映的主要问题和建议

河南省反映农业保险存在的问题主要集中在覆盖面较窄、保障水平偏低、财政支持力度不够以及保险公司经营不规范等问题。我们对这些问题进行了归纳，主要表现为“三个不相匹配”。

（一）农业保险产品的供给与需求不相匹配

河南省保监局的同志说，目前农业保险产品的费率及保额是在全省乃至全国范围内统一推广，基本采取“一刀切”模式，没有根据各省、各地区的风险差异以及各类经营主体的风险保障需求来细化，“低保障、广覆盖”已越来越无法满足新型农业主体的需求，对分散型经营主体来说更缺乏吸引力。河南省每亩小麦正常年份产量 600 公斤，亩均收入大约 1440 元，按照保险赔付标准，即使在绝收时农户只能得到最高的 447 元赔偿，远低于农户损失和期望值。河南省农业厅针对新型经营主体和普通农户的调查显示，新型经营主体普遍希望农业保险产品风险可以涵盖更广、品种更加丰富、保障额度更高，而普通农户则对农业风险敏感度非常低，农业保险购买意愿不强烈。河南省财政厅的同志说，现在农民特别是新型经营主体对特色农产品保险以及价格指数保险、气象指数保险、农村小额信贷保证保险等创新型产品需求非常强烈，但由于中央对这些品种没有补贴、地方财力有限，只能小规模试点。

（二）农业保险经营模式与传统农业生产方式不相匹配

河南省农民人均耕地只有 1.2 亩，虽然目前土地流转面积 3853 万亩，占耕地总面积的 37.7%，但传统分散经营仍然是大多数。对于规模小、组织化程度低的传统农户，基于一家一户承保理赔的传统保险，使得农业保险承保和理赔环节的交易成本异常高昂。人保财险河南分公司的同志介绍，农业保险投保流程至少包括七个步骤：从省到市到县到村层层组织发动，以村为单位登记投保农户清册，逐户收费并由农民签字认可，按照核保条件核保到每亩，对惠农政策、监管要求、服务标准、承保情况等公示至村，以村为单位出具保险单，将保险凭证分送到每个农户。由于农时紧张、农户数量巨大、农户认可程度不高以及城乡迁移流动背景下“空心村”情况越来越多等情况，做到严格规范承保理赔的成本极为高昂，几乎不可能实现。中原农险曾对河南五个市小麦保险进行调研测算，结论是如果收费到户，亩均承保成本 5.3 元，远超农户每亩自缴保费 3.6 元。实际中农业保险公司普遍依赖行政推动，也诱发出虚假承保、虚假理赔等很多违规行为。

（三）保险服务能力与农业保险业务开展需要不相匹配

农业保险点多、线长、面广、季节性强，需要保险公司投入足够的人力、物力等资源。中华联合财险的同志说，在河南省经营农业保险的公司现在有 10 家，但相当一部分保险公司受制于人员编制、资金预算限制，对农业保险服务体系建设投入普遍不足，服务网点设置不健全，基层农业保险服务人员少，知农时、懂农事的专业人员缺乏，自身服务能力建设明显滞后业务发展，难以满足农业保险承保、理赔的实际需要。河南省农业厅的同志说，一些保险公司依法合规经营意识不强，短期行为突出，有些还搞恶意竞争，拖赔、惜赔等损害农民群众利益的行为时有发生，影响了农业保险持续健康发展。此外，中原农险的同志还反映，目前中央层面还缺乏对农业保险的统一组织领导，财政、农业、保险监管分工有余、统一协调不足，地方层面管理模式也亟待统一。

三、几点思考和建议

农业保险是推进农业现代化的重要支撑，农业现代化也为农业保险带来了大好的发展机遇、提出了更高的要求。针对当前农业保险发展存在的问题，应当在保持现有农业保险制度总体稳定的基础上，建议进一步完善管理体制机制，创新保险产品服务。结合河南省调研情况，提出几点思考和建议。

（一）加快建立以需求为导向的农业保险供给体系，做到既聚焦新型经营主体又兼顾分散小农户

河南省农业保险经过十年的快速发展，虽然保险品种和范围不断扩大，风险保障功能逐步体现，但从总体赔付情况看，2007—2016 年，农业保险保费总收入 101.1 亿元，赔款总支出 57.9 亿元，财政补贴效率系数 0.75（政府每补贴 1 元钱保费，农户获得的风险损失补偿是 0.75 元），简单赔付率仅 57%，甚至远低于全国 69%的平均数。对于一个农业大省而言，这样的农业保险赔付率，表明农业保险对农民的保障水平较低，农民受益有限，财政补贴的效用没有得到充分发挥。我们认为，产生这一问题也与长期以来我国农业保险发展由补贴驱动、行政推动、机构主导的“供给方”政策有关，在保险条款制定、费率厘定、定损理赔等方面，缺少了农民的声音，忽视了农民的需求。

随着我国农业集约化、规模化、社会化经营快速发展，相应的自然风险、市场风险和质量安全风险也不断累加，如果没有合理充分的保险保障，规模经营农户很容易因突发灾害致贫或经营破产，他们对获得更高保障水平的农业保险产品需求十分强烈，同时也有相应的保费支出能力和意愿。因此，发展农业保险要聚焦新型经营主体差异化、多层次的风险保障需求。同时，还要充分考虑到农村大多数还是一家一户生产的现实，农业保险要兼顾分散小农的利益，通过完善运行模式和差异化补贴政策，实现农业保险公共服务的均等化。我们认为，改革完善农业保险制度，应该坚持从“供给方主导”向“需求导向”转变，围绕满足需求方诉求、维护需求方利益来设计政策、创新产品、提供服务，巩固基本面、覆盖全领域、稳步提标准，构建保险责任广、保障程度高、理赔程序简、费率水平低的多层次产品体系，实现产业有保障、农民得实惠、补贴高效率、机构可持续，形成农业保险良性运营和健康发展的格局。

（二）研究构建主要粮食作物保险分层发展模式，开展“政府全额出资保基本、农户自愿参保保增量”试点

农业保险经营模式与传统农业生产方式的矛盾，在其他调研省份都有反映，是一个普遍性的问题，也是关系到我国农业保险健康持续发展的核心问

题。对此,河南省提出了“分层级发展模式”的构想,即基本保障层次由政府全额出资,对主要粮食作物实行强制保险,为农民投保基础保障水平的保险产品;高保障层次由农户、新型经营主体自愿选择投保不同层级保险品种,超出的保险费财政再给予一定补贴。

我们认为,“政府全额出资保基本、农户自愿参保保增量”的分层发展模式是适合我国国情农情、充分体现分散小农和新型经营主体差异化需求、可以有效解决承保理赔难题的一条可行路径。以河南省的数据测算,2016 年水稻、小麦、玉米种植面积共计 1.41 亿亩,其中投保农业保险的 7837 万亩,中央财政补贴 7.8 亿元,省级财政补贴 5.61 亿元。如按照“政府全额出资保基本”的思路,中央和省级财政全额提供保费补贴,实现农业保险全覆盖,只需以县或乡镇为单位统一出单,将大大降低保险公司的承保费用,同时更有利于保险公司按照“大数法则”分散风险。人保公司表示按照每亩平均保额 500 元(目前河南省小麦保额每亩 447 元,水稻 487 元,玉米 329 元,费率均为 6%)测算,可以将费率降到 2%。按此,共需要财政补贴 1.41 亿亩×500 元/亩×2%=14.16 亿元,按照中央和省级按照 6∶4 的比例分担,则中央财政需支付 8.5 亿元,略高于现补贴额;省级财政补贴 5.66 亿元,与现有规模持平。建议按照分层发展模式选择 1—2 个省开展全省试点,条件成熟时在全国推广。

(三)加快出台中央财政对地方特色优势农产品保险以奖代补政策

发展地方特色优势农业,是助力脱贫攻坚、提升农产品市场竞争力、提高农业综合生产能力的重要举措,其面临的自然灾害与市场价格波动风险较之大宗农产品更为突出,迫切需要相应的农业保险产品保驾护航,也迫切需要中央财政加大支持和引导。对于中央财政对地方优势特色农产品保险以奖代补,中央文件有政策、有要求,地方有需求、有实践,应当加快推动政策出台。建议按照 2017 年中央一号文件要求,围绕杂粮杂豆、蔬菜瓜果、茶叶蚕桑、花卉苗木、食用菌、中药材和特色养殖等产业,结合特色农产品优势区建设规划和创建工作,中央财政对符合条件纳入奖补范围品种,按照省级财政实际负担保费的一定比例给予适当奖补。

（四）建立多层次农业保险大灾风险分散机制

随着农业保险制度的不断完善、农民的保险意识逐步增强，农业保险的保障水平、服务能力都将会不断提升，并将逐步朝着“微利”运营的准公益产品方向发展。因此，保险公司承担的巨大农业风险，仅靠其自身化解风险既不符合保险基本原理，也与农业保险发展的定位不相吻合。因此，在改革完善农业保险制度，要求保险公司合规经营的同时，也应当“有堵有疏”，同步建立由市场和政府共同参与、保险公司自行负担、再保险和特大风险政府支持的三级农业保险大灾风险分散制度，稳定保险公司经营预期，促进可持续发展。一是农业保险经办机构首先自担部分大灾风险（如赔付率在100%—150%之间的超赔风险）。二是超出保险经办机构承受能力的中等程度大灾风险（如赔付率在150%—300%之间），强制购买规定水平的再保险，财政给予一定比例的再保险保费补贴。三是特大风险（如赔付率超过300%）由中央和省级政府通过大灾基金、发行巨灾债券等方式分担。长远来看，可研究在中央层面组建政策性的国家农业再保险公司，向农业保险经营机构提供稳定的政策性再保险服务以及巨灾救助。

第六篇　湖南省农业保险调查报告

2017 年 3 月 21 日至 23 日，调研组一行赴湖南省开展了农业保险专题调研。调研组先后赴岳阳市岳阳县、常德市鼎城区、长沙市宁乡县，实地调研了杨林乡幼雄水稻专业合作社、匡家桥村登封专业合作社和湖南卫红米业公司等多家新型经营主体，详细了解土地流转、粮食生产经营以及农业保险需求意愿和投保理赔等情况；分别在省和县召开两场座谈会，听取有关政府部门、新型经营主体和普通农户对农业保险的意见和建议。

一、湖南省农业保险发展基本情况

湖南省作为首批纳入中央财政农业保险保费补贴试点省份，近年来积极推动农业保险工作不断取得新进展，对稳定农业生产促进农民增收起到了积极作用。

（一）从业务规模来看

全省 14 个市州、各县市区均已开展农业保险业务，基本实现地域全覆盖。2016 年全省农业保险保费收入 25.93 亿元，居全国第六、中部第一。其中，各级财政补贴农业保险保费 19.28 亿元（中央财政补贴 9.82 亿元，省级财政补贴 6.77 亿元，市县财政补贴 2.69 亿元），占总保费的 74%；农业生产经营主体自缴保费 6.65 亿元，占总保费的 26%。2016 年，湖南省水稻保险承保 5393.78 万亩、保费 9.73 亿元，油菜保险承保 1209.75 万亩、保费 1.09 亿元，均居全国第一；育肥猪保险保费 5.96 亿元，能繁母猪保费 1.73 亿元，均居全国第二。

（二）从保险品种来看

由2007年试点时的3个品种增加到2016年年底的51个，形成了中央、省级、县级3级主导的保费补贴品种体系。其中，中央财政补贴（含省市县配套）品种包括水稻、棉花、能繁母猪、油菜、奶牛、育肥猪、公益林、商品林、玉米、甘蔗等10个品种；省级财政补贴的特色品种包括鸡、鸭、鹅、甲鱼、湘莲、烟叶、柑橘、茶叶、葡萄、能繁母牛、水稻制种等11个品种；县级财政补贴品种包括山羊、蔬菜、辣椒、猕猴桃、黄牛、油茶等30个品种。

（三）从保障能力来看

2007—2016年，湖南省农业保险累计提供风险保障5932.03亿元，累计赔款96.77亿元，受益农户1585.03万户次。2016年湖南农村居民人均可支配收入为11930元，农业保险以参保农户计算，户均赔款65.69元，以受益农户计算，户均赔款1293.7元。

二、湖南省农业保险的创新做法

近年来，湖南省不断完善农业保险扶持政策，积极推进农业保险产品和服务创新，开展了一些有益的探索和实践。

（一）出台县级特色农业保险奖补政策

为积极支持地方优势产业发展，促进农民增收，湖南省出台了《关于县级特色农业保险奖补有关事项的通知》（湘财金〔2016〕24号）。明确对中央和省级保费补贴品种以外的县域特色优势明显、群众保险需求强烈的农业保险品种，省财政在市县财政补贴比例不低于30%的基础上，采取以奖代补的方式给予市州、县市区财政局补贴。奖补资金按照因素分析法分配，实行百分制评分，计算方法为：某市县某险种奖补金额=某市县某险种补贴系数×奖补系数×省财政县级特色农业保险保费奖补预算总金额。其中：某市县某险种补贴系数=财政拨付的保费补贴/全省各市县对县级农业保险的保费补贴总额；

奖补系数=基层服务网点覆盖面评分×20%+保险机构人员配备评分×10%+保险品种影响力评分×30%+项目效果评分×30%+地区分类评分×10%。2016年,湖南省财政厅安排预算资金5000万元实施县级特色农业保险奖补工作。

(二)探索开展农业巨灾保险试点

为提高突发灾害应对能力,充分发挥保险在防灾减灾救灾中的作用,湖南省印发了《关于开展巨灾保险有关事项的通知》(湘财金〔2016〕53号)。保障范围涵盖暴雨、洪水自然灾害及其引起突发性滑坡、泥石流、水库溃坝等发生灾害造成的湖南省内人员死亡的人身保险,水稻、玉米绝收或能繁母猪、育肥猪死亡。省财政厅作为投保人,承担配套保费补贴的市县区财政部门作为共同投保人,与保险公司签订巨灾保险合同。事故发生时,在原政策性保险保障基础上给予额外赔付,其中种植险每亩赔偿限额200元、保费2元,养殖险每头赔偿限额150元、保费1.5元,保费由省、市(州)、县(市、区)三级财政承担,其中省级财政承担50%。2016年,湖南省财政厅安排2000万元用于开展试点。

(三)开展水稻种植"基本险+补充险"试点

2015年,人保财险在对岳阳市华容县家庭农场、龙头企业等新型经营主体保险需求摸底调查的基础上,开发了水稻种植"基本险+补充险"产品,并限定只有在当地政府或农业部门备案的水稻种植大户才能投保。基本险继续按现行政策性保险执行,保额360元/亩、费率5%、保费18元,其中农民自缴20%、3.6元,各级财政补贴80%、15.4元。补充险保额440元、费率5%,保费22元,其中农民自缴30%、6.6元、县级财政补贴70%、15.4元。综合计算,农民相当于缴纳每亩10.2元的保费,享受最高800元的保障水平,大约占到农民水稻种植完全成本的80%。2016年,华容县水稻种植补充险签单2.4万亩,总保费52.8万元,实现理赔95.8万元。

(四)探索"保险+信贷"促进普惠金融发展

湖南省财政厅与保险公司合作开发了"新型农业经营主体贷款保证保

险”（简称“财银保”）产品，即以农险业务为基础，通过保单质押和小额信贷保证保险等方式提供担保，为农户融资提供增信支持。同时，将“财银保”与精准扶贫相结合，安排一部分扶贫资金用于精准扶贫“财银保”保费补贴试点，对51个扶贫县的贫困户和参与精准扶贫的新型农业经营组织分别给予90%和70%的省县两级财政补贴。2016年，中华农险通过财银保项目为近400家新型农业经营主体提供了资金担保，涉及资金2.2亿元，为新型经营主体缓解了融资压力，更好地推进了精准扶贫。

三、反映的主要问题及建议

（一）农民普遍反映农业保险保障水平低

这是在座谈和调研走访时，各类农业经营主体反映最突出的问题。根据2014年国家发改委统计数据，湖南省早稻、晚稻亩均成本分别为959.08元、1014.49元，其中，直接物化成本分别为433.5元、459.48元，人工成本分别为386.9元、414.23元，土地成本分别为138.68元、140.78元。而目前水稻保险每亩保额为360元，尚未覆盖直接物化成本，其他如玉米、棉花、油菜等种植险的保障水平也同样偏低。农民反映，现在的农业保险是“大灾小赔、小灾不赔，不解渴”。

（二）保险机构反映农户自缴保费收取难

受到农户认识差异性、农村地域分散性、农业生产季节性以及农民对政府的依赖性等因素影响，农业保险承保和理赔环节的交易成本异常高昂。人保财险湖南分公司的同志介绍说，公司在一个乡里组织了3个组6个人向农户收取能繁母猪保费（12元/头），3天时间先后到了15个村103个组，每天跑几十里路，总共收取保费仅为264元，6个工作人员的工资和费用支出比收到的保费还要多。实践中，农业保险经营主体普遍依赖行政推动，有的地方由村级组织、集体经济组织或种养大户垫交，一些地方甚至诱发虚假承保、虚假理赔等不少违规行为。

（三）基层政府反映保费补贴压力大

按照现行中央财政农业保险保费补贴政策，各省对中央补贴险种的保额最高可达到覆盖直接物化成本，但保额定得越高意味着省市县补贴资金越多，特别是产粮大县和贫困县的支出压力更大。因此虽然中央财政是敞口的，但地方只能根据财力状况逐步提高保额，这也是目前农业保险保障水平普遍不高的重要原因。岳阳县反映，受财政补贴资金规模限制，县里对各险种标的只能限制性承保或分区域轮流承保，如水稻承保比例控制在70%、生猪承保比例控制在50%，不能最大限度满足农户需求，距离"愿保尽保"还有差距。

针对以上问题，湖南省所提建议主要集中在三个方面：一是增加中央政策性农业保险的品种，将有规模、有优势的特色农业保险纳入中央政策性农业保险。二是加大农业保险财政补贴力度，对农业大省实施差异化的补贴政策，提升农业保险的保障水平和覆盖面。三是支持地方开展新型农业主体一揽子综合保险、价格指数保险、天气指数保险和巨灾保险等创新性农业保险产品试点。

四、几点思考和建议

农业保险是现代农业风险管理的基本手段，也是农业灾害救助体系和农村金融体系的重要组成部分。加快农业保险发展，迫切需要加快完善农业保险制度，大力推动理念创新、机制创新、产品创新和服务创新。在深入调研的基础上，我们形成了以下思考和建议。

（一）提升农业保险在支农政策中的地位

受美国等发达国家不断提升农业保险在构筑农民"收入安全网"地位的启发，发展农业保险成为我国改革完善农业补贴政策的一个重要可选路径。同时，我国农业保险十年的发展积累，也初步具备了承载更多农业支持保护功能的条件和基础。研究"将农业直接补贴转为农业保险间接补贴"问题，更多的是要权衡在新的农业发展形势下两种补贴方式的效率高低问题，直接补贴更具有政府行政色彩，农业保险则更多依靠市场力量。我国实施农业补贴政策的历史还不长，实践中大家普遍认识到，对于分散农户直接补贴更有效用，特别是在我国农村大多数还是一家一户生产的现实条件下，应该充分尊重农民意愿，继续坚持耕地地力保护补贴直补农民，做到存量资金不减少。对于规模经营农户，少量的直接补贴难以解决实际问题，他们更希望通过补贴来撬动金融保险的杠杆，帮助扩大再生产和防范生产经营风险。

我们认为，当前农产品价格形成机制改革正是农业直接补贴向农业保险间接补贴转变的较好切入点。一方面，农业保险与直接补贴的政策目标具有一致性。目标价格保险与目标价格补贴类似，都是农产品目标价格制度的一种实现方式，玉米生产者补贴主要解决因临时收储政策改革导致农民收入减少问题，与收入保险机制有异曲同工之妙。另一方面，农业保险相比于直接补贴，更能聚焦规模经营主体，更好地体现公平性。目前棉花、大豆目标价格补贴和玉米生产者补贴发放一般应与种植面积挂钩，但地方在操作时往往采取平均分配的方式，很难照顾到规模经营主体的需求，而通过保险方式可以让他们自主选择较高保障的保险产品，提高保障水平，从而有效提升补贴的精准性和指向性。

（二）建立多层次大灾风险分散机制

1. 第一个层次是针对投保农户的大灾保险

湖南省探索的农业巨灾保险试点，其实质是在传统政策性农业保险基础上附加补充险，主要目的是解决当前农业保险“保额低、赔得少”的问题。结合贯彻落实2017年《政府工作报告》提出的“开展农业大灾保险试点”要求，我们认为可以按照“基本险+附加险”这个思路，在13个粮食主产省选择一定比例的产粮大县，以符合当地适度规模经营标准的种植大户、家庭农场、农民合作社、农业产业化龙头企业等新型经营主体为重点支持对象，基本险额保直接物化成本，继续按照现行保费补贴政策执行；附加险保障水平以劳动力成本和地租成本为上限，设置几档不同保障比例供新型经营主体选择，中央和省级财政给予适当保费补贴，不增加县级财政负担。

2. 第二个层次是针对保险公司的大灾保险

在国家重视农业保险发展、加快完善制度设计的背景下，农业保险将逐步明确其政策性定位,突出准公益属性。随着农业保险的保障水平显著提升,保险经营的逐步规范,保险公司面临的真实风险也将迅速增大,因此有必要抓紧同步建立大灾风险分散机制,稳定保险公司经营预期。建议建立三级风险防护网:一是农业保险经办机构首先自担部分大灾风险。二是超出保险经办机构承受能力的中等程度大灾风险,强制购买规定水平的再保险,财政可给予一定的再保险补贴。三是特大风险由中央和省级政府通过大灾基金、发行巨灾债券等方式分担。长远来看,可借鉴美国等发达国家经验(美国成立联邦农作物保险公司为各农业保险直保公司提供多种再保险保障),在中央层面组建政策性的国家农业再保险公司,向农业保险经营机构提供稳定的政策性再保险服务以及巨灾救助。

3. 第三个层次是针对政府部门的大灾保险

可借鉴黑龙江和广东财政出资购买巨灾保险的试点经验,选择自然灾害频发的1—2个省份,将目前大灾之后中央财政安排的农业生产救灾支出调整成为主动购买大灾后财政救灾支出保险,运用保险平滑年度间财政救灾支出。

(三)加大农业保险创新试点力度

近年来,地方政府、各保险机构合作开展了特色品种类、指数类等多种农业保险创新试点,走通了产品模式流程,顺应了农业发展需要,受到了农民的欢迎。农业部也安排专门资金支持各省开展了“保险+期货”、收入保险等试点。但这些试点普遍存在区域范围小、资金规模有限、风险释放不够等问题,还需要在更大范围、更长周期内进行检验。我们认为,当前从中央到地方必须加强对农业保险产品创新试点的统筹协调,按照“试点—总结—推广”的思路,有计划地选择一些品种、产品、模式,整县或整省推动试点,特别是带有趋势性、方向性的收入保险、指数保险、“保险+期货”等产品要加大试点力度。同时要注重充分发挥政府、农民和保险公司等各方主体的作用,不搞“保姆式”试点,尊重市场规律,通过各方博弈实现利益的平衡,确保试点可持续。中央和省级财政要加大对整建制试点的支持力度,争取通过两三年的模式摸索和经验总结,形成一批可复制的产品和服务模式在全国推广。

（四）构建农业保险利益平衡机制

当前我国农业保险围绕财政补贴资金分配的自上而下的制度安排，农民以及农业产业部门作为真正的需求方参与程度不高。湖南省虽然建立了财政厅牵头的农业保险联席会议制度，但农业部门在相关政策研究、条款设计、费率厘定等方面参与度很低。我们在与农民交流时也明显感到，他们对购买农业保险产品的保障内容、具体条款知之甚少，对费率如何制定不知情，对定损理赔是否合理也基本没有发言权。2007—2016 年，湖南省农业保险保费总收入 160. 2 亿元，赔款总支出 99. 8 亿元，财政补贴效率系数 0. 83（政府每补贴 1 元钱保费，农户获得的风险损失补偿是 0. 83 元），简单赔付率仅 62%，低于全国 69%的平均数。湖南农机局的同志说，这样的保险制度安排相当于财政补贴的钱很多都让保险公司赚了，农民利益没有得到保障，不如建立政策性的农业保险公司，或者探索建立互助保险制度，让农民成为保险真正的主人。为促进我国农业保险健康可持续发展，我们建议在中央层面建立促进农业保险发展的部际联席会议制度，加强财政、农业、保险等部门的统筹协调，进一步发挥各级农业部门的作用和优势，紧紧围绕农业产业发展需求，在政策设计、费率厘定、定损理赔等方面充分体现产业特点，反映农民诉求，维护农民权益，让农民从被虚置的主体回归真实的需求方，并有效参与农业保险制度的运行和监督，防止农业保险和产业发展“两张皮”，推动实现产业有保障、农民得实惠、补贴高效率、保险可持续的多赢局面。同时，在联席会议制度领导下，加强农业风险区划的研究，合理厘定不同区域保险费率区间，提高产品定价的科学化水平。

我国农业保险十年的快速发展，取得了巨大成就，好的经验值得总结，存在的问题更需要正视。调研中我们明显感觉到，无论是农户、政府有关管理部门还是保险机构，对于我国农业保险发展的目标、定位等还存在不同认识。当前，有必要在开展多部门联合全面调研总结的基础上，出台全国性的完善农业保险制度的指导意见，从顶层设计上对今后一段时期农业保险的发展思路、重点任务和支持政策等作出系统部署，统一认识，凝聚共识，以更好地发挥农业保险在推进农业供给侧结构性改革中的重要作用。

第七篇　江苏省农业保险调查报告

2017 年 3 月 28 日至 30 日，调研组一行赴江苏南京、无锡和苏州等地就农业保险问题开展了专题调研。

一、开展农业保险的基本情况

（一）保费补贴情况

江苏是首批中央财政保费补贴试点省份。目前，江苏省农业保险品种共有 67 种，其中中央财政补贴 8 种，地方财政补贴 59 种（包括 27 个省级特色险种和 24 个市县级特色险种。

2012—2016 年，江苏省农业保险累计签单保费 152.26 亿元，其中中央补贴 36.84 亿元、省级补贴 40.67 亿元、市县级补贴 37.14 亿元、农民承担保费 37.61 亿元。中央财政、地方财政、农民个人保费分担比例约为 24%：51%：25%（见表 7）。

农业保险保费补贴实行国库集中支付。保费由县（市、区）财政部门与保险经办机构结算。各县（市、区）财政局将基层农业保险站（点）收取的农户保费、上级财政部门拨付的保费补贴（奖励）和本级财政预算安排的保费补贴，按期、分险种拨付到保险承办机构。

表 7　江苏省农业保险各级财政保费补贴情况表　（单位：亿元；%）

年份	签单保费	中央补贴		省级补贴		市县级补贴		农民缴纳	
		规模	占比	规模	占比	规模	占比	规模	占比
2012	23. 68	6. 43	27. 06	7. 06	29. 71	4. 18	17. 59	6. 01	25. 29
2013	31. 43	7. 33	23. 28	9. 72	30. 87	6. 64	21. 09	7. 74	24. 58
2014	32. 01	7. 39	23. 09	9. 92	30. 99	6. 88	21. 49	7. 82	24. 43
2015	32. 28	7. 77	24. 07	6. 96	21. 56	9. 52	29. 49	8. 03	24. 88
2016	32. 86	7. 92	24. 09	7. 01	21. 33	9. 92	30. 18	8. 01	24. 37
合计	152. 26	36. 84	24. 17	40. 67	26. 68	37. 14	24. 37	37. 61	24. 68

（二）中央补贴型险种情况

目前，江苏实施的中央政策性险种包括水稻、小麦、棉花、玉米、油菜、育肥猪、奶牛和能繁母猪 8 个品种。

1. 主要农作物保险

2016 年，江苏省水稻、玉米和小麦等主要粮食作物保险承保面积分别为 3303 万亩、606. 63 万亩和 3874 万亩，合计参保农户 1571. 55 万户，签单保费 15. 74 亿元（中央财政补贴、地方财政补贴和农民自缴分别为 5. 47 亿元、6. 50 亿元和 3. 77 亿元，占比分别为 34. 75%、41. 30% 和 23. 95%），赔款（已决+未决）14. 75 亿元，简单赔付率达 93. 71%。

2. 养殖业保险

2016 年，江苏省能繁母猪、奶牛和育肥猪承保数量分别为 160. 31 万头、6. 45 万头和 2419. 32 万头，共计参保农户 50. 80 万户，签单保费 5. 83 亿元（中央财政补贴 2. 29 亿元，地方财政补贴 2. 48 亿元，农户自缴 1. 06 亿元，占比分别为 39. 28%、42. 54% 和 18. 18%）。其中，能繁母猪每头保额 1000 元，费率为 7%；奶牛每头保额分为 6000 元和 8000 元两档，费率为 6%；育肥猪每头保额为 600 元，费率为 4%。

2013 年以来，江苏省连续三年对中央财政保费补贴的种植险和养殖险农险产品条款进行修订，进一步提高保额、降低费率、扩大保险责任。其中，种植险保险费率从5%降至4%，保额最高提升至700元，起赔点由30%降至10%，并提高了不同生产期的每亩赔偿标准，取消了绝对免赔。2016年，小麦保险签单保费7.61亿元，受低温、扬花期连续阴雨（赤霉病）及收获期局部暴风雨等灾害影响，小麦大面积受灾，保险支付赔款8.11亿元，较修订前（2012年版）多支付赔款2.19亿元，赔付标准提高了36.99%。

（三）地方特色农业保险情况

江苏高度重视地方特色农业保险发展，险种个数从26种增加至59种，主要险种包括水果、杂交水稻制种、食用菌、莲藕、露地水生蔬菜、水稻育秧等高效种植业保险，池塘淡水小龙虾、南美白对虾、蚕、大闸蟹特色养殖业保险等。

1. 关于水蜜桃种植保险

针对水蜜桃种植产业发展需求，无锡市在重点种植区域开展了水蜜桃种植保险试点，每亩保额分1000元、2000元、3000元三档，保险费率为9%，对应保费分别为90元、180元、270元，省市县三级地方财政给予80%的财政补贴，种植户承担20%。2016年承保面积达6715亩，覆盖无锡市水蜜桃11.84%的种植面积，承保范围已扩展到了滨湖、江阴、宜兴、锡山、惠山和新区等6个县区市。

2. 关于制种保险

2014—2016年，江苏省在扬州和盐城等地区开展了杂交水稻制种保险，合计承保面积78.16万亩，签单保费6596.00万元，提供风险保障7.82亿元，支付赔款9755.86万元，三年平均赔付率162.35%。从灾因来看，低温导致的自交结实造成的损失最为严重，赔款达到5194.96万元，占总赔款的53.25%；其次是病害，赔款为1761.88万元，占总赔款的18.06%。

3. 关于设施农业保险

2008年以来，针对蔬菜大棚种植产业发展需求，江苏省在重点种植区域开展了蔬菜大棚种植保险试点，保险金额约定为投保时蔬菜大棚造价（棚架和薄膜分项确定）的70%以内，具体由投保人、政府农林部门和保险人共同协商确定。政府给予73%左右的保费补贴，种植户自己承担27%左右的保费。目前，全省大棚种植保险承保面积已扩展至13个地市的212.63万亩。2017年3月，江苏风灾造成蔬菜大棚受灾面积达3.8万亩，受灾农户3493户，预计将支付保险赔款 5656 万元。

（四）农业保险创新情况

1. 指数保险试点

截至 2016 年年底，江苏省共开办指数型保险 14 个，包括茶叶低温气象指数保险、池塘水产气象指数保险、露地蔬菜气象指数保险、大闸蟹气温指数保险、湖蟹水位指数保险、内塘螃蟹水文指数保险、条斑紫菜风力气象指数保险等 7 个天气指数保险，以及翠冠梨价格指数保险、苗鸡价格指数保险、生猪价格指数保险、夏季保淡绿叶菜价格指数保险、小麦价格指数保险等 5 个价格指数保险。2016 年，指数保险签单保费 1.58 亿元，提供风险保障 28.61 亿元，已发生赔款 1.02 亿元，受益农户 6974 户次。其中，以苏州大闸蟹气温指数保险为例，当观测站气温连续三天达到或超过 37.5℃时，触发保险赔付，最高赔款为 4000 元/亩，2016 年共支付赔款 9.92 万元，赔付率 216%。

2. 玉米"保险+期货"试点

2016 年 8 月，连云港市开展玉米"保险+期货"试点，通过农民向保险公司购买价格保险—保险公司向期货公司购买期权对冲价格下行风险—期货公司在期货交易所复制期权分散风险的闭环，对冲玉米价格风险，保障农民收入稳定。共参保农户 3131 户，承保玉米 10025.66 亩，提供风险保障 751.92 万元，保障价格依据期货合约在保险起始日期当天的收盘价确定为 1500 元/吨，保险费率为 5%，保费收入 37.60 万元。由于玉米期货价格相对稳定，该项目未发生赔付。

3. 收入保险试点

2016 年 6 月，江苏省在国家农村改革示范区常州市武进区探索开展水稻收入保险试点，当价格下跌或产量降低导致水稻销售收入低于约定保险金额时，保险公司对差值部分给予补偿。约定产量参照最近三个正常年景亩产的平均值协商确定，约定价格为投保当年 11 月上旬至 12 月下旬江苏省价格监测中心发布的江苏省粳稻（三等标准品）的平均收购价格，保险费率为 6%。目前，已有 4 户新型农业经营主体种植的 1690 亩水稻参保，保障亩均收入不低于 1800 元，共签单保费 18.25 万元，提供风险保障 304.2 万元，预估总赔款近 8 万元（最终赔付方案正在与政府协商）。

4. 涉农信贷保证保险试点

为满足新型农业生产经营主体融资贷款需求，缓解新型农业主体融资难、融资贵问题，江苏省开展了涉农贷款保证保险试点。截至 2016 年年底，已协助全省逾 400 家涉农企业获得 1.6 亿元贷款。此外，江苏省财政厅牵头，联合保险公司和邮储银行，采用“政府+保险+信贷”模式开展“农业保险贷”试点，由财政资金提供担保，保险公司提供贷款保证保险，银行为参保农户提供融资，当出现还贷风险时，三方按 6∶3∶1 对比例分摊损失。贷款利率上限不超过同期基准利率的 30%。截至 2017 年 2 月底，“农业保险贷”在全省 13 个地市累计承保 224 户，发放贷款 4060.5 万元，农户融资总成本（贷款利率+保证保险费率）一般不超过 7%，远低于市场成本。

二、建立农业保险“联办共保”模式情况

江苏省根据地方实情，探索出政府与保险公司风险共担、协同推进的“联办共保”运行机制，保费收入按 5∶5 的比例分别进入县（市、区）政府财政专户和保险公司账户，灾害发生后，政府和保险公司各承担 50%的赔付责任。

“联办共保”模式下，政府的职责是：负责农业保险的组织、推动和协调；协助保险公司完善镇（乡）、村两级基层保险服务体系建设；协助保险公司保费收取、查勘理赔、公示签字等。保险公司的职责是：负责农业保险宣传、产品开发、承保、查勘、定损、理赔、防灾防损等。

“联办共保”模式下，政府和保险公司采取不同的方式应对各自可能面临的大灾风险。政府层面，江苏省通过财政预算安排、统筹部分政府保费收入、省级财政补助等渠道建立了省、市、县三个层级的政府巨灾风险准备金，将历年政府专户中的结余部分注入准备金，滚存积累，大灾之年使用。保险公司通过安排再保险和提取大灾风险准备金，做好风险分散安排。

“联办共保”模式将政府和保险公司捆绑作为利益共同体，在推动农业保险理念深入农户、促进农业保险覆盖面迅速扩大等方面，发挥了积极作用。一是政府将农业保险作为重要工作予以推进。江苏省政府连续多年对农业保险

工作进行部署，省、市、县三级均成立了农业保险领导小组，制定制度和下发文件近四十份，涉及发展规划、规范经营、资金补贴、重大工作部署等多个方面，并将农业保险开展情况纳入对基层政府的业绩考核。二是有利于强化监督管理。政府牵头，将财政、审计、保监等部门力量协同，从不同侧重点对农险业务进行现场检查或审计，通过多方联合监管，促进了财政资金收支和农险业务经营的规范性。三是提高了查勘理赔的公正性、权威性。出现重大或普遍性灾害后，政府牵头组织农业专家和保险公司成立联合查勘定损小组，现场查勘测产，出具查勘报告，农委、财政、气象、保险公司等单位共同研究决定赔付方案，避免了查勘理赔可能出现的纠纷。

三、反映的突出问题和主要观点

调研座谈中，政府部门、基层干部和农户也反映了一些普遍性的问题，提出了一些观点和意见建议。

（一）“联办共保”模式问题

在“联办共保”模式下，政府角色定位不够清晰，部分领域存在“越位”现象。如：因农业保险覆盖面是江苏省农业现代化指标体系的考核指标之一，有的地方为了提高参保率，直接为农户代交保费。同时，由于事前事中行政环节较多，保险机构市场运营主体作用发挥不够，在承保理赔中，存在过于依赖政府的情况，对提高自身经营服务能力的动力不足。

（二）农业保险保障水平有待提高

“保生产、保物化成本、保自然灾害”的“低保障”模式快速扩大了农业保险覆盖面，但是随着农业经营主体逐步由小农户转向家庭农场、种养大户、农民专业合作社、农业龙头企业等新型农业经营主体，这种“低保障、保成本”的方式已不适应现代农业经营方式。无锡、苏州等地农业专业化集约化规模化程度较高，新型农业经营主体不断增多。目前常熟市土地流转率已达 85%，共有种养大户 4070 个，其中家庭农场和合作农场 174 个，农业合作社 265 家。

新型农业主体对于提高保险保障水平和提供差异化保险产品的需求较高，无锡市惠山区农业合作社反映，全区水蜜桃平均收入约为 12000 元/亩，物化成本在 4000 元/亩左右，但当前保险产品最高保险金额仅为 3000 元/亩，2016 年遭受冰冻、水灾等气象灾害影响，合作社损失较大，保险赔款不解渴。

（三）农业保险虚假投保、虚假理赔等违规现象时有发生

由于一些地区农户投保积极性不高，乡、村在组织农民投保时，将保险覆盖率作为重要目标，对一些集体投保保单把关不严，投保清单存在无农户签字或代签字问题。在高效农业保险方面，受高效设施农业保险占比考核影响，一些地方对高效设施农业保险投保定指标、下任务，个别乡镇、村采用虚构保险标的或虚增数额的做法，夸大保费规模。违规现象虽仅是个案，但需要深入剖析，从制度上予以杜绝。

（四）加大中央财政对地方特色农业产业的支持力度

江苏省中央财政保费补贴型农业保险品种只有 8 种，而水果种植、特色养殖等地方补贴的特色品种达 51 种。随着保险品种的不断增加和保障水平的不断提升，地方财政补贴压力逐年增大。部分地区希望中央财政尽快出台“以奖代补”政策，加大对地方特色农业产业的支持力度。

四、调研组建议

（一）要进一步完善“联办共保”经营模式

《农业保险条例》提出“省、自治区、直辖市人民政府可以确定适合本地区实际的农业保险经营模式”。江苏“联办共保”模式试点初期在增强保险机构信心、快速扩大覆盖面等方面发挥了积极作用。目前西藏、河北阜平等地都开展了该模式的试点。下一步，要理清政府、保险公司和参保农户之间的权、责、利关系，政府既不能缺位，也不能越位，保险公司要积极发挥主体作用，坚持市场化运作。

（二）农业保险应以服务农业现代化为发展方向

江苏省农业现代化水平提升较快，农业生产规模化、集约化水平较高，家庭农场、专业大户、农民合作社和农业产业化龙头企业等新型农业经营主体大量涌现。2017 年的《政府工作报告》中提出“发展多种形式适度规模经营，是中国特色农业现代化的必由之路，离不开农业保险有力保障”，要“以持续稳健的农业保险助力现代农业发展”。新型农业经营主体风险防范和资金融通的需求十分强烈，但无论是产品还是服务，目前传统的农业保险难以满足他们的需求。要加快农业保险供给侧结构性改革，开发出适应不同主体风险偏好和需求的产品，构建保险责任广、保障程度高、理赔程序简、费率水平合理的产品体系；保险公司要加大人力和资源投入，完善基层服务体系，积极开展人工干预天气、无人机、地理信息系统、“互联网+”等新技术应用，提高承保理赔效率和农户的满意度；要加强保险与补贴、信贷、期货等的融合，支持开展保险资金直接支农融资试点，发挥金融服务“三农”合力。

（三）要稳步提高农业保险保障水平

调研中，部分农户反映，虽然经过农业保险条款费率改革，保险保障水平有所提升，如主要粮食作物最高保额提高了 100 元左右，基本覆盖物化成本，但是离总成本和整体收入还有较大差距。我们认为，提高农业保险保障水平应当从中央财政补贴型产品和商业性产品两个方向努力。对于中央财政补贴型产品，应当综合考虑各级财政补贴能力、农民的缴费意愿和大灾风险的承受能力，稳步提高保障程度。2016 年，全国农业保险支付赔款同比增长 33.85%，有 12 个省简单赔付率已超过 100%，其中提高保额、降低费率和理赔条件等改革的贡献度达 60%。对于有更高风险保障需求的新型农业主体，部分省市可探索开展价格型、指数型和收入型等创新型商业性保险试点，支持保险公司研究开发多重保额的附加商业保险产品，科学设置保费比例。在保费补贴上，地方财政可根据实际情况分层分梯度给予保费补贴，并积极争取中央财政“以奖代补”等政策资金支持。

(四)要坚持农业保险自主自愿的经营原则

调研中,部分地区考虑到灾害理赔发生概率、地方财政实力和保费收取成本等因素,存在免除农民自缴保费或代垫代缴保费的情况。我们认为,农业保险作为市场化的风险管理手段,应当以满足农民的真实风险保障需求为目标,不能只片面追求覆盖率。这样既不利于培养和提高农民的风险意识和权利意识,也容易滋生骗保、骗赔、骗补贴等违规行为。同时,财政也可考虑将无真实保障需求的保费补贴调整用于提高新型农业经营主体的保险保障水平,以提高财政资金使用效率。

典型案例篇

第一篇　北京市建立三个层次农业保险财政补贴制度

北京市自2007年开始施行政策性农业保险。制度建立之初，结合当时农业发展情况，借鉴美国、加拿大、日本等先进国家的农业保险补贴制度，探索研究建立保费补贴、经营管理费补贴、再保险补贴三个层次的财政补贴框架。2007年专门印发《关于建立北京市政策性农业保险制度的方案》（京政办发〔2007〕27号），明确提出，“财政给予参保农户保费补贴，给予经营政策性农业保险业务的保险公司管理费用补贴，提取巨灾风险准备金”。北京市在实践中，不断创新完善“政府引导、政策支持、市场运作、农民自愿”的运行机制，努力提高保障能力和服务水平，政策效果逐步显现。

一、实施背景

农业保险具有高风险、高赔付的特点。北京市近十年农业保险累计简单赔付率为80.6%，特别是近年来，多年简单赔付率超过90%，简单赔付率最高达到了103.1%，远高于保险行业盈亏平衡点70%。而推行农业保险之初，市级财政补贴仅50%，当时还没有中央保费补贴，大部分区县财力也配套不足，保险公司从事农业保险的风险较高。农业保险制度建立之初，农民参保意识比较薄弱，商业保险公司经营农业保险积极性也不高，多层次的补贴政策可以更好地调动保险公司经营农险的积极性。目前，北京市从事农业保险的公司从最初的3家已经增加到7家。北京市主要学习了美国、加拿大、日本等发达国家的做法。如:美国在农业保险补贴的三个层次中,60%的为纯保费补贴、17%—20%的为管理费补贴和再保险补贴。因此,既需要调动农民等参保主体的积极性,也需要为保险公司分担一部分风险,以推动政策性农业保险持续健康发展。

二、具体做法

(一)保费财政补贴

政策性农业保险制度建立伊始,《关于建立北京市政策性农业保险制度的方案》提出:政策性农业保险覆盖主要种养业生产项目的30%,重点开办果品、蔬菜、粮食、肉禽、奶牛五类政策性农业保险业务;财政给予参保农民50%的保费补贴,各区县可根据实际累加农民保费补贴。随着农业保险制度的不断健全,北京市推广的36个农业保险品种中,玉米、生猪等6个中央险种,在中央财政补贴基础上,市财政补足到60%;苹果、禽类等18个北京市在全市范围推行的地方险种,市财政补贴50%;区域创新试点的12个新险种,市财政按区级补贴比例配套,但不超过40%。全市13个郊区各区补贴自主决定,比例10%—40%不等。全市农民平均自付20%左右。

(二)经营管理费用补贴

一是经营管理费用补贴与绩效考核挂钩。最初的政策规定“给予商业保险公司经营政策性农险保费收入10%的经营管理费用补贴”。2013年,为鼓励各家公司提高服务质量,北京市制定了《北京市政策性农业保险绩效考核办法(试行)》(京政农发〔2013〕12号),建立农业保险业务绩效考核机制,对保险公司开展重点工作、服务能力、基层满意度、经营管理、宣传培训工作等方面进行绩效考核,考核满分的给予保费收入10%的经营管理费用补贴,评分低的按比例核减。二是经营管理费用专款专用。《北京市政策性农业保险补贴资金管理办法》(京财农〔2011〕2375号)规定,农业保险经营管理费用补贴实行专款专用,只能用于保险公司开展政策性农业保险业务时发生的有关费用，主要包括人员经费补贴、展业宣传支出、印刷费、展业人员差旅费、防灾防损费等。

（三）再保险补贴

由于国内没有可以借鉴的模式，且我国农业保险刚刚起步还很不成熟。北京市的再保险制度在建立后不断探索、完善、优化。一是统一投保、单独核算。将北京市农险作为统一整体，由市农委与再保险公司谈判并签订再保合同，指定受益人为各保险公司。赔付时分别核算，任一公司赔付率超过160%时，即启动再保险的赔付。二是政府购买巨灾情况下的再保险，即赔付区间为160%—300%。这个区间是按照五十年一遇的灾害水平测算的，一些保险公司不会购买这么高的区间，政府购买提供了巨灾保障。三是结合北京市农业保险实际情况优化方案。北京市农业保险综合赔付率高，但是养殖业赔付率较低且稳定。因此，自2014年，经过与再保公司谈判，开始实行种养两业单独核算分别获得保障的再保险创新方案，使种养两业均有机会获得再保赔付。2015年，又将生猪价格指数保险从养殖业中分离，进行单独核算；同时将起赔点降至150%（经与再保公司谈判，由其免费提供10%区间的承保优惠），为直保公司提供了更大的风险保障区间。

三、运行成效

（一）农业保险财政补贴方面，对农民的风险保障作用逐步发挥

北京市农业保险制度建立以来，财政部门统筹支农资金，积极保障农业保险各项补贴支出。近年来，市级农业保险补贴资金每年预算约3亿元，市级支农资金用于农业方面支出每年预算约30亿元，农业保险补贴资金预算约占农业支出预算的10%。2007年以来北京市累计保费收入中，中央财政补贴3.75亿元，占9.5%；北京市财政补贴17.02亿元，占43.2%；区财政补贴8.51亿元，占21.6%；农民（含企业）自筹10.12亿元，占25.7%。10年累计提供风险保障资金1016.9亿元，相当于政府出资1元为农户购买了60元的风险保障，

农民支付 1 元就可获得 100 元的风险保障，资金杠杆放大作用分别近 60 倍和 100 倍。

（二）在经营管理费用补贴方面，保障了保险公司的稳定运营

2007 年至 2016 年，北京市累计保费收入 39.4 亿元，赔付支出 31.7 亿元，简单赔付率 80.6%，期间累计给予保险公司农业保险经营管理费用补贴 3.4 亿元。以此测算，加入经营管理费用补贴后，北京市农业保险赔付率下降为 74.2%，接近保险行业盈亏平衡点 70%，有效保障了保险公司经营的稳定性。在实践中，经营管理费用还成为政府管理商业保险公司的有力抓手。每年对公司进行考核，通过考核拨付经营管理费用，促进保险公司主动加强内部建设，努力提升服务水平和服务质量，保证了北京市农业保险经营管理和服务的稳定性。

（三）在再保险补贴方面，实现了多重经济效益和社会效益

一是政府购买的再保险 4 次触发，为保险公司摊回一部分损失。北京市种植业赔付率非常高，2016 年人保公司种植业赔付率 174%，其中西瓜赔付率达到 816%；华农公司种植业赔付率 262%，其中露地蔬菜赔付率 1666%。为鼓励公司继续为农民服务，由政府统一为保险公司购买高赔付区间的再保险，替保险公司分担一部分压力。2014 年实行种养分开投保后，共累计四次实现再保险摊回赔款 3499.3 万元。二是节省了财政和农民的支出。再保险降低了直保公司的保险责任，这就使北京市的直保费率控制在较低水平上，总体上降低了直保保费支出规模。三是产生了较好的社会效应。为我国农业保险制度的完善作出了有益的探索和尝试，同时也为政府在巨灾风险发生时所扮演的角色和发挥的作用提供了新的尝试。

第二篇　北京市建立农业保险大灾风险分散机制

——农业再保险“北京模式”的创制

为完善政策性农业保险制度建设，加快建立农业再保险机制和巨灾风险分散机制，2009 年农业再保险机制“北京模式”正式建立运行，七年来累计为北京市政策性农业保险提供了 60.8 亿元的巨灾风险保障。

一、创制背景

为建立健全农业保险运行体系，将强农惠农政策落到实处，也为使相关农业保险公司在面临巨灾损失时，避免破产或无力赔付的困境，北京市政策性农业保险引入了再保险机制，由此建立起由农民、公司和政府三个主体，农民、商业保险公司、商业再保险公司和巨灾准备金四个层次组成的“多方参与、风险共担、多层分散”的农业保险风险防控制度架构。2007 北京市政府办公厅印发的《关于建立北京市政策性农业保险制度方案（试行）的通知》明确提出，第一层面：农民缴纳部分保费、承担部分风险，受灾出险后获得相应风险补偿；第二层面：商业保险公司按照保单合同约定承担农业风险损失；第三层面：商业再保险公司按照再保险合同约定承担商业保险公司农业风险损失中应分担部分；第四层面：建立巨灾风险准备金，用于补贴超出商业保险公司合同约定的农业风险损失。再保险机制属于第三层面的制度建设,是政策性农业保险制度不可或缺的重要组成部分。再保险机制规定,当发生巨灾时,让保险公司只承担160%以下的有限风险,超出部分风险通过再保险合约转移到再保险公司,超出再保部分由政府承担,解除了由于制度缺失可能给北京市政策性农业保险健康稳定发展带来的潜在隐患。

二、具体做法

2009年5月,北京市政府召开了关于政策性农业再保险的工作会议,议定建立政府主导、市场运作的政策性农业再保险机制,再保险方案主要包含以下两个主要内容:一是统一投保、单独核算。在与再保险公司谈判签订再保合同时,将北京市政策性农险作为统一整体,由政府集中投保,指定各保险公司为受益人。同时,考虑到各保险公司经营规模、管理水平不同而产生的超赔风险水平不同,在计算再保险起赔点时,实行各保险公司分别核算,任一公司赔付率超过160%时,即启动再保险的赔付工作。二是赔付区间确定为160%—300%。农险制度建立之初,政府与各保险公司签订《政策性农业保险合作协议》,明确了赔付率160%以上的风险由政府承担,赔付率160%即为再保险的起赔点。2009年5月,经过课题论证并听取专家建议,结合北京市政策性农业保险自身特点,按照"五十年一遇"的灾害水平,最终确定了再保险赔付区间160%—300%的再保险方案。

随着北京市政策性农业保险的快速发展,创新险种不断增多,承保结构和承保内容也趋于复杂,直保公司的赔付水平一直处于较高水平(2015年达到93%,历年累计平均为82%),直保公司赔付压力较大,对再保也提出了更高的风险分散需求。为此,自2014年,经过与再保公司谈判,开始实行种养两业单独核算分别获得保障的再保险创新方案,使种养两业均有机会获得再保赔付。2015年,又将生猪价格指数保险从养殖业中分离,进行单独核算;同时将起赔点降至150%(经与再保公司谈判,由其免费提供10%区间的承保优惠),为直保公司提供了更大的风险保障区间。

三、运行成效

（一）为农业提供了切实的风险保障，保证了保险公司经营的稳定性

2007年至今，北京市出现较高赔付率的情况共有六年十次，其中种植业九次，养殖业一次，分别是：（1）2008年中国人民财产保险股份有限公司北京分公司种植业赔付率为146.2%；安华农业保险股份有限公司北京分公司种植业赔付率为175.7%。（2）2012年安华农业保险股份有限公司北京分公司种植业赔付率为171.7%。（3）2013年中国人民财产保险股份有限公司北京分公司种植业赔付率为173.1%；中华联合财产保险股份有限公司北京分公司种植业赔付率为147.3%。（4）2014年中国人民财产保险股份有限公司北京分公司种植业赔付率为169.7%。（5）2015年中国太平洋财产保险股份有限公司北京分公司养殖业赔付率为138.3%。（6）2016年华农财产保险股份有限公司北京分公司种植业赔付率为262.07%；中国人民财产保险股份有限公司北京分公司种植业赔付率为174.1%；中国平安财产保险股份有限公司北京分公司种植业赔付率为225.9%。2014年实行种养分开投保后，累计共四次实现再保险摊回赔款3499.3万元。特别是2016年房山地区遭遇两次特大暴雨灾害，华农财产保险股份有限公司北京分公司种植业赔付率在2016年前三季度即达到262.07%，损失较大，已严重影响其正常业务开展；为此，通过启动再保险预赔机制，使华农财产保险股份有限公司北京分公司于2016年12月提前获得了再保险赔款1451.82万元，有力地保证了华农财产保险股份有限公司北京分公司的正常经营，体现了再保险的稳定器作用。

（二）直接节省了财政保费补贴支出，也同时减轻了农民的保费负担

北京市通过引入再保险机制，将160%—300%的风险区间转移至再保险公司，降低了直保公司的保险责任，这就使北京市的直保费率控制在较低

水平上，总体上降低了直保保费支出规模；相应的财政保费补贴支出也得到有效节省，也减少了农户自筹部分的保费支出。若取消农业再保险而让直保公司自担全部风险，考虑到保险公司的承受能力和目前赔付水平，现有的费率应至少增加 1 个百分点，按此标准测算，2009—2016 年北京市实际保费收入累计 36. 2 亿元，若无再保险机制，预计总体保费累计将增加 6. 06 亿元左右，其中财政补贴支出累计将增加 4. 55 亿元左右（按中央、市区两级补贴 75%计算），农户自筹部分累计将增加 1. 51 亿元左右；而在此期间再保险保费累计支出约 2. 1 亿元，即政府和投保农户至少节约了 3. 96 亿元的资金。

（三）产生了较好的社会效应

北京市再保险机制建立，受到了社会各界的广泛关注和好评，先后有 130 余家国内外媒体进行了报道，被业内称为“北京模式”。北京市在全国率先通过政府直接购买再保险，创新了政策性农业再保险的运作方式，创新了财政支农资金的使用方式，创新了政策性农业保险的工作机制，对丰富全国政策性农业保险管理模式具有十分重要的意义。

四、发展方向

目前全球再保险市场中，开展农业再保险业务的公司数量较少，如何引入更多再保公司积极参与竞争，是今后继续努力解决的问题。值得关注的是，农业巨灾的基本特征是发生频率低、损失大、预测难，北京市再保险制度设计上也是按“五十年一遇”标准设计，但从再保险触发实际情况看，过去八年北京市农业保险有可能实现触发再保险的情况共六年十次，累计实现再保险摊回 3499. 3 万元。这种情况对再保险来说属于正常。但从短期效益来评判的话，相对于 2. 1 亿元的再保保费支出，经济效益偏低（不包括对财政补贴和农民保费的节约），再保工作面临较大舆论和心理压力。根据近年来的实践经验，再保险制度已成为北京市政策性农业保险制度不可缺少的有机组成部分，具有一定的先进性，自设立之日起，即产生了良好的经济效益和社会效益，并节约了政府财政补贴和降低了农民的保费支出,同时又充分发挥了再保险的保障功能,对政府、保险公司及投保农户来说都发挥着不可或缺的作用。下一步,北京市将继续根据政策性农业保险工作出现的新情况,不断优化方案,进一步完善价格形成机制,为政策性农业保险的健康稳定发展作出更大贡献。

第三篇　河北省阜平县探索保险扶贫新路径

阜平县是太行深山区、革命老区、国家级贫困县，是“燕山—太行山片区区域发展与扶贫攻坚试点”。为落实习近平总书记“实施精准扶贫，增强内生动力”的重要批示精神，2014年7月，河北省出台了《关于支持阜平创建金融扶贫示范县的实施意见》，把保险作为金融扶贫的突破口，效果初步显现。

一、具体做法

（一）创新模式，采取“联办共保”模式推进农险发展

2014年11月，阜平县政府制定了《阜平县农业保险联办共保实施方案》，采用“联办共保”模式推进农业保险，即县政府和保险公司承保、理赔均按照5∶5比例进行联办共保，双方份额可根据业务发展适时进行调整。双方均设立农业保险专用账户，接受上级和同级财政、审计和保险监管部门的监督检查。当地建成了由县金融服务中心、乡金融工作部、村金融工作室构成的县乡村三级金融服务网络，覆盖全县13个乡镇209个村，为金融保险扶贫奠定了坚实的组织保障。保险公司和政府分别利用技术优势和行政资源协同推进农业保险，降低了农业保险推进工作的成本和难度。

（二）创新机制，积极营造“保险+信贷”的县域普惠金融格局

着力破解县域经济和“三农”发展难题，大力发展“保险+信贷”的县域普

惠金融格局，充分激发金融支持贫困地区脱贫攻坚的内生动力。县政府成立注册资金1.3亿元的惠农担保公司，对参加农业保险并有资金需求的农业经营主体提供贷款担保，农业保险保单可作为惠农担保公司的反担保。凡参加农业保险和三户联保的农户，经过“村推荐、乡初审、县惠农担保公司和银行联合审查”的工作流程后即可获得贷款。农户按时偿还贷款本息后，由财政部门给予农户50%贴息。

（三）创新产品，开发特色农险，保障农户生产成本收益

按照“中央支持保大宗、保成本，地方支持保特色、保产量，有条件的保价格、保收入”的要求，除中央财政保费补贴型农业保险外，根据阜平县当地的农业种养特色，开办大枣、核桃、肉牛、肉羊成本价格保险，养鸡保险，种羊养殖保险6种县级财政补贴险种，县政府提供60%的保费补贴，参保农户自己承担40%。成本价格保险既保障灾害事故造成的产量损失，又保障市场价格下跌损失，锁定了农户农业生产成本收益。

二、运行机理

（一）发挥政府主导作用是前提

习近平同志在河北省阜平县考察扶贫工作时指出，“扶贫开发要坚持政府主导”。政府行政力量与保险市场机制的有机结合，是提升金融扶贫精准性和可持续性的关键。阜平县政府发挥组织协调优势，提供保费补贴、担保增信等政策支持，建设金融服务网络，促进保险与农户、服务与需求的有效对接，提高了金融扶贫的精准度；阜平县政府推进农村诚信体系建设，严厉打击骗保、骗贷及恶意违约行为，优化金融生态环境，提升了金融扶贫的可持续性。此外，阜平县政府一次性注资3000万元设立保险基金，并建立了巨灾风险准备金制度，为保险扶贫项目的可持续性提供了坚实保障。

（二）运用保险机制作用是核心

一是丰富农业保险品种。通过产品创新、保费补贴等措施，实现农业保险“三个全覆盖”，即在险种上覆盖全县主要种养品类，在参保面上覆盖绝大多数种养业农户，在风险因素上覆盖一般性经营风险。二是兜住民生保障底线。阜平县为全县农户投保平安综合保险，提供人身意外险保额5万元、家庭财产险保额1.85万元的综合风险保障，保费由县财政全额承担，总计提供29.66亿元的人身风险保障和10.97亿元的家庭财产风险保障，有效承接政府管理职能，兜住民生保障底线。

（三）建立普惠金融格局是支撑

保险机构通过开展农业保险、借款人意外险及贷款保证保险等业务，从贷款链条中转嫁自然灾害、意外及信用风险，有效稳定金融机构的风险预期，帮助贫困农户更加容易地获取贷款，有效解决了金融机构经营成本高、风险大和农户贷款难、贷款贵，抵御市场风险能力弱的问题，实现政府、银行、保险机构与农户或农企的多方良性联动，形成了一条具备内生动力的金融扶贫服务链。

三、成 效 初 显

（一）农户风险保障显著增加

2016年，阜平县共办理农业保险1039笔，为188个村的5.48万户农户累计提供风险保障13.7亿元，为103个村1.8万户农户支付保险赔款1980.84万元。其中，为参与县域八个富民产业的3.01万户（次）农户提供风险保障2.42亿元，累计为5487户（次）农户支付保险赔款1616.93万元。

（二）富民产业快速发展

在农业保险全覆盖提供风险保障、银行贷款随之跟进后，阜平县大枣、核桃、肉牛、肉羊等富民产业快速发展，食用菌产业从无到有，初具规模。2016

年,全县食用菌种植发展到1万亩,建成3500个大棚,直接参与农户6260户,覆盖贫困户3316户,实现年产值1.03亿元;新增中药材种植面积3万多亩,总面积达到4.1万亩,总产值1.03亿元,效益9648万元,带动贫困户2230户5421人,户均增收2.09万元。

(三)有效优化政府扶贫资源配置

2016年,阜平县县级财政补贴农险保费资金共计1400万元,撬动了2794.46万元的保险资金,使全县农户获得了13.7亿元保险保障,资金的杠杆效应达到近百倍,显著放大了扶贫资金的使用效能,提高了扶贫资源配置的科学性和精准性。

(四)脱贫攻坚效果初步显现

阜平县贫困农民增收明显,贫困人口大幅减少。2016年实现财政收入3.61亿元,全县人均收入达到6700元,较2014年翻了一番,贫困人口下降到2.88万人,有7.93万贫困人口成功脱贫,贫困发生率下降到了14.8%。

四、下一步工作

(一)加强与地方部门的沟通协调,在全省推广阜平"联办共保"模式

按照《国务院关于加快发展现代保险服务业的若干意见》,中央支持保大宗、保成本,地方支持保特色、保产量,有条件的保价格、保收入原则,认真贯彻落实《农业保险条例》和《河北省政策性农业保险试点工作方案》《中国保监会国务院扶贫办关于做好保险业助推脱贫攻坚工作的意见》等文件精神,积极同省直有关部门及基层政府沟通联系,研究差异化补贴政策,通过"联办共保"运营模式,提高保障程度和农业保险覆盖面,实现"愿保尽保",将农业保险这一支农惠农政策落到实处。

（二）加强指导，创新农险产品和经营模式

加强对保险公司的指导，不断创新农业保险经营模式，通过创新提高农业保险服务水平。结合地方实际，因地制宜研发系列化、多样化的特色农业保险产品，不断满足农民对农业保险的多样化需求。

（三）加强宣传，提高农民对农业保险的认识

深入开展保险进农村活动，鼓励保险公司通过多种形式加强对农民现代保险知识的教育和宣传，使农民认识保险、认同保险，懂得运用保险分散农业生产过程中的各类风险。

第四篇　黑龙江省开展农业财政巨灾指数保险试点

为解决财政救灾资金“无灾小灾花不出、大灾巨灾不够花”、贫困地区“因灾致贫、因灾返贫”等问题，2016年黑龙江省开展了农业财政巨灾指数保险试点。

一、基本情况

（一）承保情况

2016年7月1日，阳光农业相互保险公司分别与黑龙江省财政厅、瑞士再保险公司签订农业财政巨灾指数保险单及再保险合同，由阳光农业相互保险公司承保，以80%的比例分保给瑞士再保险公司。投保主体为黑龙江省财政厅，保险区域为黑龙江省28个贫困县，总保费1亿元，保障程度23.24亿元，其中，干旱指数保险保额11.42亿元，低温指数保险保额2.86亿元，降雨过多指数保险保额5.71亿元，洪水淹没范围指数保险保额3.25亿元。

（二）理赔情况

目前共计赔款8551.721万元，其中干旱指数保险赔款5055.67万元，降水过多指数保险赔款3484.811万元，低温指数保险赔款11.24万元。

二、具体做法

（一）确定巨灾指数保险的气象因子

黑龙江省干旱、低温、降雨过多和流域性洪水是影响农作物的主要灾害，试点中包含这四种灾害类型设定保险产品，对每个险种设定相应触发因子。

1. 干旱指数保险

干旱指数即标准化降水蒸散量指数（SPEI），该指数由指定气象站测得的温度、降水量和纬度数据经模型计算求得。

2. 低温指数保险

低温指数指稳定通过 10℃ 的积温，采用五日滑动平均算法得出，该指数由指定气象站测得的温度数据经模型计算求得。

3. 降水过多指数保险

降水过多指数是由指定气象站观测得到的累计降雨量数据经模型计算求得。

4. 洪水淹没范围指数保险

洪水淹没范围指数是指将投保区域的耕地按照 1.65 公里×1.65 公里的范围（即 2.7225 平方公里）标记 1 个点，经卫星影像和雷达数据分析出洪水淹没的点的个数，即洪水淹没范围指数，该数据由中国科学院遥感与数字地球研究所（以下简称“遥感所”）提供。

（二）确定农业巨灾指数保险的关键阶段

干旱指数保险的关键阶段为 2016 年 6 月 1 日至 2016 年 8 月 31 日、2017 年 5 月 1 日至 2017 年 5 月 31 日；低温指数保险关键阶段为 2016 年 1 月 1 日至 2016 年 12 月 31 日；降水过多指数保险关键阶段为 2016 年 6 月 1 日至 2016 年 10 月 10 日、2017 年 4 月 1 日至 2017 年 5 月 31 日；洪水淹没范围指数保险关键阶段为 2016 年 6 月 31 日至 2017 年 5 月 31 日。

（三）理赔流程及各方责任

1. 气象指数保险（包括干旱、低温和降水过多指数保险）

（1）黑龙江省气象服务中心提供指定气象站观测数据，发送至遥感所、省财政厅及阳光公司。

（2）遥感所整理出具有相应指数和相关保险赔款等信息报告，并发送至省财政厅及阳光公司。

（3）阳光公司向省财政厅支付赔款。

（4）阳光公司将正式损失通报书、支付凭证等报告发送至瑞士再保险公司。

（5）瑞士再保险公司按合约向阳光公司支付赔款。

2. 洪水淹没范围指数保险

（1）黑龙江省防汛抗旱指挥部将洪水时间信息发布至阳光公司和省财政厅。

（2）阳光公司向遥感所发布任务请求。

（3）遥感所通过卫星数据提供单位获取卫星数据，并整理出洪水事件影响的分布点的数量和相应赔款等信息的报告，提供至阳光公司。

（4）阳光公司向省财政厅支付赔款。

三、运 行 机 理

根据模型分别计算出 28 个县的四种指数保险的触发点，并根据历史气象资料每年调整一次。

（一）干旱、低温、降水过多指数保险赔付计算公式

当实测指数小于触发点 1 但大于触发点 2 时，启动赔付，赔付金额为：

（触发点 1-实测指数）×单位赔付标准 1；

当实测指数小于触发点 2（含）时，赔付金额为：

（触发点 1-触发点 2）×单位赔付标准 1+（触发点 2-实测指数）×单位赔

付标准2。

（二）洪水淹没范围指数保险赔付计算公式

赔付金额=（洪水淹没范围指数-触发点）×单位赔付标准+基准赔偿金额

四、取得成效

（一）开创了政府与商业保险合作的新模式

政府通过购买保险服务的方式充分发挥了保险在风险管理、辅助灾后重建等方面的优势，同时体现了政府运用保险机制提升突发事件应急管理和抗灾救灾的效率。

（二）弥补了传统农业保险巨灾保障功能的不足

农业财政巨灾指数保险从三个方面弥补了传统农业保险保障的不足：一是提高了保障程度，农业巨灾指数保险的保障条件与传统农业保险的保障条件互相补充；二是承保区域易遭受巨灾，农业巨灾指数保险承保区域为黑龙江省全部28个贫困县，这些贫困县极易遭受自然灾害侵袭；三是农业巨灾指数保险涵盖的灾害类型全面。据历史灾害数据统计，干旱、洪涝、低温、冰雹等自然灾害是导致黑龙江省农业减产的主要灾害类型，其直接经济损失占总损失的80%左右，尤其在投保区域，选定的四种指数保险，基本覆盖了该区域的易遭受灾害类型。

（三）创立了财政资金实现精准扶贫的新机制

农业财政巨灾指数保险扩大了传统农业保险的扶贫机制，创立了利用财政资金实现精准扶贫的新机制：其一，承保区域针对黑龙江省的28个贫困县。其二，赔款全面覆盖贫困县的贫困户效果；其三，设置了巨灾和一般灾害两层触发点，一般灾害的触发点容易启动，发生较轻灾害的时候，政府也可以利用赔付资金救助受灾的贫困农户，帮助农户恢复生产生活。

（四）建立了农业保险对“三农”的精准救灾机制

农业巨灾指数保险建立了对“三农”的精准救灾机制：其一，改变了救灾资金筹集的机制，解决了传统灾后筹集资金难的问题；其二，放大了救灾资金，购买农业财政巨灾指数保险，只需付出较少的保费，利用保险的杠杆效应放大了救灾资金，实现更好的抗灾救灾效果；其三，资金使用更加灵活，财政部门获得赔款后很快用于恢复农户生活、再生产、修复农房等抗灾救险的各个方面。

（五）提供了更科学保险保障的方式

与传统农业保险相比，农业巨灾指数保险为农业生产提供保险保障，体现在以下几个方面：其一，保险条款透明化，条款的制定是由再保险人、保险人和投保人共同制定的；其二，费率厘定客观化，费率是由承保区域内多年的气象数据进行分析厘定的；其三，赔付依据科学化，农业巨灾指数保险的赔付按照气象数据、雷达技术和卫星技术制定的阈值作为赔付的依据，避免了人为因素的影响；其四，赔付金额准确化，在气象数据、雷达数据和卫星遥感数据的支持下，自动计算出唯一的赔付金额。

五、试点改进情况

由于2016年首次在黑龙江试点巨灾保险项目，实施过程中发现了一些问题，如：如何准确确定农作物的关键生长期、如何突出28个贫困县各自的风险特点、如何界定流域洪水的保障区域等问题。为此，2017年从以下两方面对方案进行了完善：

（一）气象部分

一是28个县分别制定投保方案，各自设定阈值；二是按照作物关键生长期划分细化的投保周期；三是选择简便易操作的灾害指标作为依据。

（二）水利部分

一是优化投保区域，剔除部分不具可保利益的区域；二是合理降低起赔点；三是更新防洪设施数据。

通过修订完善保险方案，降低了理赔触发条件，由各贫困县自主选择投保险种和指数测算区间，总保费 1 亿元，总保额调整为 13.25 亿元。

第五篇　黑龙江省垦区开展主粮作物分档保险

近年来,黑龙江垦区开展水稻、玉米、大豆、小麦四种主要粮食作物分档次保险,满足了不同农业生产者的需求,收到了明显成效。

一、基本情况

2013年至2016年,黑龙江垦区种植险总保费收入62.64亿元,总承保面积1.43亿亩,投保103.66万户次,提供风险保障812亿元,赔付金额共计50亿元,理赔57.58万户次,赔付率为79.69%,户均赔款2200元。

二、主要做法

垦区农业生产大量采用现代先进机械,采取高投入、大面积作业的模式,农户种地投入成本高,面临风险大,对农业保险的高保障需求强烈。因此,在垦区开展的农业保险,采取了分档次投保的模式,以满足垦区农户多样化的保险需求。其中,水稻亩保险费分为40元、45元和50元三档,保额分别为670、760、820元/亩;玉米、大豆、小麦三种粮食作物的亩保险费分为40元、45元、50元和55元四档,各作物保额最高分别为570元/亩、500元/亩、500元/亩。农场和农户可根据补贴能力和交费意愿,自愿选择档级,目前垦区各作物平均保额为水稻736.42元/亩、玉米464.87元/亩、大豆410.35元/亩、小麦

404.18 元/亩。高保障农业保险档次有增大趋势,为垦区农业生产提供了良好的保险保障。

三、具体措施

(一)加强领导

农业保险是国家惠农政策的具体体现,黑龙江垦区各管理局、农(牧)场高度重视,实行主要领导负责制,协调、推动农业保险工作,并把年度农业保险补贴计划纳入财务预算内管理,确保保费补贴及时到位。

(二)统一组织,协同推进

垦区财务部门负责保费补贴资金的预算、筹集、拨付、结算、监督等工作;农业、畜牧、林业部门协助保险公司做好灾情查勘、定损、理赔鉴定和技术服务工作;气象、水利部门及时分析天气形势,预报可能出现的农业灾情,以便及早防范,减少农业损失;纪委、检察、审计等部门在农业保险查勘定损、理赔过程中充分发挥监督作用,确保农业保险工作公平、公正、公开。

(三)强化监督检查工作,防范道德风险

一是垦区各管理局及农(牧)场农业保险工作领导小组及时对本地区农业保险进行监督检查,及时发现并解决问题。二是农垦总局农业保险工作领导小组组织有关部门对垦区农业保险开展情况进行定期和不定期检查。对各农(牧)场、保险经办机构或个人利用农业保险牟取不正当利益,提供虚假材料、虚构合作社和种植大户、虚假理赔以及增加垦区农户负担、骗取补贴资金等问题,严格按照相关法律法规处罚,情节严重的移交司法机关处理。

(四)夯实保险服务体系建设

阳光农险公司在黑龙江垦区依托农牧场、管理区、作业站,建立了一整套的农业保险基层服务体系;在各管理区先后建立 200 多家“三农”保险服务

站，在作业站建立2100多个服务点。农业保险基层服务体系实现“网点连成片、服务面对面”，大大提高了公司的保险服务能力和水平。

（五）抓承保理赔管理，提高服务水平

农业保险本质上是国家的一项惠农政策，必须严格按照“五公开、三到户”的要求，做好承保理赔业务管理。一是强化验标，认真核实农户土地权属关系，确保承保的真实性。二是强化承保、理赔公示，要求必须在管理区显著位置张贴公示至少三天，并留存影像资料。三是坚持分级抽查定损审核制度，结合专家年景评价工作机制，提高核灾定损的准确性和效率。四是农险赔款全部实现零现金发放。

（六）科学开展再保险，有效分散风险

科学测算和设计种植险赔付率超赔再保合同，确保防范“五十年一遇”的农业巨灾风险。其中，2013年阳光农险公司在科学预判农业年景的基础上，提高了分保的保障程度，加大分出份额，大灾之年最终摊回赔款4.3亿元，平抑了因2013年黑龙江涝灾带来的经营风险。2016年大旱之年公司再次摊回农险赔款8亿元，有效平抑了经营风险。

四、取得的成效

（一）对垦区农业经济补偿作用显著

农业保险赔款已成为农民灾后恢复生产和灾区重建的重要资金来源，成为了保障农业生产、促进农民增收和维护农村稳定的重要途径。由于垦区开展了“高保障全覆盖”农业保险，高保障带来了高赔偿，四年来赔款总额达到了52.32亿元，通过保险的杠杆作用将中央财政补贴的惠农效用放大了1.28倍。尤其是2016年黑龙江农业灾害期间，赔付21.67亿元，约占当年垦区农业直接经济损失的15%。

（二）促进农民稳定增收

2016 年赔款 21.67 亿元，受益农户 13 万户，户均减损增收 16669 元，约占全垦区 2016 年度人均可支配收入的 60%。尤其是垦区九三管理局遭受了严重的旱灾影响，赔付金额达到了 55208.35 万元，赔付率达到了 391.5%，理赔户数 1.45 万，户均赔款 3.8 万元，是垦区九三管理局 2016 年度人均可支配收入的 2.17 倍。及时的赔付有效防止了受灾农户因灾致贫、因灾返贫，为稳定农民收入发挥了强有力的保险保障作用。

（三）促进垦区社会稳定

农业保险的社会管理职能，使垦区对农业灾害损失由事后的救济变为事前防范和灾后经济补偿，有利于维护农村社会生活稳定。例如，在 2013 年黑龙江省内遭受重大洪涝灾害和 2016 年农业灾害期间，保险公司及时赔付的同时，积极协助各管局农场开展防灾救灾工作，在灾后稳定方面发挥了突出作用。

第六篇　黑龙江省农垦290农场开展水稻收入保险试点

2016年中央一号文件提出“探索开展重要农产品目标价格保险，以及收入保险、天气指数保险试点”；同年12月，国务院办公厅发布《关于完善支持政策促进农户持续增收的若干意见》（国办发〔2016〕87号），明确提出农业保险“从覆盖直接物化成本逐步实现覆盖完全成本”。为贯彻落实有关精神，阳光农业相互保险公司在黑龙江农垦宝泉岭管理局290农场（以下简称290农场）开展了水稻收入保险试点。

一、基本情况

2016年，阳光农业相互保险公司在290农场承保水稻收入保险面积47.3万亩，参保农户3128户次，保费收入2601.46万元，提供风险保障5.54亿元。8月末受“狮子山”台风及9月持续降雨影响，试点单位的水稻出现部分面积的倒伏，部分低洼地号水稻浸在水中，出现发芽霉变、千粒重下降等受灾情况。9月末，经保险公司和农户代表联合查勘和定损，最后确定保险赔款金额为2415.1万元，赔付率92.8%，受灾获赔农户2866户，受灾农户户均赔款8426元，农户向某某获得保险赔款119817元，获得赔款最多。保险赔款全部通过银行转账的方式，直接支付给受灾农户。

2017年，阳光农业相互保险公司继续在290农场承保水稻收入保险，承保面积47.3万亩，参保农户3140户次，保费收入2605.4万元，提供风险保障

5.54亿元。

二、具体做法

（一）紧扣农户需求，丰富保险产品

黑龙江垦区农户单户种植面积相对较大，以290农场为例，2016年全场水稻种植面积47.3万亩，农户2866户，水稻户均种植面积165亩。垦区农业田间机械化程度高，种地投入大、风险高，一旦遭受大灾，农户将面临重大损失，因此农户对提高水稻风险保障有着非常迫切的需求。针对这种情况，阳光公司研发和推出了水稻收入保险试点，使水稻的保险保障由原来保直接物化成本的820元/亩提高到1170.2元/亩，约占完全成本的90%，基本满足了农户的需求。

（二）科学分析测算，确定起赔产量

起赔产量是水稻收入保险中最重要的关键要素之一。阳光公司认真调查了290农场水稻前5年单位面积产量，结合地理条件、耕作方式和历史受灾等情况，与农场农业部门共同分析和测算，综合平衡考虑农户和保险公司的利益关系，并借鉴国际上收入保险的成功经验，最终按前5年平均产量503.3公斤/亩的75%确定起赔产量为377.49公斤/亩。如参保农户水稻单产低于377.49公斤/亩，就会得到赔款。

（三）确保公平公允，约定赔付价格

赔付价格是水稻收入保险中另外一个关键要素。目前，水稻不是国内期货交易品种，在约定价格时无法参考，为充分调动农户的参保积极性，在市场调查的基础上，经过与农场和农户多次协商，最后约定赔付价格为3.1元/公斤。可以说在投保时农户就锁定了当年收入，农户对保险合同约定的这个赔付价格非常满意，认为它很公平、合理。

（四）合理厘定费率，让利于民

试点起赔产量为377.49公斤/亩，约定赔付价格为3.1元/公斤，保险金额为1170.2元/亩。经分析测算，试点时采用了较低的费率水平，厘定费率为4.7%，亩保费55元。试点中采取了物化成本之上附加保额的做法。290农场水稻常规物化成本保险保额820元/亩，保费50元/亩，中央财政补贴65%，即补贴保费32.5元。水稻收入保险承保时，保额1170.2元/亩，超出物化成本350.2元/亩，超出物化成本部分的保费由农户承担。最终保费构成为：中央财政补贴32.5元/亩，占59.09%；农场补贴5元/亩，占9.09%；农户个人承担17.5元/亩，占31.82%。

（五）坚持绿色发展，严守合规底线

试点中严格落实"五公开、三到户"的农业保险要求，确保业务依法合规。一是坚持以农场土地承租合同为基础，核实投保农户信息，确保参保农户有真实种植行为（各项农业补贴国家要求是补给种植户，实际落实中往往种植户和土地出租方存在很大的争议）。二是严格执行投保、理赔公示制度，确保投保、理赔等关键环节阳光操作，接受农户的监督。除传统的公示方法外，大规模推行电子显示屏、电视公示，全面实现网上公示（农险客户自主查询系统上线）。三是在开展业务过程中，紧密依靠农场支持。290农场各级领导都非常重视水稻收入保险试点工作，公司借助农场行政助推力量，牵头召开秋收定损大会并由农场办公室发布《2016年秋收作物核灾定损工作方案》。定损会上，农场场长、分管农业的副场长、农业科、纪委、监察室、计财科、基层管理区的主任、会计、技术员等人全部参加会议，领会会议精神。阳光公司保险社主任在会上对秋收核灾定损和理赔工作进行详细部署和业务培训，确保测产定损工作公平、公正和公开。

三、运行机理

水稻收入保险实行"产量、价格"双保，即实际水稻收入低于预期收入时，

保险公司按照两者差额赔偿。传统农险只能保障产量风险,而收入保险能够为农民提供产量和市场双重风险保障。水稻收入保险发生保险责任范围内非全部损失,且实际亩产值低于亩保险金额时,赔偿金额=(保险亩产值-实际亩产值)×受灾面积。其中:实际亩产值=实际亩产量×实际价格,实际价格以当年国家公布的最低收购价为准,2016 年执行的标准为 3. 1 元/公斤。成灾后只要超过起赔点时(290 农场为亩产 377. 49 公斤),再每减产 1 公斤就根据当年的 3. 1 元国家水稻保护价赔付对应保额。

四、取得的成效

首先,试点对水稻产量和价格风险进行了双重保护,一定程度上起到了替代最低收购价的作用。

其次,保障水平由原来保直接物化成本大幅提高到基本覆盖水稻生产全部成本,锁定了水稻种植户的收入预期。2016 年试点农场户均赔款 8426 元,占该农场 2016 年户均纯收入的 40%左右,保险赔款成为保障农业生产、促进农民增收、防止返贫致贫和维护社会稳定的重要途径。

再次,对参保农户起到良好的增信作用。水稻收入保险保障程度高,减少了金融机构的放贷风险,相当于为农户增加了“贷款信誉”,促进了农村金融市场的发展。

总体而言,试点达到了三个满意:一是农户满意。试点农户获得赔款后高兴地说:“水稻收入保险给我们种地吃了定心丸,有了水稻收入保险,我们只要安心种好地、多打粮就行了。”二是农场满意。农户受灾了,也不找农场要救济、要困难补助,有保险公司兜底,各种矛盾和纠纷也减少了,农场土地出租收入稳定,社会也稳定了。三是保险经办机构满意。保险公司拓展了农业保险服务领域,从原来的只保自然灾害风险到保自然灾害和市场价格双重风险,不仅增加了保费收入,也更好地发挥了农业保险在农业风险保障中的核心作用。

第七篇　上海市“保淡”绿叶菜成本价格保险

2010年下半年，上海市场绿叶菜价格涨幅过大，为防止市场价格波动造成“菜贱伤农”，上海在国内率先推出了“保淡”绿叶菜综合成本价格保险，以稳定和增加郊区蔬菜种植面积，调动和保护菜农的种菜积极性，切实提高本地应季蔬菜的自给能力，达到稳定蔬菜生产、稳定市场供应和稳定市场菜价的目标。

“保淡”意指保障淡季绿叶菜的稳定供给。当绿叶菜在保险期间内，市场价低于合同约定的成本价时，保险公司根据价差比例对绿叶菜生产者进行补偿。

一、具 体 做 法

每年由上海市农业部门联合国家统计部门、商业保险公司等多方主体，对保单要素以及具体实施方案措施进行商定，然后由农业部门下发年度“淡季”绿叶菜成本价格保险实施方案，规定当年的具体实施细节，每年方案内容均会根据前期的实施情况有所调整。具体做法如表8所示。

表8　“保淡”绿叶菜综合成本价格保险的相关要素表

保险要素	具体释义
投保人	蔬菜龙头企业、专业合作社、蔬菜园艺场和重点种植大户为主，2亩以上的绿叶菜种植散户由所在镇、村统一组织投保

续表

保险要素		具体释义
保险期间	夏　淡	经历年调整,稳定在6月16日至9月15日
	冬　淡	经历年调整,稳定在12月15日至次年3月15日
保障范围	夏　淡	青菜、鸡毛菜、杭白菜、米苋和生菜,共5种绿叶菜
	冬　淡	青菜、杭白菜,共2种绿叶菜
保险面积	夏　淡	共13万亩次
	冬　淡	共8万亩次
保险金额		保险产量(约亩均产量的70%)与单位生产成本乘积
保险费率		经历年调整,稳定在10%
保费	投保人自缴	自缴保费比例不低于10%
	政府补贴	自缴部分以外全部由政府补贴。其中市级财政补贴50%,各区县根据财力予以配套。近年具体实施中基本上海所有区县的保费财政补贴比例都达到90%上限
保险责任		保险期间内当市场平均零售价低于保单约定价时,则按其跌幅同比例进行相应赔付;高于保单约定价的则不发生赔付

在保险金额这项要素中,单位生产成本指的是绿叶菜生产投入的物化成本,此成本随着生产投入的变化而变动,近年因物价上涨等原因,物化成本呈现上升趋势。

在保险责任这项要素中,市场平均零售价是国家统计局上海调查总队CPI采价小组每日采集到的相关蔬菜在18家标准化菜市场的零售价格。由权威的、中立的第三方采集数据,保证所采用价格数据的权威性、公正性和公开性。

保单约定价是指纳入前三年各年蔬菜价格涨幅和当年度绿叶菜综合成本指数考虑后,保险前三年实际价格的平均值。

当市场价低于合同约定价时,保险公司根据价差比例对绿叶菜生产者进行补偿。

赔偿公式为:

$$赔偿金额=a\times\frac{(b-c)}{b}\times d$$

其中,a 表示保险金额,b 表示保单约定价,c 表示保险期间市场零售价,d 表示保险亩数。

保单约定价为:

$$b = \frac{p_3(1+r_1)(1+r_2)(1+r_3)+p_2(1+r_1)(1+r_2)+p_1(1+r_1)}{3} \times (1+e)\%$$

其中 p_n 表示 n 年前保险蔬菜品种的同期市场价格,其中 $n=1、2、3$。r_1表示保险年度前 1 年保险期间(如“夏淡”为 6—9 月)各月蔬菜价格涨跌幅度,r_2表示保险年度前 2 年保险期间各月蔬菜价格涨跌幅度,r_3表示保险年度前 3 年保险期间各月蔬菜价格涨跌幅度。e 为绿叶菜综合成本指数。

二、运 行 机 理

农产品价格保险利用风险分散和对农民进行风险补偿来达到降低农业生产者损失的目的。基本操作方式是保险公司设计出应对农产品价格风险的保险产品,并与投保的农业生产者签订保险合同。当发生农产品实际价格低于保险合同中规定的保障价格的保险责任事故时,商业保险公司负责定损与理赔工作;政府对商业保险公司提交的保险方案进行审核,并按照政策目标提供一定比例的保费补贴。

农业生产者购买农产品价格保险就是利用保险机制来扩大最大收益与锁定最大损失。由表 9 我们可以看出,价格保险能很好地帮助农业生产者管理农产品价格下跌带来的风险。

表 9　价格保险购买比较

	农产品价格下降	农产品价格上升
购买价格保险	获得高于市场价格的收益;最大收益随着价格下跌幅度增大而增大;获得安全感与计划性	最大损失为保费;获得安全感与计划性
未购买价格保险	最大损失随着价格下跌幅度的增大而增大	最大收益随价格上升的幅度增大而增大

农产品价格保险具有很强的政策性，是政府支农惠农目标通过保险这一市场化手段的体现。它的目标性主要通过农产品价格保险的制度设计以及保险产品中保障水平高低与保费补贴多少来体现，农产品不同的保障水平和保费补贴比例体现了不同的政策目标导向。

在运行过程中需把握好两个关键环节：

（一）承保环节

农业主管部门计划安排各个区县绿叶菜生产的品种、种植面积、茬口等投保计划内容，区县相关部门将投保计划分解到相关乡镇和基地，并做好行政动员工作，引导农业生产者完成投保工作。农业保险公司做到“四个一”原则，即“一种、一户、一期、一单”分开投保，全面落实清单到户。确保农民按照计划进行生产的积极性，保证绿叶菜的均衡生产和均衡上市，避免出现绿叶菜集中上市导致菜价大起大落现象。

（二）理赔环节

“保淡”绿叶菜综合成本价格保险的理赔方式是传统保险理赔的“反向操作”，并非由出险者联系保险公司，而是公司发现出险后主动联系投保人。商业保险公司根据 CPI 采价小组采集到的市场平均零售价在其价格数据系统中进行自动比对。一旦发现出险，就将损失情况通知其各区县支公司。由支公司核实绿叶菜上市情况，对已经上市的遭受损失的农户优先处理。

三、取得成效

绿叶菜综合成本价格保险自开办以来，累计承保绿叶菜 131.77 万亩次，保费收入 1.54 亿元，累计赔付 83.2 万亩次，赔款金额 1.33 亿元。绿叶菜综合成本价格保险在保障农村经济实体利益的同时也取得了良好的保供应稳物价的社会效益，主要体现在以下几个方面：

（一）农业生产者收入得到保障

自价格保险实施以来，“两淡”期间上海市绿叶菜种植面积稳步增加到 25 万亩次，高于之前的不足 22 万亩次，日均供应量从之前的 3500 吨左右增加到 4000 吨以上，增幅超过 10%。

（二）居民日常生活得到稳定

“两淡”期间上海市绿叶菜价格波动区间收窄，尤其是灾害天气发生后高价菜天数明显缩短，开展“保淡”绿叶菜成本价格保险以来，供应的增加使上海市始终在全国 36 个大中城市中鲜菜价格排名 20 位之后。

（三）政府管理职能得到转变

农产品价格保险的常规化、政策化和制度化，使得政府职能部门能借助保险这种风险分散方式将农产品价格风险有效分散，在保障农业生产者收入、稳定农产品供应、平抑物价、保障市民日常生活的同时，也能够使政府部门从具体的事务性管理中解脱出来，提高行政资源利用效率，促进政府职能深化改革。

第八篇　上海市支农小额信贷保证保险

农村金融一直是一个世界性问题，这是因为农村金融自身成本高、风险大、收益低的特点和商业化运作要求实现可持续发展之间的矛盾。同时，农村经济也面临着融资难、融资贵，自身抗风险灾害、恢复和扩大再生产能力低下等问题。

上海市自 2008 年起，尝试运用保险机制解决农民合作社等涉农小微企业"融资难"问题，即在政府支持和推动下，通过小额信贷保证保险这一保险工具，为农民合作社向银行贷款提供保险，帮助农民合作社解决贷款难题。

一、基本做法

小额信贷保险由融资方发起申请，由各区农委对申请进行审核，对资质符合条件的予以推荐，银行和保险公司根据推荐分别进行审核，由保险公司出具保单为融资方增信，最终由银行放款。同时，政府层面设立风险补偿基金，并出台专项基金管理办法。

根据《上海市人民政府办公厅转发市农委等三部门关于完善本市新型农业经营主体贷款担保财政支持政策意见的通知》（沪府办〔2014〕49 号），市级支农贷款担保专项资金 1.1 亿元，各区配套资金不低于 400 万元。市、区两级财政部门设立的担保专项资金，专门用于扶持区县开展农民合作社和家庭农场贷款担保。

对市级示范合作社贷款担保金额最高可达200万元，区县级示范合作社贷款担保金额最高100万元，其他合作社和家庭农场贷款担保金额最高50万元。

在支农贷款担保代偿损失处理方面，由财政支农贷款担保专项资金承担90%（市、区县两级财政分别承担70%和30%），安信农保承担5%，银行承担5%，并由市农委制定了《关于印发上海市新型农业经营主体贷款担保代偿管理办法的通知》（沪农委〔2015〕338号），明确了申请担保代偿损失补偿通过文件明确申请担保代偿损失补偿的标准，规范了申请流程。

二、运行机理

信用保证保险是以投保人或被保险人的信用为保险标的的一类保险产品，当投保人或被保险人未能在约定的日期履行偿还或给付资金的义务时，保险事故发生，并由保险人代为履行还款义务。由此可见，信用保证保险能够起到增强融资方信用水平的作用。

（一）三方协作、风险共担机制成型

在小额信贷保证保险项目中，银行善于进行数据的搜集、甄别、整理并分析。保险公司则与融资主体在农业领域存在业务合作，了解客户的经营情况，同时又能通过农业部门等第三方渠道作出客观的调查和评价。因此银行与保险公司在风险控制环节上能做到优势互补。政府部门作为风险补偿基金的设立者，为了日后保险公司代偿损失摊回的需要，有义务也有必要对融资申请人的资质先行审核和推荐。风险共担机制使得各方在风控审核上均不敢掉以轻心。

（二）保证保险与农业保险有机互补

项目主要针对与种植业、养殖业生产相关的农业经营主体，鼓励融资人参保与主业相关的农业保险，以防范因自然灾害原因造成无力还款现象的产生，通过保证保险与农业保险的结合，极大避免了因灾致贫现象的发生。

（三）贷款额度控制机制，有效管控风险

项目实施过程中，最高贷款额度为 200 万元，实际放款金额主要集中在 50 万—100 万元之间。小额业务有利于进行风险的分散，从而降低项目整体风险。

（四）把握好承保环节

符合条件的农业新型主体向所在地区农业部门提出借款申请，经审核通过后，由农业部门将其推荐给银行和保险公司。贷款人需填写贷款申请资料并提供购买农资的订单合同，提交到银行。银行审核同意贷款的，将材料在 2 个工作日内提供给保险公司进行审核，保险公司在 3 个工作日内完成审核，并出具保单。银行自收到保险公司提供的材料后，于 3 个工作日内完成审核并发放贷款至订单供货方。整个审核流程确保在 8 个工作日内完成。

（五）处置好理赔环节

如借款人到期未按合同约定还款，由银行连续催收 3 个月仍无果的，则由银行向保险公司发起理赔申请。经保险公司审核通过的，对坏账部分进行赔偿。保险公司完成赔偿后，根据担保代偿管理办法相关要求，再向农业、财政部门进行专项资金申请。保险公司通过对每笔坏账的确认赔付，反复论证，严格把关，将坏账比率控制在项目预估范围内。在代偿损失摊回过程中，发现理论与现实的偏差，不断进行调整，并从风险补偿基金成功摊回，实现业务全流程各环节的打通。为下一步优化风险补偿基金摊回手续提供帮助。

三、取得成效

项目运行至今，已累计为本市 4000 笔贷款提供了小额信贷保证保险，保障贷款金额共计 24.94 亿元，保费达 1475 万元。截至 2016 年年底，已发生贷款坏账并产生实际赔付的有 20 笔，总赔付金额约 1079.35 万元，坏账比率约为 4.6‰。这种银行和保险的合作模型发挥出了良好的社会效应，推动了普

惠金融在农村地区的发展，受到了各方的广泛欢迎，具体体现在以下两个方面：一是拓宽了农民专业合作社贷款担保渠道，通过将贷款资金与合作社的农业生产活动结合在一起，有效拓展了支农金融服务工具。通过不断的宣导培训，上海市大多数新型农业经营主体都熟悉了解小额信贷政策，纷纷提出贷款申请，小额信贷保险规模呈逐年上升趋势。二是降低了金融机构贷款风险，提高了金融机构服务“三农”的积极性，缩短了放贷审核时限，放大了对“三农”的放贷规模，缓解了农民和农民专业合作社贷款难的问题。

第九篇　江苏省建立农业政策性保险“联办共保”模式

2007 年，中央批准江苏开展政策性农业保险试点省份。为理顺农业保险工作参与主体的关系，调动各方做好农业保险工作的积极性和主动性，高效落实中央的惠农政策，江苏探索试点政策性农业保险“联办共保”模式。

一、运 行 机 制

“联办共保”，是指江苏各级政府和保险公司联合开办的政策性农业保险，双方共同签订“联办共保”协议，明确职责，收取的保费和保险赔付由双方按照规定的比例分享和分担。在“联办共保”模式下政府主要职责是负责农业保险的组织、推动和协调工作；做好资金结算；协助保险公司完善镇（乡）、村两级基层保险服务体系建设工作；协助保险公司保费收取、理赔查勘、公示签字等工作。保险公司工作主要职责是按当地农业保险领导小组年初计划负责辖区内财政补贴型险种的具体经营工作，为被保险人提供宣传、承保、防灾防损、理赔等服务；研发农业保险新产品并做好备案工作；组织辖区内农业保险查勘定损工作、参与制定大灾理赔方案；加大对农村基层服务体系建设投入力度，提升农业保险前端服务能力及水平。

二、具 体 做 法

“联办共保”模式，在政策性农业保险开办初期，在推动农业保险理念深入农户、促进农业保险覆盖面迅速扩大等方面,发挥了积极作用。

(一)政企协同推广

从实践情况看,保险公司通过开办农险业务,找到了服务"三农"的新途径;各级政府通过商业保险规范的经营,使支农惠农措施得以进一步落实。政府将农业保险作为重要工作予以推进。江苏省政府连续多年对农业保险工作进行部署,省、市、县三级均成立了农业保险领导小组,制定制度和下发文件近40份,涉及发展规划、规范经营、资金补贴、重大工作部署等多个方面,并将农业保险开展情况纳入对基层政府的业绩考核。这种组合产生了一加一大于二的效果。

(二)提高查勘理赔的公正性和权威性

出现重大或普遍性灾害后,政府牵头组织农业专家和保险公司成立联合查勘定损小组,现场查勘测产,出具查勘报告,农委、财政、气象、保险公司等单位共同研究决定赔付方案,避免了查勘理赔可能出现的纠纷。

(三)强化监督管理

政府牵头,将财政、审计、保监等部门力量协同,从不同侧重点对农险业务进行现场检查或审计,通过多方联合监管与保险公司的内部管控,促进了财政资金收支和农险业务经营的规范性。目前西藏、河北阜平等地也先后开展了该模式的试点。

三、取 得 成 效

2016年,江苏省农业保险为全省1984.88万户农民提供风险保障777.51亿元,全省保费总规模32.87亿元,仅次于新疆,位居全国第二。累计为505.98万户农户支付赔款23.51亿元,由各级政府建立的农业保险巨灾风险准备金余额达51.14亿元。全省农业保险服务网络已经初步形成,截至2016年年底,江苏省共有乡镇"三农"保险服务站1180个,村"三农"保险服务点

16529 个,“三农”营销服务部 384 家,协保员 3873 人,营销服务部服务人员 3741 人。全省共配备无人机 41 架,专用查勘理赔车 261 辆。累计投入资金 1.42 亿元,用于人员培训、标准站点装潢,办公设备及电动车等查勘设备采购。

江苏政策性农业保险“联办共保”基本实现了下列目标:

(一)“三个基本涵盖”

农业保险险种基本涵盖种植养殖业主要品种;保险责任基本涵盖发生较为频繁和易造成较大损失的灾害风险;参保对象基本涵盖从事农业生产和农产品加工的各类主体。

(二)“三个最低标准”

在整体推进面上,努力使主要种植品种的承保面达到 80%以上,能繁母猪和奶牛承保面达 100%。在保费补贴上,各级财政的保费补贴原则上对能繁母猪不低于 80%,对水稻、小麦、棉花、玉米、油菜等主要种植业品种不低于 70%;在保障程度上,主要推行低保费、低保额、有限责任的初始成本保险,保险金额原则上不低于农业项目的直接物化成本。

(三)“三个互相结合”

坚持政府扶持与市场运作相结合;坚持尊重农户意愿与提高组织推动能力相结合;坚持推进农业保险与建立农村保险保障体系相结合。

(四)“三个基本统一”

统一规范全省保险条款和基准费率,不断扩大险种范围,各市可根据实际选择不同的保障水平;统一规范全省农业保险资金管理方式,逐步完善农业保险财务制度;统一规范全省农业保险理赔标准,切实提高定损、理赔工作的时效性。

但是,“联办共保”模式下还存在着一些问题。如:政府角色定位不够清晰,部分领域存在“越位”现象。因农业保险覆盖面是江苏省农业现代化指标体系的考核指标之一，有的地方为了提高参保率，违背农户意愿，直接为农户代交保费或者用赔款抵扣保费。同时，由于事前事中行政环节较多，保险机构市场运营主体作用发挥不够，在承保理赔中，存在过于依赖政府的情况，对提高自身经营服务能力的动力不足。下一步，要理清政府、保险公司和参保农户之间的权、责、利关系，政府既不能缺位，也不能越位，保险公司要积极发挥主体作用，坚持市场化运作。

第十篇　浙江省龙山镇构建镇村一体的农业保险互助样式

一、案例背景

自2011年在慈溪市龙山镇西门外村成立全国首家农村保险互助社以来，当地农户体验了匹配适宜、经济实惠的保险项目所带来的利益保障。然而，由于村级保险互助社资金规模小，承保能力有限，抗风险能力较弱，无法为农民提供更加全面的风险保障。因而，创建村级保险互助社的“升级版”、扩展互助社惠及面变成迫切需要。

慈溪市龙山农村保险互助联社是经国家保监会批准成立的全国首家镇级农村保险互助联社，于2013年7月30日正式成立营业。龙山镇保险互助联社设立理事会、监事会，下设8个村级农村保险互助社（原龙山片的8个村），2017年又新成立1家（农垦场保险互助社）。还有一个独立营运的伏龙农村保险互助社。龙山镇保险互助联社由农村集体经济组织投入营运资金组建，地方政府提供财政补贴、农民通过自愿投保成为社员，是以农民互助共济、共同抵御风险为目的的非营利性农村保险组织。

二、主要做法

（一）建立保险网络，扩大区域覆盖

保险互助联社由1家镇级联社和9家村级联社组成，基本覆盖了龙山镇

老龙山片区。目前保险互助联社办公人员共有 6 人，由龙山镇三产办主任担任社长，副社长 1 名，同时邀请 1 名原保险公司领导担任联社顾问，开展业务指导和帮助。每个村级互助社均在村便民服务中心开设了服务窗口，方便村民办理业务。同时镇级互助联社为每个村配备了 3 名工作人员，实现保险互助联社镇村联动，建立咨询、投保、理赔一体化快速运行机制。

（二）创新保险品种，完善保险体系

以农民得实惠为目的，创新保险品种，目前主要经营意外伤害险和家庭财产险（家庭财产险包括农用工具、家中粮食及农副产品），为商业保险作了有力的补充，在农民遇天灾人祸时提供强有力的保障，受到群众的欢迎；2016 年拓展了城乡居民医疗保险补充险。同时，为了充分确保资金的流动性和安全性，互助社资金运用仅限于银行存款、国债，以及经保险监管机构批准的其他投资渠道。

（三）加强宣传引导，提高防范意识

针对农民对农村保险互助合作认知度不高、农民保险意识不强等问题，积极开展广泛的宣传，通过定点宣讲、上门走访等方式，宣传农村保险互助合作的意义和好处，提高群众认知度和参与度。同时，为增强保险效益，提高村民的防灾防损意识，互助联社成立了防灾防损领导小组，实行 24 小时工作人员值班，在大灾来临前做到早提醒、早预防，并帮助指导村民落实预防措施，提供防灾减损服务。这一措施在每年 8 月台风多发季节，产生了良好的效果。

三、主要成效

（一）推进农村合作经济体制创新试验

保险互助是慈溪市农村合作经济体制创新"一体系、四合作"的一项重要内容，是农村信用合作的重要组成部分。保险互助联社旨在提高农民共同抵御风险的能力，为广大农民提供更加牢固的社会保障。它不仅使农民得到真

正的实惠，更让他们对合作经济的发展有了更大的期望，为推进农村合作经济体制创新奠定了群众基础。与此同时，慈溪市在村级保险互助社的基础上扩面成立镇级保险互助联社，在全国都具有首创性，为农村改革提供了宝贵经验。

（二）切实保障农村农民生命财产安全

保险联社开展的意外伤害险、家庭财产险、医疗保险补充险等在一定程度上给农民生命、财产提供了保障。部分保险内容，商业保险都尚未涉及，但确为农民迫切需要，因此受到群众的广泛欢迎。互助联社下一步还计划推出生育险、就业险、病故险等，真正做到解百姓之急，服务群众。截至 2016 年，全镇累计收取保费 123. 41 万元，其中参加意外伤害险保险 15722 人，保费约 52. 5 万元，参加家财险保险 6942 户，保费约 68. 99 万元，参加医疗补充险 767 人，保费 1. 92 万元，累计赔付 244 笔，赔付金额 55. 7 万元。

（三）充分体现让农民当家受益的目标

农村保险互助联社的社员既是投保人，也是该社股东，这是区别于商业保险的最大特点。互助联社作为非营利组织，因地制宜、灵活设置保险产品，实行成果共享、风险共担，为农户提供更丰富全面的保险保障服务的同时增强了村民同舟共济的意识，真正实现社员当家做主。

第十一篇　浙江省农村保险互助社试点的“瑞安样本”

2015 年，瑞安市兴民农村保险互助社试点开始实施，2016 年，浙江保监局受权接受瑞安市兴民农村保险互助社报请的大棚番茄种植保险、农产品货物运输保险两个险种备案，这是瑞安市兴民农村保险互助社继获批试点方案、筹建方案、开业方案后完成的又一报批环节，开始进入业务拓展的新阶段。

一、试点背景

近年来，瑞安农业适度规模经营快速发展，但农业生产经营领域的各种风险也不断累积，规模化、产业化推进过程中“不敢种”“不敢养”问题日渐凸显，亟待建立农业生产经营风险转移渠道与分担机制。商业性保险对农业生产的“门”未打开，对农业的保险几乎为零覆盖，而政策性保险对农业生产的“窗”还太小，对农业保险仅是选择性的有限覆盖，农户不得不将大量风险自留。2014 年，瑞安市农业因灾受损 3838 万元，但政策性农险只赔付 152 万元，仅占损失总额的 3.9%。为满足农户对保险的多样化需求，在商业性保险、政策性保险之外提供新的保险产品与服务显得非常重要。从法国、日本等发达国家的经验来看，保险由国家保险（政策性保险）、社会保险（商业性保险）和互助保险（合作性保险）三部分组成，互助保险是一种被广泛采用的组织形式。

2009 年中央一号文件提出，要“鼓励在农村发展互助合作保险”。2012 年国务院颁布的《农业保险条例》，以法律的形式明确了农业互助保险的地位，为其规范发展奠定法律基础。2015 年中办、国办印发的《深化农村改革综合性实施方案》明确提出，要“坚持商业性金融、合作性金融、政策性金融相结合，加快建立多层次、广覆盖、可持续、竞争适度、风险可控的现代农村金融体系”。农村保险互助社探索开展的合作性保险就是在现有保险机构“不敢保”“不愿保”，保险产品供给难以满足需求的情况下对政策性保险、商业性保险的一种补充，不是替代现有的政策性保险、商业性保险，是补农业保险短板、填农业保险空白之急需。

二、基本做法

（一）搭建三个架构

1. 搭建“农有”架构

瑞安市兴民农村保险互助社基于地缘、人缘、亲缘，扎根当地，贴近农户，由马屿镇 22 家农民专业合作社、3552 名农户自愿筹资组建，涵盖种植业、养殖业、手工加工业，注册资本 100 万元，营运资金 500 万元，为以互助共济、共同抵御风险为目的的入社社员提供保险服务，农村保险互助社资产归全体社员所有。入社的农户既是投保人又是保险人，既是主人又是客户，社员将农村保险互助社视为自己的组织和靠山，赋予最大的信任。

2. 搭建“农治”架构

瑞安市兴民农村保险互助社采用合作制，由社员自己出资、自主管理、自我服务，建立社员（代表）大会、理事会、监事会和总经理制度，实行民主管理、共同监督，社员直接参与全程管理，程序公开透明，加上保险人与投保人合二为一，互相知根知底，有效降低因信息不对称导致的逆向选择和道德风险。

3. 搭建“农享”架构

瑞安市兴民农村保险互助社坚持非商业化运作，不以营利为目的，不追求商业利润，以全体社员利益最大化为经营目标，产品费率可根据经营情况灵活调整，并发挥合作制的优势，建立“二次返利”制度，盈余在社员之间进行分配，经营成果由全体社员分享，不赚农民的钱，而是帮农民赚钱。

（二）开发三大险种

瑞安市兴民农村保险互助社贯彻“产品简易、服务便捷”要求，围绕农业生产经营领域开发农产品保险、农产品货运保险和农户小额贷款保证保险三大险种，分别对应“三位一体”新型农村合作体系中的专业合作、供销合作、信用合作。

1. 农产品保险

紧扣种植业、养殖业、手工加工业的风险点，坚持走差异化之路，在政策性、商业性保险产品之外开发农户急需的险种。试点起步阶段，考虑到农户的保费承担能力，按照“低保费、低保障、广覆盖”的思路，主要保障农作物的直接物化成本。

2. 农产品货运保险

围绕农资的供与农产品的销两个环节，特别是针对农产品销售运输环节的风险点开发设计险种，解决农产品从丰产到丰收的“最后一公里”风险问题。

3. 农户小额贷款保证保险

发挥互助社管理半径不长、对象特定、信息对称的优势，为社员融资提供担保增信服务，将资金融通与防险保险结合起来。

（三）建立三项机制

1. 建立经济补偿机制

社员投保后一旦出险，通过快速理赔，可在短时间内高效率得到理赔资金，以便重新投工投劳，尽快恢复生产，避免因资金问题而耽误农时。

2. 建立资金融通机制

社员通过投保，可为融资提供增信，使银行机构更放心放贷。像小额贷款保证保险这一险种，本身就是通过农村保险互助社的保证保险，解决农户因抵押物缺失导致的贷款难问题。

3. 建立风险管理机制

通过保险，不仅为出险社员雨天送伞、分险减损，而且发挥农民专业合作社的技术优势、人才优势，为预防社员出险提供技术指导。

三、进展成效

瑞安市兴民农村保险互助社试点规模不大，试点的“蝴蝶效应”正在逐步显现。瑞安市委、市政府对试点工作高度重视，成立试点工作领导小组，加强对试点工作的组织领导，前阶段主要下好以下四步棋。

（一）编方案

2013 年 10 月，基于对“菲特”台风救灾的思考，瑞安市金融办组织力量开展课题研究。在国家、浙江、温州三级保监部门的精心指导下，筹建小组先后编制申报试点方案、筹建方案、开业方案及险种方案。2015 年 1 月，中国保监会批复瑞安试点。2015 年 5 月，浙江保监局同意筹建瑞安市兴民农村保险互助社。2015 年 10 月，颁发瑞安市兴民农村保险互助社的经营保险业务许可证。

（二）设机构

2014 年 8 月，向瑞安市市场监管局申领营业执照，并办理工商预登记。2015 年 10 月，领取营业执照，标志着全国注册资本金最小的保险法人机构诞生，填补了温州保险法人机构的空白。但由于工商登记系统中尚无合作社经营保险业务的目录，瑞安市兴民农村保险互助社暂登记为集体企业。2015 年 10 月，温州市政府为瑞安市兴民农村保险互助社举行授牌仪式。

（三）批产品

在前期审查的基础上，2016 年 6 月浙江保监局按照新的操作规范，接受瑞安市兴民农村保险互助社大棚番茄种植保险、农产品货物运输保险两个险种报备。继获领业务许可证、营业执照及产品通过备案后，2016 年 6 月，高管任职资格获浙江保监局批复。

（四）办业务

在2015年10月23日温州市政府举行的授牌仪式上，瑞安市兴民农村保险互助社探索性开出首单业务，梅屿蔬菜专业合作社为社员的453亩大棚番茄投保，每亩最高保额为1200元。在2016年1月20日雨雪冰冻天气来临之前，瑞安市兴民农村保险互助社组织人员分赴田间地头，指导社员做好防冻减灾措施，有效帮助农户降低损失。冻灾发生后，第一时间深入田间查勘定损，为92户投保社员赔付8万元，帮助受灾社员及时恢复生产，保险互助社作用初显。在2016年6月14日大棚番茄种植保险、农产品货物运输保险两个险种报备后，瑞安市兴民农村保险互助社进入“扩面、增品”的新阶段。

第十二篇　福建省全域实施森林综合保险

福建省是全国第一个国家生态文明试验区，2016 年森林覆盖率达 65.95%，连续 40 年居全国首位，林木资源丰富，森林保险发展取得一定成效。

一、发 展 路 径

福建省森林保险起步较早，经历了由小到大、由分散试点到全省统保、由保火灾到保综合的发展路径。

（一）分散试点阶段

20 世纪 80 年代中后期，南平邵武地区探索林业部门和保险公司合保模式，曾经成为全国学习的典范，之后由于林业体制改革，该模式没有得到延续。在 20 世纪 90 年代初期，福建还曾推出森林储金保险业务，但由于多种原因逐渐萎缩。2003 年，福建省在全国率先开展集体林权制度改革，伴随林权改革的深入，森林保险作为配套措施被引入，成为“信贷+保险”这一林业融资模式的重要环节，在三明市的永安、尤溪和南平市的建瓯、浦城等地进行了试点。

（二）全省统保阶段

第一步：保火灾。2006 年，福建省政府正式发文，启动政策性森林火灾保险试点，试点期确定为 3 年，从三明、南平、龙岩等三个林业大市推开，逐步扩大到全省。这一时期，只承保火灾风险，不保雨雪冰冻、台风、病虫害等风险。

第二步：保综合。2010 年起福建省将政策性森林火灾保险升级为森林综合保险，保险责任由单一的火灾风险扩大到涵盖火灾、病虫害、雨灾、风灾、水灾、滑坡、泥石流、冰雹、冻灾、雪灾、雨凇、旱灾等灾害风险。此外，2015 年起，福建省三明市等地区开始试点林权抵押贷款森林综合保险，为林业信贷提供更充分的配套保障。

二、取得成效

2006 年至 2017 年上半年，森林保险已累计为福建省林业安全提供风险保障逾 4900 亿元，支付赔款逾 6.3 亿元，极大地支持了全省林农灾后恢复生产。

（一）惠农力度不断加大

一是保费补贴方案不断优化。由试点初期的财政“一刀切”补贴 20%保费，逐步调整到区别生态林和公益林、区别投保亩数的分类补贴方案，补贴比例最高达 90%。二是保险费率逐步下调，由最初的 4‰、5‰两档，下调至现行的 2.2‰，对于上年度无出险的，续保时还可优惠。三是保障金额稳步提高，其中综合保险金额由最初的每亩 400 元提高到现行的 680 元，林权抵押贷款森林综合保险的保险金额则按贷款金额承保。四是责任范围不断扩大。从单纯的保火灾，扩大到基本涵盖林木面临的各种主要可保风险。五是参保率保持高位。2011 年以来，福建省森林综合保险均保持较高的覆盖面，参保率超过 85%，广大林农受益。2016 年，森林保险共为福建省超过 9000 万亩林木提供风险保障 549.7 亿元。

（二）保障功能凸显

开办以来，截至 2017 年上半年末，福建政策性森林保险简单赔付率总体约为 60%，基本收支平衡。在多次重特大自然灾害中，森林保险为防止林农因灾致贫、返贫发挥了积极作用。其中，2016 年 1 月下旬，福建省遭遇“世纪寒潮”袭击，全省350多万亩桉树不同程度受冻害，报损面积155万亩，直接经济损失3.5亿元。冻灾发生后，相关保险机构采取省市县机构三级联动、督导到县、跟踪到案等方式，顺利完成国内最大一笔森林保险赔案，核定受灾林木115万亩，累计向4000多户林农支付赔款1.93亿元，户均赔款4.8万元。其中，龙岩武平县澳森林场最大一笔赔款受灾面积3.2万亩，赔款金额835万元。

三、具体做法

（一）承保方面

目前，主要根据林地类型（生态公益林、商品林）、林场面积选择投保方式。一是生态公益林统一投保。以县为单位统保，按乡镇/村出单。二是商品林自愿投保，可根据林场面积或实际情况选择投保方式。对经营面积较大的省属或县属国有林场、林业企业、林农专业合作组织和种植大户，应单独投保，实行一户一保单，保费由投保人缴纳。对经营面积较小的，可单独投保，也可以村为单位统一参保，实行一村一保单，保费可由村统一收取或扣缴。林业局牵头布置各乡镇林业站，组织村委会动员；逐个村签订商品林综合险合作协议并收取保费；对从林农补贴款中扣缴林农自缴保费的，在征得林农同意的基础上履行手续。林权抵押贷款森林综合保险方面，国有林场、林业企业、林农生产经营组织和林农，可单独投保，实行一户一单；也可以委托有权代理人林权收储公司代为办理。

（二）理赔方面

理赔主要流程包括接报案、查勘定损、支付赔款等多个环节：一是及时现场查勘。接到林木受灾报案后，出险地保险机构立即现场查勘或与报案人约定查勘时间；设定林木受灾恢复期，恢复期过后在约定时间内完成现场查勘。二是科学查勘定损。综合运用经验目测、GPS测亩仪、网格法以及无人机遥远感等测量技术，对受灾林地进行定损，定损结果需经林业部门或林权所有人

(或代表)盖章或签字确认,并将赔款情况表张贴在村委会公告栏进行公示。三是严格赔款到户。赔款计算严格执行年度森林险保险协议标准,赔款必须支付给林权所有者或实际经营者,林权多人共有的,需取得其他共有人的委托或证明实际经营者,村委或其他合作组织统一投保的,赔款前必须将赔款结果逐笔公示。四是部分地区先行先试林业局代管赔款机制。赔款代管的主要条件包括:受损林木原则上是生态公益林;林权不明但又属于保险标的的,县级(含)以上的林业部门出具林权不明的证明;县级(含)以上林业部门出报告说明代管赔款的用途和汇入林业部门的育林专户。

四、运 行 机 制

(一)建立部门间协调工作机制

一是保险公司各级机构发挥经营主体作用,做好政策宣传、承保理赔等工作。二是各级林业部门做好协调配合、技术服务和灾害防控工作,协助保险公司开展业务宣传动员、承保展业、信息统计、查勘定损等工作。三是各级财政部门做好资金保障和管理工作,抓好代扣保费的规范、监督工作。四是制定业务规程和损失认定标准。2010 年,省林业厅、财政厅和人保财险福建省分公司联合发文,对森林保险理赔操作和灾害损失认定标准作了梳理规定;目前省林业厅正在牵头推动出台新的《福建省森林保险承保理赔业务规程及灾害损失认定标准》。

(二)建立分类财政补贴机制

生态公益林方面,中央财政补贴 50%、省级财政补贴 25%、县级财政补贴 15%,林权所有者承担 10%。其中,省属国有林场、武夷山自然保护区管理局省级以上生态公益林县级财政承担的保费由省级财政承担;省级以上生态公益林林权所有者承担的部分由县级财政部门用省级森林生态效益补偿金缴纳;省级以下生态公益林执行商品林财政补贴政策。商品林方面,对于投保面积在 1 万亩以下(含 1 万亩)的,中央财政补贴 30%,省级财政补贴 30%,县级财政补贴 15%，林权所有者承担 25%；对于投保面积在 1 万亩以上的，中央财政补贴 30%，省级财政补贴 30%，林权所有者承担 40%。有条件的县（市、区）也可以对投保面积 1 万亩以上的商品林林权所有者给予 15%的保费补贴。林权抵押贷款森林综合保险方面，保费由县级财政补贴 50%，林业企业、林业生产经营组织、林农自行承担 50%。

（三）建立大灾风险补偿制度

为稳定经营，由省级财政建立森林综合保险风险专项补偿金，每年 2000 万元纳入年度财政预算，据实安排。以设区市为单位，当年森林综合保险赔付率过 80%时，赔付由承办公司与省级风险补偿金按 1 ∶ 1 比例承担，但财政承担部分以 2000 万元为限，超过部分由承办公司全额承担。

第十三篇　江西省南丰县开展蜜桔低温冻害气象指数保险

南丰蜜桔作为江西省的优质特产之一，有“桔中之王”的美誉，曾获得多项国内外荣誉，并得到各级政府的广泛关注和大力扶持。江西从2010年开始着手气象指数保险在蜜桔产业的应用，进行了有益的尝试和探索，经过几年的实践，取得了较好成效，于2012年在第七届中国保险创新大奖中荣获“最具创新力保险产品”及“最佳农村保险产品”两项大奖。

一、试 点 背 景

2009年，江西省政府针对地方特色农业，建立了由地方财政补贴的柑橘保险制度，由省、市、县三级财政分别给予10%、10%、20%的保费补贴，并把抚州南丰县作为试点区域。政策出台后，由于传统的柑橘保险条款保险责任窄、定损难度大、保险保障低等问题，农户对蜜桔种植保险的需求较低，产品的承保覆盖面始终维持在零星状态。为解决上述问题，进一步满足农户的保险需求，充分发挥保险保障作用，南丰蜜桔气象指数保险被提上议事日程，得到了省政府和相关部门的高度重视，在省气象局的大力支持下，国家气象局将江西列入气象指数保险三个试点省份之一，为南丰蜜桔气象指数保险产品的开发奠定了良好基础。

二、主 要 做 法

2010年，在江西保监局指导下，人保财险江西省分公司联合省气象局，借鉴美国、墨西哥、危地马拉等国先进经验，自主设计研发了南丰蜜桔低温冻害气象指数保险，是全国第一个研发并投入使用的柑橘气象指数保险产品。

（一）加强合作实现优势互补

为保证产品的研发工作，保险公司与省气象局成立专项工作组负责产品研发，并积极联系美国加州大学伯克利分校有关专家学者提供技术支持。

（二）明确分工加强协作配合

参照国内外指数保险的研发经验，对产品研发进行合理分工。省气象局负责建立蜜桔农业气象灾害风险分析模型，设计气象理赔指数；保险公司则负责根据蜜桔减产率与气象因子的关系，应用极值理论分析导致灾害结果的气象风险的尾部分布，厘定保险费率，设计保险条款。

（三）采集数据建立分析模型

为保证分析模型尽可能符合实际，工作组收集了 1978—2009 年南丰县蜜桔总产量、种植面积、灾情数据以及 1961—2008 年的气象数据，依据历史气象数据分析柑桔遭受冻害的减产损失，设计赔付率与温度相关联的理赔指标，建立分析模型。

（四）反复论证确保产品科学性

工作组多次进行研究讨论，分析存在的困难和问题，深入论证温度与柑桔损失程度的数理关系。同时，积极听取当地果业部门和果农的意见，对条款进行个性化需求设计，保障了产品开发的科学合理性。2011 年 11 月，南丰蜜桔低温冻害气象指数保险在素有“中国蜜桔之乡”之称的抚州南丰县正式启动。作为江西的地方特色保险，由省、市财政分别补贴保费的 10%，县财政补贴保费的 20%，农户承担剩余的 60%。启动当年实现保费收入 231. 65 万元，承保蜜桔 2. 84 万亩。截至 2016 年年末，南丰蜜桔低温冻害指数保险累计承保蜜桔 38. 69 万亩，保费收入 4086. 68 万元，累计赔付 2577 万元，有效提升了当地蜜桔种植户抵御冻害风险的能力。

三、产 品 特 点

与传统农业保险产品相比，南丰蜜桔低温冻害气象指数保险的赔偿不是基于被保险人的实际损失，而是基于预先设定的低温指数是否达到触发水平（起赔点），如果达到触发水平则根据事先决定的理赔标准进行赔付，其运行机理如下。

（一）产品设计原理

以历史低温冻害导致区域农作物产量损失情况的资料为依据，剔除其他因素对蜜桔产量变化影响，将南丰蜜桔产量损害程度和低温冻害要素数据的相关性指数化，然后保险合同设计就以这种指数为基础，每个指数对应一定的产量损益和保险理赔金额。

（二）保险内容

该保险的承保标的为生长一年以上的蜜桔树（以下简称被保险果树），除另有约定外，保险期间一般为一年。

该险种根据不同起赔点设置了不同的保险费率。起赔点设置了日最低气温低于-3℃（含）、日最低气温低于-4℃（含）和日最低气温低于-6℃（含）三个可选标准，对应的保险费率分别为8%、6%和5%。果农可根据实际需求，从中选择一个标准作为保险合同的起赔温度标准，并在保险单中载明（见表10）。

表10　江西南丰蜜桔低温冻害气象指数保险费率表

保险标准	起赔温度	费　率
标准一	-3℃（含）	8%
标准二	-4℃（含）	6%
标准三	-6℃（含）	5%

保险期间内,如被保险果树所在行政乡气象观测站经审核的日最低气温达到保险合同约定的起赔温度标准,保险公司依照保险合同的约定负责赔偿。

(三)赔付启动条件

该产品赔付启动条件简洁明了,若气象局距离标的最近的自动检测台站检测的实际天气指数达到事先承保合同约定的指数条件,保险合同中约定的赔付责任即被“激活”,保险公司将根据实际天气指数大小、事先合同约定赔付标准,对被保险人给予相应的赔付。

(四)保险金额

为便于操作,在保险金额设置上,综合考虑了南丰蜜桔的种植成本和产量等因素,将保险金额设置为定额保险。同时,考虑到不同树龄的果树投入成本、产量以及果农购买需求的不同,设计了六个档次的保险金额供果农选择,一株果树的保费最低仅为0.5元(见表11)。

表11　江西南丰蜜桔低温冻害气象指数保险金额表

档　次	每株保险金额	投保条件
第一档	10元	树龄在一年(含)以上
第二档	20元	
第三档	30元	
第四档	40元	树龄在四年(含)以上
第五档	50元	
第六档	80元	

(五)赔偿标准

该保险的赔付按照不同起赔温度标准对应的赔偿计算标准表进行赔偿,即根据保险期间内的实际日最低气温、事先约定的起赔温度标准确定相应的赔偿金额(见表12)。

表 12　江西南丰蜜桔低温冻害气象指数保险赔偿计算标准表

日最低气温	理赔标准一	理赔标准二	理赔标准三
	（-3℃起赔）	（-4℃起赔）	（-6℃起赔）
-3℃（含）至-4℃（不含）	每株保险金额×3%	—	—
-4℃（含）至-6℃（不含）	每株保险金额×5%	每株保险金额×5%	—
-6℃（含）至-8℃（不含）	每株保险金额×25%	每株保险金额×20%	每株保险金额×25%
-8℃（含）至-10℃（不含）	每株保险金额×70%	每株保险金额×70%	每株保险金额×70%
-10℃以下	每株保险金额×100%	每株保险金额×100%	每株保险金额×100%

四、取 得 成 效

（一）充分发挥了保险的风险转移作用

气象灾害是南丰蜜桔产业发展面临的主要风险之一，其中低温冻害对果树的影响最大，一旦遇到0℃以下的低温天气，大部分未挂果的幼树将受冻，降至-8℃极限低温后，90%以上的果树将难以幸免。南丰蜜桔低温冻害气象指数保险的推出有效解决了这一问题，农户可以通过保险机制充分转移低温冻害风险，为农户种植蜜桔解除了后顾之忧，为南丰蜜桔产业的持续健康发展保驾护航。

（二）进一步提升农业保险服务水平

从承保环节来看，与传统的农业保险产品相比，气象指数保险合同都是标准化合约，因此具有简便、透明和易懂等特点，条款更加容易理解，农户更加容易接受。从理赔环节来看，传统农险产品存在理赔手续复杂、理赔周期较长、赔付金额不满意、理赔资源不足等问题，常常引起理赔纠纷。但气象指数保险的赔付依据是经过审核的气象站数据，极大增强了信息的透明度和可信度，还具有理赔手续便捷和理赔周期短等优点，能最大程度地减少理赔纠纷。

（三）有效防范农业保险经营风险

传统农业保险受自然灾害和人为因素影响，受灾较多的农户反而会更加积极地投保，甚至有部分农户为获取更多赔款，对保险标的常常疏于管理或人为扩大损失，导致了逆向选择和道德风险问题。而气象指数保险产品的设计依据为历史气温，与农户的历史受灾情况无关，能够较大程度地降低信息不对称，从而抑制逆向选择。在赔付时依据的是客观气温数据，与农户受灾情况无关，不受其主观行为的影响，大大降低了道德风险。

（四）提高理赔效率降低业务成本

由于江西地形地貌较为复杂，农业生产比较分散，导致保险公司的查勘定损工作耗时耗力，以某县为例，其一年发生的农险案件中有 86%以上的查勘距离超过 20 公里，有 42%以上的查勘距离超过 40 公里，由于乡村道路设施尚不完善，查勘定损成本成倍增加。而气象指数保险赔付的触发条件是客观气象数据，不需要对单个投保农户的实际损失进行现场查勘定损，仅需根据气象数据和保险条款的约定直接支付赔款，提高了理赔效率，降低了业务成本。

第十四篇　江西省赣州市运用医疗保险助推精准扶贫

江西保险业在赣州市主动承接贫困人口补充医疗保险项目，走出了一条运用商业保险服务精准扶贫的新路子，受到各方好评。2015年，赣州市寻乌、南康、大余、全南、安远等9个县区先行先试，委托商业保险公司开展扶贫保险项目，对贫困人口经基本医保、大病保险报销后个人自负部分，扣除3000—10000元起付线后予以分段报销，共向525人支付补偿金224.9万元。2016年1月，赣州市政府出台政策，在全市范围内探索运用商业保险机制实施精准扶贫。从扶贫资金中安排1亿元专项资金，由市、县财政按2∶8的比例全额出资，为105万农村建档立卡的贫困人群，以90元的人均筹资标准，向商业保险机构购买补充医疗保险（以下简称"精准扶贫医疗保险"）。针对贫困人口发生的住院医疗费用，经新农合基本医保、大病保险报销后，剩余部分分别按医保目录内90%、医保目录外75%的比例由精准扶贫医疗保险给予补偿；市内定点医院减免本院就医发生目录外费用的5%，市内非定点医疗机构和市外医疗机构不减免。精准扶贫医疗保险不设起付线，年封顶赔付线25万元。此外，针对赣州市11万城镇贫困人口的补充医疗保险方案也初步形成，与农村贫困人口方案基本一致，预计将于近期出台。

一、主要做法

（一）政府主导，保险承接，合作扶贫

为有效开展精准扶贫工作，解决赣州市贫困人口大病保险保障之上的高

额医疗费用，赣州市政府强化主体责任，引领保险业协同发力，财政全额出资为全市建档立卡的贫困人口购买精准扶贫医疗保险，运用保险的市场化运作和第三方管理，提高扶贫资金使用的科学性和精准性。保险机构积极对接，主动向政府部门汇报新农合大病保险开展情况，积极配合市卫计委等部门，参与前期筹资标准测算、方案制定等工作。赣州市政府与商业保险机构联手合作扶贫，政府部门充分发挥政策制定和监督协调作用，与保险公司共享贫困人口医疗费用实际发生数据，为保险公司的费率测算提供数据支持；保险公司积极发挥专业优势，减轻政府管理成本，放大扶贫资金使用效率，为贫困人口提供"一站式"结算服务，打造保险业深度参与精准扶贫的新模式。

（二）因地制宜，科学设计，精准扶贫

针对赣州市贫困人口实际医疗费用负担较重的情况，赣州市政府因地制宜，创新扶贫资源使用方式，针对因病致贫人群精准施策，集中救助。精准扶贫医疗保险突出体现了"精准"二字。首先，解决扶持谁的问题。赣州市政府组织县农医局、卫生所对照标准走村串户，开展到村到户的贫困状况调查和建档立卡工作，精准识别贫困户基本情况，查明到户到人贫困原因，确定将农村五保户、低保以及因病致贫、因病返贫的贫困人群近 105 万人纳入帮扶对象。其次，解决怎么扶的问题。赣州市精准扶贫医疗保险项目由政府出资，委托商业保险机构承办，充分发挥保险的大数法则，放大了扶贫资金的使用效应，有效增强了抗风险能力。最后，解决扶什么的问题。为保证扶贫成效，兜住贫困人口医疗费负担底线，精准扶贫医疗保险大幅提高了贫困人口保障水平，降低贫困人口大病费用实际支出，既取消了起付线门槛，又扩大了报销范围，涵盖目录内外费用。以 2015 年医疗费用发生数据为例，赣州市新农合基本医保+新农合大病保险实际补偿比例约为 56%（基本医保 41.8%，大病保险 14.4%），如按该方案对精准扶贫人口予以补偿，保障水平将提高 34—39.6 个百分点，达到 90%—95.6%。同时，秉承稳妥起步的原则，设定风险调节机制，对保险机构在经营过程中因政策原因导致的亏损，市、县财政将按比例给予适当补偿，确保扶贫制度的可持续性，保障扶贫工作成果落到实处。

（三）发挥优势，深度融合，专业扶贫

赣州商业保险机构自2013年起接受政府委托承办新农合大病保险以来，通过建立专业服务队伍，开展驻点巡查，切实加强医疗费用管控，取得良好成效。仅2015年就发现不合规、虚假案件120起，直接减少不合理医保基金支出402万元。保险公司在承办大病保险业务中已形成一套“病前健康管理、病中就医服务、病后康复指导”的全流程健康管理服务。委托商业保险机构承办精准扶贫医疗保险项目，充分发挥了保险机构的优势，精准发力，专业扶贫。一方面，可借助大病保险与基本医保的合署办公以及信息系统数据的共享，在医保体系中构建一条完整的服务链，实现基本医保、大病保险、精准扶贫医疗保险的“一站式”结算。另一方面，可直接承袭大病保险服务模式，现有的百名大病保险专业服务队伍可直接服务于精准扶贫项目。同时通过保险机构健康保险信息系统，加强对承保、理赔数据的积累和分析，可为费率测算、费率调整打下坚实基础。

二、几点启示

（一）保险扶贫有利于不断完善精准扶贫政策体系

保险业发挥专业服务优势，为精准扶贫对象提供疾病医疗补充保障，切实减轻贫困人口医疗费用负担，有效破解“因病致贫、因病返贫”的现实难题，找准了保险业参与扶贫开发体系建设的切入点。在更大范围内推广这一做法，通过保险机制精准发力、定向施策，切实兜住底线，既能解决贫困人口的后顾之忧，推动健康扶贫工程精准落地，又能有效维护社会和谐稳定。

（二）保险扶贫有利于进一步发挥政府与市场的优势

党的十八届三中全会指出，要处理好政府与市场的关系，使市场在资源配置中起决定性作用。从赣州精准扶贫医疗保险的实践可以看出，将商业保险机制运用于精准扶贫，可以有效提升扶贫资金的使用效率，优化医疗保障公共

服务，既体现了政府在扶贫开发中的主体和主导作用，又充分调动了社会主体尤其是商业保险机构的积极性和创造力，政府可以将工作重心专注于政策制定和业务监督，减轻政府管理压力，提升政府治理水平，帮助政府“管到位”“放到位”。

（三）保险扶贫有利于持续深化医疗体制改革

赣州精准扶贫医疗保险是保险扶贫的新探索。通过精准扶贫医疗保险，可以进一步打通医保体系的各个环节，实现与基本医保制度、大病保险制度的有效衔接；可以进一步优化医保管理服务水平，丰富医疗保障制度的内涵和外延，构建立体风险防护网；可以进一步优化医疗资源配置，引导广大患者合理就医；可以进一步拓宽保险服务领域，延伸发展空间，使保险业逐渐成为医保体系的重要支撑。

三、下一步工作思路

推动精准扶贫医疗保险工作是一项长期系统工程，要坚持从实际出发，稳妥起步，在空间上梯度开发，推动扩面提标，促进风险的均衡分布；在时间上循序渐进，科学论证筹资标准，确保扶贫工作健康持续。

（一）保险监管部门将与地方党委政府密切合作，深入推进精准扶贫医疗保险工作

一是进一步加强与政府的沟通汇报。主动向党委、政府汇报，进一步加强与卫计委、民政、扶贫办等部门的沟通联系，扎实推进精准扶贫工作，积极推动更大范围的扩面提标。二是不断完善数据分析和测算。主动对接政府部门，做好贫困人口医疗费用数据采集、分析、处理及测算工作，在测算过程中坚持保本经营、保障充足原则，确保精准扶贫医疗保险稳妥起步、可持续发展。三是探索对接互联网公益项目。今后，将尝试运用“互联网+”思维，协同保交所等新型平台，引入公益慈善基金对接政府资金，逐步形成政府主导、多方参与、专业运作的互动工作体制。

（二）保险公司将充分发挥专业优势，不断提升服务效率和质量

一是注重信息系统互联。力争打通服务前后端，加快信息系统互联，打造医保信息系统的“最后一公里”，推动实现保险机构承办新农合基本、大病保险、精准扶贫医疗保险、民政救助“一条龙”服务。二是注重提高服务效率。进一步简化报销手续，缩短理赔时限，积极探索为贫困人口提供疑难案件专家评审、远程会诊等服务，要挖掘健康管理优势，为贫困人口提供疾病预防、健康维护、慢性病管理等健康管理服务。同时，要进一步加强相关政策的宣传，让建档立卡贫困人口了解政策，使其敢看病、看得起病、合理看病，让政策真正落地，把精准扶贫医疗保险打造成叫得响、立得住、群众叫好的精准扶贫硬招实招，让贫困人口有更多的“获得感”。三是注重落实风险调节机制。在与政府签订精准扶贫医疗保险协议时，要落实风险调节机制，在协议中明确政策性亏损的启动情形和量化标准，保证制度的可持续性。四是注重拓宽服务范围。针对精准扶贫医疗保险理赔情况，积累发病数据，针对非建档立卡人群积极开发配套大病保险的补充医疗保险产品，满足不同参保群众多层次、多样化的健康保障需求。

第十五篇　河南省财政完善地方特色农业保险奖补政策

近年来，为发挥农业保险体制机制优势，支持地方经济发展，河南省政府高度重视地方特色农业保险发展，在人均财力全国倒数、农业产业体量大的情况下，出台了地方特色产品保险以奖代补等政策，不断加大财政支持力度，服务农业供给侧结构性调整和脱贫攻坚，取得了较好的效果，有关做法对全国具有典型借鉴意义。

一、主要做法

（一）围绕发展地方优势农产品、政府主导农产品和支柱农产品，出台地方特色险以奖代补政策

为鼓励各农业保险经办机构通过险种创新支持地方经济发展，支持地方优势农产品、政府主导农产品和支柱农产品发展，河南省于 2016 年出台了地方特色险省财政以奖代补政策，对中央财政和省财政未提供保费补贴的农业保险品种，经济社会效益显著、市县财政提供保费补贴且落实到位的，河南省财政根据当年预算安排情况，提供最高不超过市县实际到位保费 50%的奖励，奖励资金继续用于支持农业保险发展。河南省有关部门近期正在研究建立地方特色险超赔财政补贴制度，以省为单位，保险公司承担赔付率 150%以下的部分；赔付率 150%—250%的部分，省财政提供 30%的超赔补贴；赔付率

250%以上的部分，省财政提供50%的超赔补贴。从制度安排上明确省政府大力发展地方特色产品，提高农民收入的政策导向，夯实政策基础。

（二）发挥财政资金杠杆作用，出台农业贷款保证保险保费补贴和超赔补贴政策，缓解融资难题

为缓解新型农业经营主体“贷款难”问题，2015年，河南省财政出台了农业贷款保证保险试点支持政策。河南省财政对农业企业的农业贷款保证保险给予60%的保费补贴，对种粮大户、家庭农场、农民合作社的农业贷款保证保险给予80%的保费补贴。对大于100%小于150%（含）的超赔，给予50%的补贴，超过150%的超赔，给予80%的补贴。农业贷款保证保险的试点政策，为省内即将出台的扶贫小额信贷有关政策提供了重要借鉴。

（三）将贫困人口涉农保险纳入省财政以奖代补范围，实现贫困人口全面保险保障

鼓励经办机构开办对建档立卡贫困人口的农房、农机具等财产保险，以及涉及贫困人口的生命和身体等方面的短期意外伤害等涉农保险。县财政（含所属市财政）以自有财力提供保费补贴资金的，河南省财政根据当年财力状况，按照市县财政到位保费补贴最高给予50%、全省不超过5000万元的奖励，通过将贫困人口涉农保险纳入省财政以奖代补范围，实现了贫困人口财产保险、人身意外伤害等涉农保险的全覆盖。

二、保障措施

（一）领导高度重视，足额保障财政奖补资金

河南作为农业大省、畜牧大省，省委、省政府领导高度重视农业保险发展，持续加大农业保险财政支持力度。对于已纳入补贴范围的险种，各级财政据实负担保费补贴资金，2017年省财政年初预算安排农业保险补贴资金9亿元，较2016年的5亿元增长了80%。在补贴险种据实保障的基础上，进一步

完善地方特色险奖励政策，同时逐步扩大重要农产品省级财政补贴范围，确保了全省农业保险健康快速发展。

（二）调整资金拨付方式，减轻市县政府地方特色险保费补贴压力

将以往对地方特色险以奖代补资金事后补助的方式，调整为先预拨资金、次年清算。对于贫困县（含所属市）参保当地优势特色产业保险，出台专门的保险方案且本级保费补贴资金已安排的，省财政可按照市县财政拟到位保费最高50%的比例，对非贫困县，省财政可按照市县财政拟到位保费最高30%的比例，有力调动了地方政府和保险机构的积极性。

（三）以地方特色险开办情况作为重要因素，调动保险经办机构积极性

在政府采购确定农业保险经办机构时，地方特色险开办情况应作为重要的考虑因素。大类险种一个乡最多一家经办机构承办，但地方特色险不受限制，进一步提高了保险经办机构开办地方特色险的积极性。

（四）稳定经办机构经营区域和年限，分散经营风险

对于地方特色保险产品，每县原则上一个险种选择一家经办机构，非特殊情况，至少应保持三年内经办机构稳定。通过一定区域和年限内的稳定经营，最大限度地分散地方特色险经营风险。

（五）规范承保理赔操作，防范保险机构道德风险

为确保种植大户真实性，对于投保面积50亩以上的种植大户，应提供真实、有效的土地来源证明，经办机构应实地验标并将有关资料存入档案。农业保险损失鉴定报告以农户或行政村为单位开具。其中，新型农业经营主体发生保险事故，损失鉴定报告应以户为单位开具。对于县级财政负担贫困户自缴保费的，保险机构应验标到户，确保农户知情权，并准确完整记录农户投保信息。经办机构应确保保险条款在中国保监会备案后方可出单承保，应将服

务机构延伸至乡村,确保政策宣传到户、保单或保险凭证到户。

三、政 策 效 果

目前地方特色险覆盖面不断扩大,农户对农业保险支持地方经济满意度大大提高,实现了政府、农户、保险机构各参与方的共赢。2016 年,全省有 3 家保险经办机构开展了大棚蔬菜保险和烟叶保险,实现保费收入 312.34 万元,提供风险保障 6791.11 万元。2017 年,已有 6 家保险机构对全省 21 种地方特色保险产品出单承保,实现保费收入 3438.56 万元,提供风险保障 6.8 亿元。保费收入较上年增长超 10 倍,地方特色险奖励政策极大调动了市县发展地方特色险的积极性。以郑州市 2017 年地方特色险发展为例,省财政地方特色险以奖代补政策出台后,郑州市政府出台了 2017—2019 年特色农业保险发展规划,上半年已累计为 2740 户投保人提供特色农业保险服务,涉及温室大棚、蔬菜、果树、淡水养殖等 14 个特色险种,总承保面积约 70807 亩,保费收入 2724 万元,风险保障金额达到 4.57 亿元,惠及贫困人口 2 万余人。已发生赔案 97 户(含未决),预计赔款 544 万元,受到了农户的欢迎。

另外,河南省以农业保险为抓手,推动了普惠金融发展和脱贫攻坚。自 2015 年实施农业贷款保证保险政策以来,共对全省 3273 户新型农业经营主体提供 4.7 亿元的贷款风险保障,实现保费收入 2217 万元,为新型农业经营主体提供了增信作用。“种养业保险+农业贷款保证保险”的方式,也有效降低了保险机构贷款保证保险经营风险,缓解贫困户(带贫企业)“融资难、融资贵、融资慢”问题。

下一步,河南省将进一步研究加大对地方特色保险产品支持,通过出台超赔补贴政策、扩大省财政以奖代补资金预拨范围、新增重要农产品补贴政策等方式,提高市县政府和保险经办机构开展地方特色险的积极性。拟在全省优质花生种植区域全面实施大灾保险,提高对新型农业经营主体保障水平;研究出台树莓等种植规模小、对贫困农户脱贫作用较大农产品保险的支持政策;针对农户需求大、保险公司不愿开办的大蒜价格保险等险种,研究出台专门的扶持政策,降低重要农产品生产市场风险。

第十六篇　湖北省开展水稻天气指数保险试点

2016年，湖北省保监局指导人保财险湖北省分公司坚持问题导向，大力开拓创新，在水稻天气指数保险上进行了积极探索，取得了一定成效。

一、基本情况

湖北省水稻天气指数保险试点工作参加了农业部金融支农创新项目评审，获得600万元项目资金支持。2016年共承保水稻116万亩，约占全省水稻种植面积的3.5%，提供风险保障3.06亿元，受益农户20.67万户。收取保费1193万元，其中农业部项目资金支持600万元，占比50.29%，县级财政及农户承担593万元，占比49.71%。试点的9个县市均达到了赔付条件，共支付赔款1964万元，简单赔付率164.58%，其中仙桃市赔款金额最高，为1063万元；夷陵区赔付比例最高，达到了492%。

二、具体做法

首先，精心设计保险条款，本着惠民利民的原则，最大限度降低保险费率，为广大农户提供最高风险保障。

其次，统一编印宣传资料，统一设计产品手册，统一商定宣传口径，要求试点县市在投保宣传上不留死角，不落一户，必须把天气指数保险简单、直接、客观、透明的特点讲清楚,将该险种查勘定损快、理赔到位快的优势说明白。从最终的参保数据看,水稻种植户对这一创新产品十分欢迎。

最后,采取恰当的运行方式。从指数保险本身属性来看,天气指数保险具有客观化、标准化、透明化程度高的特点,其合同标准化程度高、农户利益透明客观,道德风险和逆选择问题较小,同时查勘定损快速准确,赔款支付及时高效。根据湖北省水稻生产及灾害特点,选取高温和暴雨两个最主要致灾因子开展研究,其中水稻暴雨天气指数保险是国内首创。

(一)高温指数

1. 保险费率:3%

2. 单位保额:200 元、300 元或 400 元,任选其一

3. 保险期限:6 月 25 日—8 月 31 日

4. 保险责任

在保险期间内,多个高温过程的累计高温差超过约定值时,开始赔付。一个高温过程是指持续三天(含)以上日最高气温高于 35℃(含)。高温差是指日最高气温与 35℃的差值。

5. 赔付方式

每亩赔偿金额=(高温指数-所属热害程度高温指数下限值)×不同热害程度对应的赔偿标准+上一热害程度最高赔偿金额

赔偿金额=每亩赔偿金额×保险面积

如枝江地区投保的保额是 200 元/亩,起赔指数为 12,当高温指数超过 12 后,指数每增加一个单位(即 1℃),每亩水稻对应的赔款增加 0.25 元。

(二)暴雨指数

1. 保险费率:8%

2. 单位保额:400 元

3. 保险期限:7 月 1 日—8 月 15 日

4. 保险责任

在保险期间内,保险水稻所在区域的暴雨指数达到保险合同约定的起赔

标准时，视为保险事故发生，保险人按照约定负责赔偿。暴雨指数是指一次降雨过程总雨量，以经气象部门审核发布的仙桃市境内各乡镇雨量站观测数据平均值为准。

5. 赔付方式

依据外河水位高度和一次降雨过程降雨量进行赔付。如在中等水位条件下，当一次降雨过程降雨量达到 190 毫米时，开始触发赔付，获得基础赔款 77. 4 元，雨量每增加 1 毫米，每亩水稻赔款增加 0. 64 元。

三、抓住关键因素

（一）对致灾客观性的把握

湖北省水稻种植面积 3200 万亩，户数 650 万，户均面积不足 5 亩。水稻自然灾害一般呈集中式、爆发式，对及时查勘定损形成很大挑战。水稻又具有生命性，经常需要二次查勘或多次查勘才能最终定损。“查勘难、定损难”又会直接导致“及时赔付难”，成为“难上加难”。此外，湖北省 2017 年以前保额一直是 200 元/亩，远远低于直接物化成本，也直接影响了农户投保积极性。基于“查勘定损难、及时赔付难、保障程度低”的客观现实，经过反复调研，决定开展水稻天气指数保险试点。

（二）对致灾主因和地域分布的把握

在保险产品设计过程中，坚持数据说话，选准指数的关键因子，通过与气象部门的合作，对省内水稻主产县市近五十年来的气象数据进行了深入分析，发现高温热害和暴雨洪涝无论从发生频率还是涉及范围来讲，都是对湖北省水稻生产影响最大的两个因素。为此，经办公司将上述两个致灾因子选为水稻天气指数保险责任的标的，即在保险期间内，当高温指数达到当地中等热害标准时，或一次降雨过程，在对应的外河水位条件下，达到约定值后，开始赔付。

选择的 9 个试点县市，从区域分布看，东西南北中各个方位都有。从气象数据看，试点暴雨洪涝指数的仙桃市，自新中国成立以来，共发生暴雨洪涝灾害74次，其中渍涝46次，一般洪涝20次，较重洪涝6次，严重洪涝2次；试点高温热害的8个县市，出现35℃以上高温的概率达到95%以上。其中，嘉鱼县35℃以上高温年内出现15天以上的次数高达27年，出现20天以上的年份也有17年，而浠水县则分别为25年、15年。

（三）对投保需求的把握

在承担保模式上，不搞整齐划一，按照贴近基层、贴近实际的原则，通过与试点县市的反复沟通，确定三种主要承保方式：一是以县或乡镇为单位实施统保，将试点辖区内所有水稻种植面积纳入参保范围，实现全覆盖；二是以大户为主体承保，主要选择从事水稻适度规模经营的主体进行承保，包括龙头企业、农业合作社、家庭农场和种植大户（50亩以上）四类；三是政策叠加型承保，即以中央政策性水稻保险为基础，对有意愿的水稻种植户再叠加一份天气指数保险。

四、取得成效

通过天气指数保险试点，有效解决了传统保险查勘难、定损难、及时赔付难的“三难问题”，查勘、定损、赔款支付简洁高效，有力支持了水稻种植户灾后再生产。在2016年6月30日—7月6日特大暴雨之后，仙桃水稻生产遭受重创，很多中稻需要改种中晚稻。7月13日，灾后一周，人保财险仙桃支公司即向三个试点乡镇、33456户农户支付了暴雨指数保险赔款1000余万元，有力支持了农户灾后再生产。

（一）投保农户很高兴

天气指数保险使用温度和降雨量作为赔付标准，简单、直接、客观、透明，种植户可以自行计算赔偿金额，同时也不需要提供灾害证明、索赔申请书等各类资料，赔款直接支付到农户卡中。同时，保额由200元提高至400元或600元，农户因暴雨或高温干旱受灾，赔款成倍增加，叠加效应显现，广大农户尤其是新型农业经营主体非常欢迎。

（二）基层干部很欢迎

以往传统农业保险虽主要是保险公司经办，但由于人员有限，遇到大灾往往基层农技部门和乡镇村组干部成了查勘理赔的主力。在核定损失的过程中，基层干部往往费力不讨好，很多农户不理解，干群关系形成隔阂。指数保险有效化解了此类矛盾，一切用客观数据说话，农户心服口服。对基层干部来说，减轻了工作量，可以把精力投入到其他工作中。

（三）放大效应很显著

农业部资金投入 600 万元，带动地方政府和农户投入 594 万元，支付赔款预计可以达到 1964 万元，提供风险保障 30658 万元，资金直接放大 3.27 倍，间接放大 51 倍，不仅有效支持了快速恢复生产，也一定程度上解决了信贷增信难题，农业部借助保险手段，实现了四两拨千斤。

（四）社会舆论很关注

水稻是湖北主要粮食作物，事关粮食生产安全，社会关注度本身就高，作为全国第一个大范围推广水稻天气指数保险的省份，受到了湖北日报、农民日报、农村金融时报、中国保险报等多家主流媒体的关注。同时，由于试点效果较为显著，湖北省委、人大均给予高度关注，组织了多次专题调研。

第十七篇　湖南省多层面建立特色农业保险保费补贴制度

湖南省是农业大省，农业保险发展迅速，财政补贴力度不断加大，目前已经在中央财政保费补贴政策的基础上，自主开展了省级特色农业保险、县级奖补农业保险、精准扶贫特色农业保险和农业巨灾保险等保费补贴政策，覆盖了近六十种特色农产品，有力地支持了地方特色农业产业发展。

一、主 要 做 法

为实现从农业大省向农业强省的转型升级，促进农业现代化，湖南省有关部门结合农户多元化的农业保险需求，因地制宜地制定了一系列农业保险扶持政策，2014 年省级补贴 3450 万元、市县补贴 2021. 76 万元；2015 年省级补贴 1. 02 亿元、市县补贴 4661. 93 万元；2016 年省级补贴 1. 34 亿元、市县补贴 6792. 63 万元，不断丰富农业保险产品，扩大农业保险覆盖面。

（一）大力发展省级特色农业保险

湖南省农业种类繁多，有些优势农产品中央政策性农业保险尚未涵盖。为有力支持地方优势产业，保障农民利益，湖南省财政厅大力开展省级特色农业保险，在农户、龙头企业、专业合作经济组织自缴保费比例不低于 50%的基础上，省财政厅根据各地财力状况和工作情况给予 20%—40%的保费补贴，其余部分由地方财政补贴。目前，湖南省已开办 12 个省级特色农业保险产品，涉及茶叶、柑橘、烟叶、杂交水稻制种、生猪价格指数保险。

（二）率先推行县级奖补政策

2016年，湖南省财政厅采取“以奖代补”的方式给予县级财政补贴，鼓励县级财政根据当地特色农业经济产业，有针对性地开办县级特色农险保险。奖补范围为中央和省级保费补贴品种以外的县域特色优势明显、群众保险需求强烈的农业保险品种。省财政在市县财政补贴比例不低于30%的基础上给予补贴。通过这项政策的落地，满足了湖南省各市州、县市区差异化的保险需求。

（三）创新精准扶贫农业保险

2016年11月，湖南省财政厅联系省扶贫办，从扶贫资金中专门拿出资金用于精准扶贫农业保险补贴试点，对51个扶贫县的贫困户和参与精准扶贫的新型农业经营组织分别给予90%和70%的省县两级财政补贴。通过推行这一政策，丰富了湖南省特色农业保险品种，满足了农民差异化保险需求，为贫困户和参与精准扶贫的新型农业经营组织给予了更高比例的保费补贴支持。

（四）积极开展巨灾保险试点

近年来，湖南省极端天气增多，自然灾害频发，省财政厅根据湖南气候、地域特点，探索符合省域灾害特点的农业巨灾保险。保障范围涵盖暴雨、洪水自然灾害及其引起的突发性滑坡、泥石流、水库溃坝等发生灾害造成的湖南省内人员死亡的人身保险，水稻、玉米绝收或能繁母猪、育肥猪死亡和农房倒塌。其中，人身保险由省财政全额补贴，农业和农房保险省级财政补贴50%、市县级财政补贴50%。2017年，省级财政专门安排资金用于建立巨灾资金和农业巨灾保险补贴。

2017年6月以来，湖南省多地连降暴雨，造成的洪涝、泥石流、山体滑坡等灾害，给群众的人身、财产安全带来严重损失。湖南省财政厅迅速启动巨灾保险响应机制，督促各保险机构抓紧查勘理赔，有效弥补了部分受灾群众的灾害损失，社会反响很好。与此同时，部分未纳入试点范围的重灾地区参保意愿强烈，为发挥保险社会保障功能，帮助灾区人民尽快恢复生产生活，7 月，财政厅紧急筹措资金，分两批次将长沙、邵阳、怀化、湘西等 15 个重灾县区补充纳入巨灾保险范围，为贫困地区的救灾和灾后重建工作提供了有力的资金保障。

（五）支农融资模式促农村金融发展

为贯彻落实中央农村工作会议精神，解决“三农”融资难、融资贵的问题，湖南省出台了“新型农业经营主体贷款保证保险”（简称“财银保”），以农险业务为基础，通过保单质押和小额信贷保证保险等方式提供担保，为农户融资提供增信支持。

二、农业保险制度建设

为落实好农业保险这项强农惠农政策，湖南省在制度建立方面做了一系列工作。

（一）建立省农业保险联席会议制度

湖南省从试点初期就建立了跨部门联动的省农业保险联席会议制度，由分管农业保险副省长任召集人，省委宣传部、省财政厅、省地方金融证券办、省农业厅、湖南保监局、省水利厅、省农办、省气象局和承保的保险公司为成员单位，联席会议办公室设在省财政厅，省财政厅厅长兼任办公室主任。同时市县也相应成立了协调管理机构，促进全省农业保险稳步发展。

（二）出台农业保险各项管理制度

出台《保费补贴资金管理办法》《农业保险费用管理规定》《农业保险工作考核办法》《特色农险奖补通知》等一系列农业保险发展及管理制度，明确了湖南省农业保险的财政补贴方式、农业保险模式、具体操作、监督管理、考核和绩效评价等内容，为农业保险各项工作提供了行动纲领。

（三）建立农业保险基层服务体系

湖南省首创和构建了多部门、多层次的农业保险工作管理体系，搭建了“乡乡有专（兼）干、村村有协保员”的农业保险基层服务体系，被财政部誉为“常德模式”并向全国推广。2012 年国家颁布的《农业保险条例》第十七条明确规定“保险机构经营农业保险业务，应当具有完善的基层服务网络”，使“常德模式”得到了法律层面的认可。

（四）注重理论研究助推实践

2013 年，湖南省成立了全国第一个农业保险学术研究团体——湖南省农业保险研究会，目前已有个人会员 286 人，团体会员 53 家。成立三年多来，省农业保险研究会建立了各项制度，不少研究成果已经被吸纳到湖南省农业保险政策之中。

三、初 步 成 效

（一）发挥“稳定器”作用，农民利益得到有效保障

湖南省是农业大省，自然灾害频发，农民因灾致贫、因灾返贫现象时有发生，农业保险充分发挥了“稳定器”作用，为农民撑起了一把“保护伞”。2016 年，湖南省农业保险保费收入 26.02 亿元。其中，中央品种保费收入 21.54 亿元，省级特色农业保险保费收入 4.48 亿元，12 个险种中，烟叶、湘莲、水稻制种承保比例较高，分别达到 87.55%、74.55%、52.47%，其他的 9 个品种承保比例均低于 50%。过去 9 年，通过开展农业保险，湖南省受灾农户共获得保险赔款 99.78 亿元。农业保险赔款已成为农民灾后恢复生产和灾区重建的重要资金来源。

（二）发挥“放大器”作用，资金使用效益显著提高

农业保险通过财政补贴的方式，帮助农民缴纳少量保费即可参加保险获

得风险保障，充分调动了社会和市场的力量。2016 年，湖南省各级财政投入财政保费补贴资金 18.90 亿元，撬动了 1011.25 亿元保险保障资金，财政资金使用效应放大近 53.51 倍，充分发挥了财政资金“四两拨千斤”的杠杆作用和放大效应。

（三）发挥“促进器”作用，农业产量实现稳步增长

一是农业保险解除了农民的后顾之忧，引导农民主动增加粮食、生猪等大宗农产品的生产，促进了农产品产量稳步增长。以生猪为例，实施农业保险以来，湖南省人均生猪出栏量和外销量稳居全国第一。二是进一步满足农民差异化保险需求，促进地方重点农业产业发展。2016 年，湖南省在自主开展的烟叶、肉鸡等 10 个特色农业保险品种的基础上，增加了水稻制种保险和生猪价格指数保险试点，实现了由“生产环节保障”向“制种环节保障”、由“自然风险保障”向“市场风险保障”的拓展。在 59 个县市区开展了水稻制种保险，33 个县市区开展了生猪价格指数试点，水稻制种保险和生猪价格指数保险受到了广大农民的欢迎，生猪和制种水稻产量呈现平稳增长态势。

（四）发挥“助推器”作用，保险业务得以迅速扩展

农业保险为保险公司创造了新的发展机遇，成为了保险公司的发展“助推器”。一方面，拓宽了保险公司的经营范围，增加了承保公司的经营收入。另一方面，保险公司不断提高服务能力和服务水平，逐步完善农业保险基层服务体系，展示了公司实力，宣传了形象，扩大了客户群，带动了公司其他业务的发展。

第十八篇　广西壮族自治区探索试点糖料蔗价格指数保险

一、首年试点情况

2016年，广西试点开展了糖料蔗价格指数保险。每亩保险费为180元，其中政策性补贴80%，糖厂补贴10%，农户自缴10%，自治区财政共筹集各类资金5823万元用于补贴农民购买保险（其中，自治区价格调节基金出资3000万元，自治区财政补贴2033万元，农业部从创新基金给予支持790万元），共承保“双高”基地糖料蔗40.44万亩，占已建成“双高”基地总面积的31%。首年试点共实现保费收入7278.90万元，参保农户为1.13万户，保险公司累计向蔗农支付赔款1213万元。试点首年，参加保险试点的蔗农，可以享受到每吨6元的保险赔款，按照大户种植50—80亩测算，每户可增加净种植收益1500—2400元，按2015年广西壮族自治区农村居民人均纯收入9467元、户均3人计算，可提高家庭纯收入5%—10%，通过保险在一定程度上实现了提高蔗农种植积极性、稳收增收的政策目的。

二、存在的主要问题

（一）保险期限短

糖料蔗属于一年种植多年收获的作物，一年期的保险难以确保后续几年的种植收益，蔗农投保存有顾虑。

（二）保险收益低

受国际糖价上涨影响，2016 年国内糖价从年初的 5400 元每吨涨到年底的 6400 元每吨，因为价格指数保险主要保的是价格下跌的风险，所以白糖价格的持续上涨导致首年赔付总额较少，加上首年试点缺乏经验，农民收益相对较低。

（三）保险方案设计相对复杂

保险保障对象既有蔗农又有糖厂，两者虽然有紧密的生产合作关系，但却有完全不同的利益诉求，很难同时满足二者的风险需求。

（四）保险条款不够通俗易懂

糖料蔗价格指数保险与普通的农业生产保险有较大的区别，虽然保险方式和理赔方式较为简单，但保险条款专业术语多、条款复杂，蔗农理解存在难度，加大了保险推广的工作压力。

（五）试点持续推进筹资压力大

首年试点方案是一年期的，补贴资金的一部分属于一次性补贴资金，不具有可持续性，加上广西财政负担能力相对有限，随着试点面积的扩大，地方财政补贴资金压力进一步扩大。

三、新试点方案的路径规程

广西保监局联合自治区糖业办指导保险公司对深化试点方案进行了大幅度的修订，进一步优化了运行机制，对保险期限、保障对象、保险价格、条款设计、计算方法、赔付处理都进行了完善，基本解决了首年试点存在的问题。新方案中蔗农的自缴比例维持不变，各级财政补贴保费的 90%，蔗农自缴 10%，建档立卡贫困户自缴保费由财政资金承担。

（一）明确政策性农业保险属性

原保险方案的实际被保险人包括蔗农和糖厂，较为复杂，新方案确定价格保险的被保险人仅为蔗农，实现与目前政策性农业保险的政策有机衔接，可大幅提高保险保障程度，并对建档立卡贫困户的蔗农起到精准扶贫的助推作用。同时，在保险公司赔付较少的年份，提取平滑基金，用于大灾年份的赔付分担，确保保险行业不在试点项目中获取暴利。

（二）延长保险试点期限

糖料蔗属于一年种植多年收获作物，一年期的价格保险难以确保后续几年的种植收益，同时结合糖价波动周期为三到五年的市场规律，为更好发挥价格指数的引导作用，打消蔗农顾虑放心种植，价格指数保险的保险期限从原方案的一年延长到五年，提前锁定蔗农未来五年的种植收益。

（三）扩大保险试点范围

为有效发挥糖料蔗价格指数保险的保障功能，让更多的蔗农享受到政策性保险的保障，新方案自 2017 年起，分阶段逐步扩大糖料蔗价格指数保险面积。根据自治区财政补贴资金筹措情况，开展保险试点面积不低于 50 万亩，争取覆盖 100 万亩。在获得中央财政支持的情况下，争取覆盖已建成的全部“双高”基地，2017/2018 榨季保险面积达到 230 万亩，以后各榨季将当年新增“双高”基地纳入保险实施范围。

（四）合理确定糖料蔗保险价格

新方案依据白糖以及糖料蔗价格的历史变动数据，区分低价、平价和高价三个区间，以确保蔗农收益和机制的平稳运行为目标，科学合理厘定糖料蔗保险价格：

1. 价格下跌有保底

蔗农面临的最大风险就是糖料蔗价格下跌的风险，这也是糖料蔗价格指数保险保障的核心，即当糖料蔗收购价格大幅下跌时，蔗农仍能通过保险赔偿获得高于其种植成本的保底收益，让蔗农种植心中有底。目前蔗农种植糖料蔗的成本大约在每吨410—420元左右，为保证蔗农获得一定的种植收益，确定最低保险价格为480元/吨，确保在糖价下跌导致收购价格下跌时，能够维持蔗农种植的积极性。

2. 价格适中有收益

当糖价处于中间价格区间时（5900—6700元/吨）适当增加蔗农20—25元/吨的种植收益。2016年的糖价基本就在5400—6600元/吨的区间运行。当糖价处在这一区间时，糖价越高，保险价格也越高，并且保险公司设定的保险价格高于最低收购价20—25元，当价格处于这一区间时，蔗农仍可以获得20—25元/吨的保险赔款，让蔗农共同分享糖价上涨的红利，可在较大程度上增加蔗农收益，提高蔗农种植的积极性。

3. 价格上涨有补偿

当糖价高于6700元/吨时，蔗农可以获得较为可观的种植收益。但糖价波动具有一定的周期性，高价过后往往容易出现下跌，为避免出现蔗农脱保的尴尬局面，当糖厂支付给蔗农的收购价格高于保险价格时，保险价格调整为糖料蔗收购价格上浮10元/吨。即价格处于较高水平时，蔗农仍能获得10元/吨的赔款，高于3—3.5元/吨的自缴保费，从而保证投保的积极性，达到长期持续参加保险的目的。

（五）科学厘定保险费率

糖料蔗保险价格比糖料蔗收购价格高20—25元/吨，也就意味着，正常年景每吨糖料的赔款为20—25元左右。除去保险公司基本运作成本，每吨糖料蔗大概5元左右的利润。按照5—7年的价格周期计算，保险公司积累的利润在30—40元。新方案设置480元/吨的托底价，意味着糖价大幅下跌的风险将转移至保险公司，以2014/2015榨季为例，当年的收购价为400元/吨，保险公司的赔款为80元/吨，除去当年的保费和基本运作成本，保险公司的亏损在40—50元/吨，基本与保险公司糖价周期内积累的利润持平。总体来看，30—35元/吨的保费水平是合适的，2017/2018榨季为30元/吨（2016年为36元/吨，2017年保费优惠了6元/吨），按照每亩吨的保险产量，每亩保费为180

元/亩。以后各榨季根据投保时的糖价走势、上一年度保险经营情况等因素综合确定。

（六）财政补贴保费资金测算

每亩“双高”基地按6吨乘以投保面积计算确定保险数量（吨），每吨糖料蔗保费为30元，实际每亩保费180元。经计算，实施50万亩糖料蔗价格指数保险，总保险费需9000万元，其中财政补贴8100万元。根据保险收费水平，以及财政补贴比例，50万亩、75万亩、100万亩各面积保险试点需要的财政补贴资金额度，见表13。

表13　广西糖料蔗价格指数保险财政补贴保费资金测算表

保险面积（万亩）	每亩保费（元）	总保险费（亿元）	财政补贴比例（%）	财政补贴金额（亿元）
50	180	0.90	90%	0.81
75	180	1.35	90%	1.215
100	180	1.80	90%	1.62

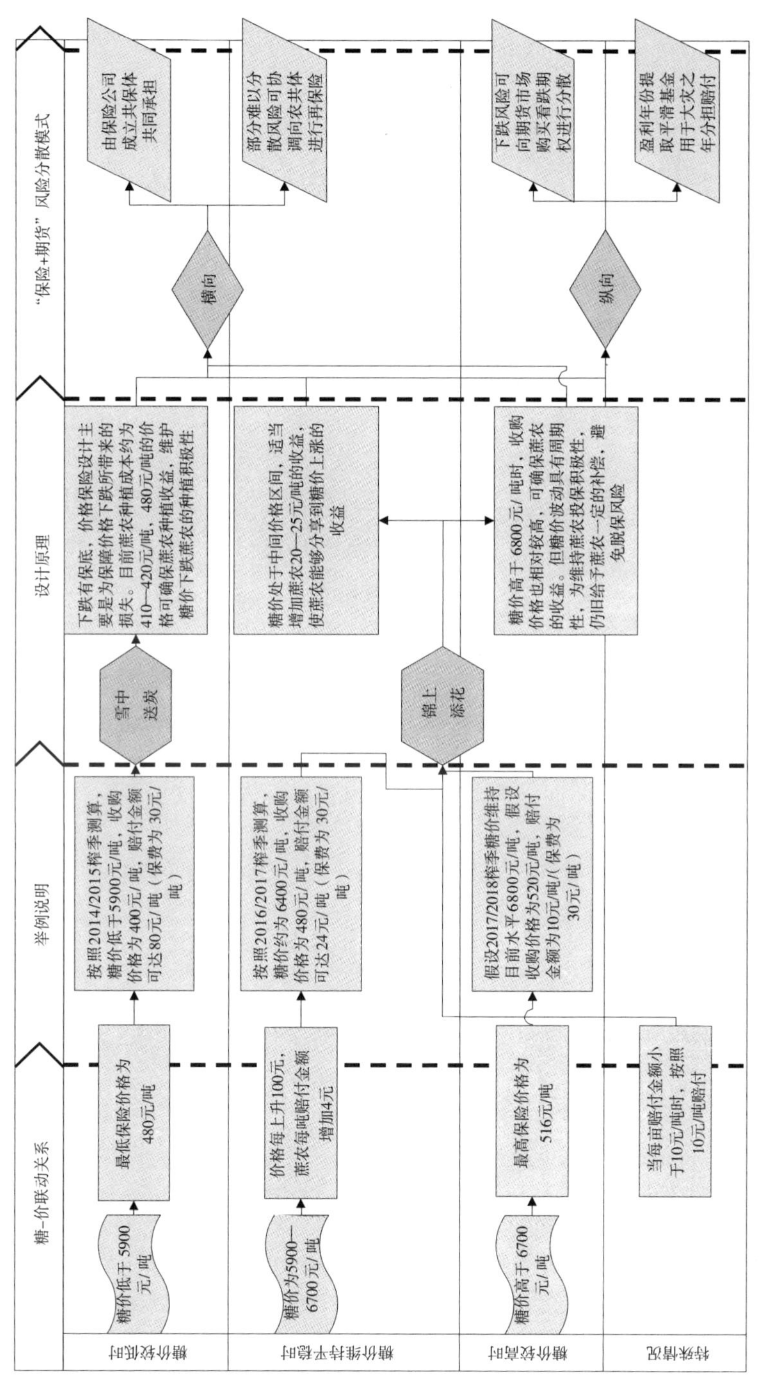

图1 2017/2018年榨季糖料蔗价格指数保险理赔流程示意图

第十九篇　广西壮族自治区全域开展农房保险

广西沿边沿海，地质地貌复杂，自然灾害多发，2000 年以来每年因洪涝、台风、冰雹、泥石流等各种自然灾害和火灾导致的农村民房倒塌和毁坏平均超过 30 万间，广大受灾农户因灾致贫、因灾返贫的现象较为突出，给政府救灾及脱贫攻坚工作带来巨大压力。2011 年，广西壮族自治区人民政府在总结“两属两户”农房统保以及部分市县农房统保经验的基础上，实施了全区农房政策性保险统保工作，为帮助受灾农民恢复重建和缓解政府救助压力发挥了应有的作用，农房统保工作连续 7 年被列为自治区人民政府“为民办实事”项目。

一、农房保险开办模式

广西政策性农房保险按照“政府主导、市场运作，政企共赢、农民受益”的模式开展，保障范围涵盖全区所有农村户口的农民房屋，保费由自治区、市（县）两级财政按照 8∶2 的比例全额出资，农民可多交保费增加保障额度，实现基本保障加补充保障的结合，满足不同层次的保障需求。

（一）政府主导推动、保险商业运作，充分放大财政救助资金效应

广西壮族自治区人民政府从转变政府职能、创新社会管理手段的角度出

发，引入商业保险机制完善政府救灾体系。2011 年，广西政策性农房保险以“政府主导推动、保险商业运作”的模式，确定了“财政全额出资、长期定向合作”的方式，实行全区统保，财政资金每年拨付 1 亿元，2015 年随着保额提高及保障范围扩大，财政资金出资提高至 1. 2 亿元。保费 2016 年达到 12191. 48 万元，其中政府出资 12191. 41 万元，农户交纳 0. 06 万元，费率 0. 06%，保险金额达 192. 92 亿元，充分放大了财政救灾资金的效应，保证了财政资金预算的计划性、合理性和稳定性，通过每年定额财政投入避免了因突发重大自然灾害给财政预算造成的不确定性，利用商业保险机构专业化管理技术和人才队伍，有效提升灾害救济的覆盖范围、保障水平和救助的效率。

（二）民政牵头实施、统一承保签单，有力促进支农惠农政策落地

为保证农房政策性保险这一支农惠农政策及时有效地推动落实，广西采取了由民政部门具体实施、在自治区级层面统一推动的方式，由民政部门牵头推动农房保险的实施。广西壮族自治区民政厅有效协调各方、统筹组织实施，自治区财政厅、保监局等部门积极参与并给予大力支持。由于广西农房保险采取的是区、市（县）共同出资的方式，为避免因各地执行时间不一致影响政策效果，自治区政府专门下发文件，明确工作要求，统一进行部署，并与保险公司商定统一的起保时间，统一完成保单签发工作，大大提高了推进效率，做到“应保尽保”，确保了支农惠农政策的扎实落地。承保公司由人保独家承保到引入公开招标机制，确保保险服务到位。

（三）建立联席制度、完善监督机制，促进农房保险机制顺利运转

为全面加强农房保险工作的组织领导和工作协调，建立由民政、财政、保监局、保险公司等多方参与的组织领导机构及联席会议制度。明确各方职责，制定相关制度，加强对各环节的指导、协调和监督，协商解决运行过程中存在的问题、定期向政府汇报工作情况。各级财政部门负责将保险费列入本级财政预算，确保保险费全额支付，加强保险费使用和安排情况的监督管理。县级

民政部门加强对保险赔款的监督管理，规范资金使用程序，建立专户，将保险理赔工作列入政务、村务公开的内容，确保保险赔款真正用到受灾农户的灾后重建上。

（四）强化基层服务、明确理赔标准，确保农房保险运行公开透明

为进一步完善政策性农房保险工作机制，加强民政部门与承保公司之间的协调配合，广西建立了农房保险联络员工作制度。各县（市、区）民政局和各乡镇政府指定本级1名民政干部为农房保险的联络员，承保公司县（市、区）分支机构分别指定1名理赔专员为农房保险联络员，及时通报灾害预警、灾害救助应急响应情况，协助查勘定损，调解争议，监督公示，并明确了考核机制，确保联络员充分发挥功能作用；为促进农房保险理赔的标准化和规范化，广西出台了《农村住房政策性保险房屋全部损坏界定标准和争议裁定办法》，明确认定为房屋全损的9种情形，并在区、市、县级民政部门设定房屋全损裁定办公室，解决实际工作中存在的农房全损认定争议问题，增强了农房保险理赔的公开与公正性。

二、取得成效

（一）保险责任不断扩展

农房保险保障责任涵盖雷击、台风、龙卷风、暴雨、暴风、洪水、冰雹、冰凌、泥石流、崖崩、滑坡等自然灾害以及火灾、爆炸等事故所造成的农房损失，由于飞行物体及其他空中运行物体坠落以及外来不属于被保险人所有或使用的建筑物或其他固定物体的倒塌、撞击所造成的农房损失也在保障范围内。2015年，广西进一步完善了农房保险保障范围，将地震巨灾风险纳入保险责任。目前，农房保险责任范围已涵盖农村住房可能面临的主要自然灾害及意外事故，农民抵御农房遭受损害的能力进一步增强。

（二）保障程度不断提高

广西保监局推动财政与民政部门，不断提升农房保险保障额度，农房基础保险金额已从最初的每户 1 万元增至每户 1.8 万元，同时农户通过自缴保费可将保额提高 3000—7500 元不等。据统计，统保以来，农房保险累计向全区 19.1 万农户赔付 5.56 亿元，为受灾农户恢复重建减轻了资金压力，成为受灾农户灾后住房重建资金的重要来源，在帮助农村居民应对自然灾害、实现居有其所方面发挥了积极作用。

（三）防灾防损功能不断发挥

农房保险已成为广西壮族自治区人民政府防灾减灾的重要手段。民政厅与承保公司建立了民政救灾信息管理系统与保险公司农房统保业务数据库的数据实时交换制度，数据交换内容包括受灾户的个人信息、受灾情况、保险赔付等数据，相关定损与赔付数据作为各级民政部门评估灾害损失、管理因灾倒房恢复重建工作的重要参考信息。2017 年度承保时首次引入了减灾准备认证，明确通过民政部门减灾准备认证的农村社区，每户保险金额可由 1.8 万元提高至 2.3 万元，通过经济手段引导农民积极参与防灾减灾工作，探索构建"保险+减灾"的农村地区防灾减灾新思路，进一步增强农村地区防灾减灾的意识和能力。

第二十篇　四川省建立农业保险地方财政分级补贴机制

四川省纳入地方财政补贴的农险产品分为中央保费补贴农险品种和地方特色农险品种两类，保费补贴来源和补贴结构各有差异。

一、中央补贴品种农业保险补贴情况

为切实增强农业、农村和农民抵御自然灾害风险和应对重特大意外事故的能力，2007 年四川省作为全国首批试点的 6 个省（区）之一，率先启动了政策性农业保险保费补贴工作，得到了四川省各级党委、政府的高度重视和大力支持。近 9 年来，四川省农业保险品种不断丰富，政策逐步完善，在降低农业生产风险、稳定农户增收方面发挥了积极作用。目前，四川省纳入中央财政保费补贴保费范围的包括水稻、玉米、小麦、油菜、马铃薯、青稞、能繁母猪、育肥猪、奶牛、藏系羊、牦牛、森林等 12 个品种。在满足中央要求的省级及地方补贴比例的前提下，省级财政对不同大类险种、不同区域实行差异化的补贴政策，根据地方可调控财力系数、保费规模、农业产值、民族自治等因素，加权测算各地综合系数后进行排序分档，按照各档补贴比例等差原则，确定省级与市（州）、扩权试点县（市）财政部门分担比例。各级财政具体补贴保费比例详见表 14。

表 14　四川省农业保险各级财政保费补贴比例表　　（单位:%）

地区		种植业			养殖业（不含牦牛、藏系羊）			林业					
								公益林			商品林		
		中央	省级	市县	中央	省级	市县	中央	省级	市县	中央	省级	市县
成都市		40	16	19	50	10	20	50	19	21	30	19	26
攀枝花市、德阳市、绵阳市、宜宾市、泸州市、乐山市等6市		40	19	16	50	12	18	50	22	18	30	22	23
自贡市、南充市、眉山市、广元市、达州市、凉山州、甘孜州、阿坝州等8市(州)		40	22	13	50	14	16	50	25	15	30	25	20
资阳市、内江市、遂宁市、雅安市、广安市、巴中市等6市		40	25	10	50	16	14	50	28	12	30	28	17
扩权县	峨眉山、米易、什邡、绵竹、广汉、华蓥、盐边、古蔺、江油、大竹、威远、珙县、石棉、射洪、仁寿、宣汉等16个县	40	26	9	50	17	13	50	29	11	30	29	16
	江安、筠连、青神、丹棱、平昌、泸县、夹江、隆昌、简阳、长宁、富顺、峨边、渠县、大英、宜宾、洪雅、兴文、合江、高县、武胜、邻水、南部、荣县等23个县	40	28	7	50	18	12	50	31	9	30	31	14
	犍为、阆中、资中、中江、岳池、安县、旺苍、叙永、北川、南江、营山、汉源、平武、荥经、蓬溪、开江、沐川、乐至、井研、马边、芦山、屏山、剑阁、安岳、通江、仪陇、万源、蓬安等28个县	40	30	5	50	19	11	50	33	7	30	33	12
	罗江、苍溪、三台、青川、西充、天全、梓潼、宝兴、盐亭等9个县	40	32	3	50	20	10	50	35	5	30	35	10

注：牦牛保险各级财政补贴比例分别为中央40%、省级33%、州县7%；藏系羊保险各级财政补贴比例分别为中央40%、省级30%、州县10%。

为切实减轻产粮大县财政支出压力，四川省在产粮大县全面实施水稻、小麦、玉米三大粮食作物农业保险保费补贴支持政策。在上述补贴政策基础上，将县级财政三大粮食作物保费补贴比例统一降至3%，省级财政补贴比例统一提高至32%，产粮大县所在市（州）不再分担保费。

通过相关部门单位几年来的共同努力，目前，四川省农业保险在保险品种数量、保费规模等方面均位居全国前列。在农业保险保费补贴政策引导下，农户参保积极性不断提高，截至2016年年末，四川省累计保费规模约173亿元，为约2.9亿户次参保农户提供超过8986亿元的风险保障，约2685万户次参保农户因灾获得赔款约92亿元，为稳定农业生产、促进农民增收发挥了重大的作用，也受到了广大农户的欢迎。

二、地方特色农业保险补贴情况

为促进地方特色农业产业发展，扩大农业保险政策惠及面，四川省自2010年起建立了特色农业保险奖补制度，鼓励各地开展烟叶、肉牛羊、水果、涉林等以自然灾害、重大病虫害和意外事故等为保险责任的特色种养殖业保险。对地方财政给予参保农户保费补贴的，省级财政按照市县政府保费补贴支出的一定比例给予市县政府奖补。根据财力和民族地区等因素对各地进行排序分档，按照各档奖补比例等差原则确定具体奖补比例为：第一档成都市奖补比例20%；第二档攀枝花市、德阳市、绵阳市、宜宾市等4市25%；第三档其余13市30%；第四档阿坝州、甘孜州、凉山州及扩权试点县（市）35%。在市（州）、县（市、区）两级分担结构上，非扩权试点县（市）的保费补贴承担比例由所在市（州）自行确定。2015年，为进一步加大对贫困地区的支持力度，对88个贫困县在以上分档奖补政策基础上相应提高10个百分点。

近年来，四川省特色农业保险工作发展迅速，开展工作的市县和保险品种不断增加，累计开设了蔬菜、水果、茶叶、肉牛羊等43个特色农业保险品种（其中，省级财政补贴的占27个），累计保费规模达10亿元，地方政府累计安排保费补贴资金约8亿元，省级财政兑现奖补资金约2亿元，农户因灾获赔约3亿元，促进了地方特色农业产业发展。

第二十一篇　四川省开办土地履约流转保证保险

随着农村外出务工人员的增加，农村土地流转规模不断扩大，失约风险也在逐渐增高，项目业主单方毁约、失约、临时退出等，造成土地租金损失，损害农民利益的现象时有发生。为推动农村土地流转风险得到有效防范，四川保监局指导保险机构加大调研力度，不断探索论证，积极与地方政府沟通汇报，创新开办了土地履约流转保证保险，切实建立了农村土地流转风险的保障机制。

一、基本情况

2015 年 12 月 4 日，中华联合与邛崃市冉义镇的友良种植合作社签下全国首单农村土地承包经营权流转履约保证保险合同，填补了农业保险品种在土地流转领域的空白。截至 2017 年，四川全省已有中华联合、人保财险、平安财险、锦泰财险等 4 家保险公司，在成都市邛崃、新津、都江堰、彭州、崇州、新都、金堂、郫县、青白江、大邑、锦江、天府新区等 10 余个区县、宜宾筠连县等地开展土地流转履约保证保险。年基准费率为 3%，保险金额依据投保人与被保险人签订的《土地承包经营权流转合同》项下投保人应在保险期限内支付的土地流转租金确定。2015 年年底至 2016 年年底累计承保土地面积 28.9 万亩，保障土地租金收益金额 1.6 亿元，保障土地流出农民 15.2 万户次，实现保费收入 468.5 万元；2017 年上半年共承保土地面积 11.3 万亩，保障土地租金收益金额6658万元，保障土地流出农民4.7万户次，实现保费收入189.7万元，支付赔款38.7万元。

表15　四川省土地履约流转保证保险情况

承保公司	2016年				2017年上半年				
	保费收入（万元）	保险金额（亿元）	承保面积（万亩）	农户户次（万户）	保费收入（万元）	保险金额（亿元）	承保面积（万亩）	农户户次（万户）	赔付金额（万元）
平安财险	72.03	0.24	5.22	3.09	57.4	0.19	3.52	1.23	12.7
人保财险	119	0.44	4.7	3.4	24	0.0808	0.54	0.32	6.9
锦泰财险	61.53	0.22	4.47	—	41.84	0.16	2.33	1	19.05
中华联合	215.89	0.723	14.47	8.68	66.44	0.235	4.9	2.1	—
合　计	468.45	1.623	28.86	15.17	189.68	0.6658	11.29	4.65	38.65

其中，邛崃市民鑫魔芋种植专业合作社在邛崃市大同乡陶坝村流入土地635亩用于种植魔芋，并购买了“土地流转履约保证保险”，累计缴纳保费3810元，其中政府补贴50%，合作社自缴保费1905元，由平安财险、锦泰财险共同承保。2017年5月由于该合作社股东人员结构复杂，经营管理不善迟迟未向农户支付租金，产生了保险项下赔付责任，保险公司立即向邛崃市大同乡陶坝村10组、12组的54名被保险人（村民）支付保险赔款，涉及流转土地635亩，最终土地流出农户累计获得赔付款31.75万元，减少了农户因流入人违约导致土地撂荒、耽误农时，给农户造成的经济损失。

二、主要做法

（一）政府引导、市场运作

土地履约险坚持以政策扶持为主导，以市场运作为基础，保险机构经过反复调研、摸索，了解市场需求，积极对接地方政府，在财政补贴政策大力支持下①，

① 成都周边地区县财政提供50%的保费补贴，宜宾筠连县县财政提供了70%的保费补贴。

充分调动和激发土地流转规模经营业主的积极性，以经营业主自愿参保为基础，逐步将保险纳入土地经营流转过程中，不断提高土地履约险在保障土地流出农户利益上的重要性。

（二）循序渐进、风险可控

土地履约险开办时间不足两年，是一项创新性较强的业务，直接服务于农村、农民，在风险识别、风险选择、定价机制尚未成熟的情况下，保险机构通过加强风险防控，严格承保理赔标准设计，在既能大力扶持土地正常流转，又能有效防范违约风险的前提下，平稳有序地推进，确保该业务不发生较大的系统性风险。

（三）保后支持、多重保障

土地流转后，直到农产品成熟、土地租金交割，有一定的时间，还需要根据市场行情来判断收益。保险机构需要在此期间承接大量的保后工作，包括农产品生产成本保险、农产品收入保险、与政府对接作物补贴、保费补贴等，这些工作既能降低流入经营业主的资金成本，又能减少违约风险。

（四）及时和解、完善理赔

若经营业主确因经营问题，导致发生违约风险，保险机构第一时间收集相关资料证据进行核实，并在获得政府的支持下，联系经营业主与流出农户进行和解，力求尽可能地化解风险。如果和解无效，保险机构及时启动理赔流程，按照约定核定赔偿并支付保险赔偿金，以保障土地不会撂荒、耽误农时，以及流出农户的合法权益。

三、产品特点

土地履约险最大的特点是契合了现代农业发展中，土地市场化流转活动不断增加的趋势，保障了流出农户的合法利益。主要有以下几个特点：

（一）有利于完善土地流转机制

在进行土地流转过程中，土地履约险能以市场化机制，切实帮助农民规避风险，使农户在土地流转过程中降低风险，对土地出让方和土地承租方达成流转协议提供有力支持。

（二）有利于规范土地流转体系

土地履约险能直接为土地承租人增信，保证租约的稳定性，构建有序的农村产权流转秩序，形成农村土地经营权流转的良性机制，规范交易行为、监督合法经营，保障土地转让方的利益。

（三）有利于建立科学的农村土地评估体系

土地履约险承保前，保险机构与政府配合对土地进行确权，开展对土地条件的科学评估，对地租形成、价值和风险确定提供依据；承保后，保险机构加强了对承租人的经营监督，对其背景、主营业务、土地使用情况进行跟踪了解，提高了土地的使用效率和经营成效。

（四）有利于健全土地流转纠纷调解机制

土地履约险有效承接了政府的非行政职能，避免因某一承租人违约，导致大面积流出人的恐慌心理，大大减少了群体性事件发生，保险机构配合政府开展土地流转纠纷化解工作，在降低土地出让纠纷事故中，发挥了重要作用。

四、下一步工作打算

加大土地流转是发展现代农业的必由之路，土地流转履约保证保险有利于优化土地资源配置和提高劳动生产率，有利于保障粮食安全和主要农产品供给。四川保监局高度重视土地履约险的发展，一是将继续紧跟国家农业农村发展导向，按照中央一号文件要求，积极扩大土地履约险的试点区域，在四川省范围内大力推广，并指导保险机构根据各地区的集约化程度因地制宜出台适合当地的保险方案,真正发挥保险的功能作用。二是发挥信用保证保险的特点,积极与政府和相关部门加强协调、紧密配合,降低因土地流转失约而造成的农户经济损失,保护土地流转当事人的合法权益,维护农村社会稳定。三是结合涉农保险政策,将农作物生产、农产品经营保险,融入到土地履约险承保后的经营风险管控中,加大保险机构对风险的监控,强化对农业、农村的服务,为农民提供全方位风险保障。四是指导保险机构采取多种形式进行宣传,包括农业和信用保证保险的惠农政策等,充分利用新闻媒体、宣传单、宣传画报等多种形式,增加经营业主和流出农户自愿投保的积极性,充分提高土地履约险的服务能力和水平。

第二十二篇　宁夏回族自治区盐池县“脱贫保”让贫困群众脱贫路上零风险

宁夏回族自治区盐池县2016年开始在建档立卡贫困户中大力推行保险扶贫，为贫困户量身定制特色农业保、羊肉价格保、大病医疗补充保等14种脱贫保险，由贫困户自行选择、县财政给予保费补贴。这一做法，既兜住了因病因灾返贫致贫的底线，又为发展产业增收致富保驾护航。2016年共筹集资金2217.5万元（其中中央及自治区财政资金313.8万元、县财政资金667.7万元、扶贫专项资金557.4万元、群众自筹678.6万元；建档立卡贫困户每户保费财政补贴最高额度为1000元，非建档立卡户每户保费由财政补贴60%，最高额度为500元），实现政策性农业签单保费1769.63万元，同比增速30.06%，74个贫困村的11228户建档立卡贫困户34046人全部参保，实现全覆盖，各类理赔金额达2027.3万元，赔付率达114.56%。

一、基本做法

（一）科学设计险种

聚焦市场和自然风险，科学制定保险扶贫模式和设计脱贫保险品种，采取“个人参保+政府补贴+商业保险”方式，推行“2+X”菜单式“脱贫保”模式，即建档立卡贫困户家庭成员意外伤害保险和大病补充医疗保险2个基本险种全覆盖，同时开发特色农业保、羊肉价格保、金融信贷保等多个补充险种（见表16）。

表 16　2016 年盐池县推行“脱贫保”情况一览表

序号	菜单	险种	保费	建档立卡户	非建档立卡户	保额	责任	参保情况	参保额度（万元）	赔付情况	赔付额度（万元）	赔付率（%）	备注
1	2	家庭成员意外伤害保险	100 元/户	由财政资金（含扶贫资金）全额承担	县财政补助 60%，群众自筹 40%	9.9 万元/户	对意外伤害导致的身故、伤残和意外住院医疗造成的生命财产损失进行赔付	投保 11228 户 34046 人，建档户投保率 100%	112.28	407 户 407 人	179.65	160.00	建档立卡户全覆盖
2		大病补充医疗保险	90 元/人	由财政资金（含扶贫资金）全额承担	县财政补助 60%，群众自筹 40%	最高 20 万元/人	对患大病的贫困户在医疗正常报销后，剩余费用再按 60%—80%比例报销	投保 11228 户 34046 人，建档户投保率 100%	204.28	115 户 115 人	103.3	50.57	建档立卡户全覆盖
3	X	老年人意外伤害保险	30 元/人	由财政资金（含扶贫资金）全额承担	县财政补助 60%，群众自筹 40%	1.3 万元/人	对老年人因意外死亡、残疾进行赔付	投保 24768 人	110.8	201 户 201 人	72.81	65.71	
4		残疾人意外伤害险	100 元/人	由财政资金（含扶贫资金）全额承担	县财政补助 60%，群众自筹 40%	9.65 万元/人	对残疾人因意外死亡、伤残赔付	投保 7145 人	32.63	1 人 1 户	9	27.58	
5		金融信贷保险	每贷款 1 万元收取 25 元，贷款 30 万元以上按 2.5‰收取	由财政资金（含扶贫资金）全额承担	县财政补助 60%，群众自筹 40%	贷款额度	发生意外伤害导致身故、伤残，由保险公司代贫困户偿还贷款	投保 21768 户 21768 人	600	27 户 27 人	436	72.67	
6		互助社成员保险	每贷款 1 万元收取 25 元	互助社	互助社	贷款额度	因疾病死亡、意外死亡、高残由保险公司代偿	投保 3397 户 3397 人	8.4	7 户 7 人	7	83.33	
7		妇女安康保险	100 元/人	由财政资金（含扶贫资金）全额承担	县财政补助 60%，群众自筹 40%	2.5 万元/人	15—60 岁妇女病赔付						

续表

序号	菜单	险种		保费	建档立卡户	非建档立卡户	保额	责任	参保情况	参保额度（万元）	赔付情况	赔付额度（万元）	赔付率（%）	备注
8	X	种植业保险	马铃薯收益保险	70 元/亩	区财政 50%、县财政 30%、扶贫资金 20%	县财政补助 60%，群众自筹 40%	1750 元/亩	价格下跌或产量降低导致收入低于预期收益时进行赔付	投保 151 户 962 亩	6. 73				
9			黄花种植保险	60 元/亩	财政资金 50%、扶贫资金 50%	县财政补助 60%，群众自筹 40%	1000 元/亩	对自然灾害及晾晒期间连阴雨造成的损失进行赔付	投保 17 户 131 亩	0. 79				
10			玉米收益保险	35. 2 元/亩	财政资金 50%、扶贫资金 50%	县财政补助 60%，群众自筹 40%	880 元/亩	价格下跌或产量降低导致收入低于预期收益时进行赔付	投保 866 户 8461. 6 亩	29. 78	866 户 8461. 6 亩	28. 5	95. 70	
11			荞麦产量保险	12. 8 元/亩	县财政 9. 6 元/亩、扶贫资金 3. 2 元/亩	县财政补助 60%，群众自筹 40%	128 斤/亩	灾害造成产量减少，低于约定的三年平均产量时进行赔付	投保 6446 户 66417. 5 亩	85. 01	3446 户 66417. 5 亩	368	432. 89	
12		价格指数保险	滩羊肉价格指数保险	39. 6 元/只	县财政 80%、扶贫资金 20%	县财政补助 60%，群众自筹 40%	22 元/斤	因市场价格波动导致滩羊肉价格低于每斤 22 元进行赔付	投保 3161 户 93252 只	279. 98	2718 户 92 只	559. 96	200. 00	
13		养殖业保险	基础母羊、种公羊养殖保险	36 元/只	中央及自治区资金 15 元/只、县财政 15 元/只、扶贫资金 6 元/只	县财政补助 60%，群众自筹 40%	600 元/只	因自然灾害、意外事故、疾病造成羊只死亡时进行赔付	投保 3684 户 83041 只	298. 95	5670 户 93282 只	263. 08	88. 00	
14			能繁母猪养殖保险	60 元/头	中央及自治区资金 50%、县财政 30%、扶贫资金 20%	县财政补助 60%，群众自筹 40%	1000 元/头	因自然灾害、意外事故、疾病等造成死亡时赔付	1000 头					
合 计										1769. 63		2027. 3		

(二)加大政府财政投入

建档立卡贫困户脱贫保险个人参保费用全部由政府补贴财政买单,各级财政已投入保险费1538.9万元。对建档立卡贫困户实行高保额特惠政策,如贫困户家庭意外伤害险,保险责任达到了每户9.9万元;马铃薯收益保险,保险金额达到了每亩1750元。

(三)广泛宣传动员

扶贫办、政研室、党校与人寿、财险公司组成政策宣讲团,深入乡镇贫困村,向群众讲解“脱贫保”,使广大贫困户人人明白、户户知晓。保险公司还制作了服务卡,一卡在手、一目了然。

(四)建立多方合作机制

建立政府、银行、保险三方合作机制。财政投入500万元资金设立风险补偿金,与银行建立风险补偿合作关系,让贫困户免担保、免抵押就能获得贷款。推出金融信贷险、互助社成员人身保险。因重大灾难、重大疾病等不可抗力因素造成不能偿还的,由风险补偿金、商业银行、保险公司共同分担。

二、工 作 进 展

2017年,宁夏盐池县继续加大推广金融扶贫“盐池模式”,大力推进“2+X”(2即家庭成员意外伤害保险和大病补充医疗保险建档立卡户全覆盖,X即其他种类保险产品)扶贫保险工作。

(一)扩面提标

结合健康扶贫,对全县所有建档立卡户进行健康体检,大病补充保险分类型予以补贴,实现全县所有农民全覆盖。

（二）降低大病医疗保险起付线，提高保险额度

参保贫困户医疗费用，在城乡居民基本医疗保险报销后，医疗费在5000元至大病起付线之间按50%报销；在大病医疗保险起付线之上的，大病医疗保险报销后剩余费用由大病医疗补充保险按比例报销；个人自负的目录内医疗费用，由大病医疗补充保险报销80%，个人负担20%；个人自付的目录外医疗费用（对属县级以上综合医院认定的、该疾病治疗必需的、无法替代的药品和医疗器材费用），由大病医疗补充保险报销补偿70%，个人负担30%，大病医疗补充保险最高报销额度20万元。

（三）完善风险补偿机制

为兜住贫困群众因病、因灾返贫底线，确保贫困户脱贫路上不掉队，也同时保证合作保险公司投保积极性和理赔及时性，县财政整合资金设立了1000万元的“扶贫保”风险补偿金，完善了风险补偿机制。

三、取得成效

盐池县“脱贫保”零保费、高保额、险种多、功能全，覆盖建档立卡贫困户生产生活的方方面面，为群众撑起了“脱贫发展的保护伞”。

（一）化解了自然和市场风险

“脱贫保”给贫困户吃了“安心丸”，从根本上规避了自然和市场风险，真正实现了“脱贫路上零风险”。

（二）阻断了因灾因病返贫致贫

当贫困户遭遇不可抗力风险后，保险公司及时给予理赔，彻底斩断了天灾人祸这只“黑手”，阻断了脱贫路上的“拦路虎”，使广大群众患病不致贫、脱贫不返贫、受灾不减收。

（三）促进了建档立卡户持续增收

“脱贫保”使贫困群众不再担心因市场行情变化导致农产品价格波动，从而影响农户创收。比如，滩羊肉价格从2015年的每斤20多元下降到2016年的15元左右，通过建立基础母羊养殖保险和羊肉价格指数保险，虽然市场价格当时依然低迷，保险公司按照22元/斤的保额对投保的养殖户及时理赔，对2718户价格保农户赔付559.96万元，使养殖户收入没有因滩羊肉市场价格的波动而受影响，收入不降反增。据统计，盐池县2016年农村居民人均可支配收入8532元，增长11.2%，增幅居宁夏山区县之首。

（四）助推了农业结构调整

紧盯农业产业结构调整的方向和重点。设计和制定“脱贫保”险种和政策时，向滩羊、甘草、黄花、荞麦等特色优势产业倾斜，助推了农业结构调整。

（五）维护了社会和谐稳定

把工作做在前、把矛盾消除在未然，群众受灾后保险公司及时跟进，主动上门进行赔付，有效化解了影响社会稳定的不和谐因素。

四、经验启示

（一）推行“脱贫保”必须坚持政府引导、政策支持

建议改革政策性保险保费分摊机制，逐步提高中央、自治区补贴标准，合理确定市、县财政补贴标准，对贫困县取消县级财政承担的保费补贴，探索设立政府风险补偿基金。

（二）推行“脱贫保”必须坚持因地因人制宜

针对贫困地区和贫困农户不同致贫原因和脱贫需求，分类开发、量身定制保险产品与服务。建议在建档立卡贫困户中积极推行农房保险、农机具保险、

育龄妇女保险等，为贫困群体构建更加全面的安全网、保护伞。

（三）推行“脱贫保”必须坚持尊重、发动群众

“脱贫保”的目的是降低群众脱贫风险，因此必须尊重群众意愿，要把扶贫扶智教育、送金融保险知识下乡等活动结合起来，让群众牢固树立保险意识、履行保险责任，防止政府全盘买单养懒汉。

（四）推行“脱贫保”必须坚持改革创新

建立工作联动机制，加强政策互动、工作联动和信息共享是推行“脱贫保”的有力举措。各级政府和保险机构应加强保险产品与服务创新，满足贫困农户多样化、个性化的保险需求。

（五）推行“脱贫保”必须坚持多方配合

“脱贫保”不是保险公司、金融机构一家的事，需要涉农部门合力推进。扶贫部门要与保险机构密切协作，制定相关办法，并与财政部门协调扶贫专项资金对保费补贴的划分和拨付工作；财政部门要负责对扶贫补贴资金的管理、监督以及协调保费的拨付工作；保险机构要负责实施方案的具体落实；等等。

第二十三篇　中国农业保险再保险共同体

2014年11月21日，在中国保监会的指导下，中国财产再保险有限责任公司（以下简称"中再产险"）与我国境内具有农业保险经营资质的23家非寿险公司共同发起成立了中国农业保险再保险共同体（以下简称"农共体"），初步建立以农共体为主体的农业再保险体系，为建立国家财政支持的农业保险大灾风险分散机制奠定了基础。目前，农共体拥有32家成员公司和5家观察员公司。

一、运行机制

经过两年多的探索，农共体按照国家完善农业再保险体系的要求，不断完善运行机制，加强制度管理，初步搭建起比较完整的运行框架。

（一）基本原则

根据《中国农共体章程》规定，农共体坚持以下基本原则：一是市场运作、政策引导。农共体遵循市场化运作原则，保险监管部门和相关政府部门通过政策引导，为我国农业保险提供稳定的再保险保障，确保农业保险体系稳健运行。二是风险共担、合作共赢。充分整合国内保险业资源，调动各方面积极因素，形成全行业共同应对农业风险的合力，实现各参与主体的合作共赢。三是稳定运行、逐步完善。农共体在组织架构、运行机制等方面要建立长效机制，持续优化、逐步完善,确保体制机制设计科学合理、保障能力长期稳定。

(二)组织架构

农共体的最高权力机构是成员大会,由全体成员公司构成,设轮值主席一名,负责定期召集并主持成员大会,共同商讨农共体的重要事项、形成成员大会决议。成员大会下设管理机构,委托中再产险管理,负责农共体日常运行管理,执行成员大会相关决议,并完成保监会和相关部委交办的有关任务。另外,农共体设有专家委员会和费用监督委员会,分别提供研究、咨询服务和负责费用审批、监督。

(三)业务规则

农共体的业务范围是成员公司的种植险、养殖险、森林险的再保险业务。成员公司既向农共体分出农险业务,又从农共体分入农险业务,并遵守相应的业务规则。

业务分出规则主要有:一是成员公司自行确定分出需求,通过再保险市场确定再保条件和定价;二是成员公司将其每一笔分出的业务按不低于50%的份额分给农共体;三是每一业务年度该公司的所有分出业务使用同一比例,首席份额和起赔点按照相应业务管理办法执行。

业务分入规则主要有:一是成员公司只能从农共体分入农业再保险业务,且不能回分自身业务;二是成员公司自行申报承保能力,且一个业务周期(三年)内不能下调,一个业务周期期满后,成员公司可重新申报承保能力;三是成员公司申报的承保能力调整幅度不超过上一年度的50%。

管理机构的业务管理职能:一是监督成员公司遵守业务规则;二是经成员公司授权代表成员公司做好承保、理赔、账务结算工作;三是审核承保能力,确定成员公司的接受份额。

二、发展成效

农共体起步稳健,发展迅速,在扩大再保险保障、稳定再保险渠道、支持行业发展创新、促进行业交流合作等方面，发挥了积极作用，基本实现了制度设计初衷。

（一）稳步扩大承保能力，提供稳定的再保险保障

农共体有效整合成员公司承保能力，持续扩大保障范围，提升保障程度，在我国农业再保险市场发挥了主渠道作用。

1. 提供充足稳定的承保能力供给

目前，农共体可为行业提供3600亿元的再保险承保能力，较成立初提高了40%，可基本满足行业再保险保障需求。2016年实际提供风险保障2080亿元，占市场份额57%，农共体担任首席再保人的业务占市场份额71%，继续发挥我国农业再保险市场的主导作用。

2. 保险保障水平大幅提升

2015年以来，农共体按照保监会、财政部、农业部联合开展“扩责任、提保障、简理赔”的农险产品条款改革要求，在全年风险暴露提高的情况下，坚持国际市场再保合约条件不变，为农险产品改革顺利完成提供了有力支撑。

3. 保障市场体系平稳运行

2015—2016年，农共体为行业累计赔付支出98亿元，有效支持了前端农业保险市场，尤其是在化解区域性、流域性大灾风险中发挥了重要作用。2015年，农共体为东北干旱、“灿鸿”台风、“彩虹”台风等重大灾害支付赔款6亿元，占当地农险赔付40%以上；2016年为东北特大干旱、南方特大洪涝等极端天气灾害支付赔款近20亿元，占当地农险赔付的35%以上，有效发挥了农业保险市场的稳定器作用。

4. 支持成员公司扶贫基层网点建设

农共体认真落实保监会和国家扶贫办的工作要求，举办农共体支持农业保险扶贫工作座谈会，联合成员公司在河北康保县、内蒙古太仆寺旗、河南汝南县等10个国家级重点贫困县打造保险扶贫基层共建网点，进一步加大对贫困地区农业保险的再保险支持和技术服务力度。

5. 完善农业风险分散机制

通过近三年来的实践，农业保险市场已经初步形成了直保公司提供基础

风险保障、农共体承担中高层风险保障的农业风险分层分散机制，为下一步配合国家完善农业再保险体系、探索建立财政支持的农业保险大灾风险分散机制奠定了基础。

（二）推动农业保险产品创新，服务行业创新发展

农共体严格落实保监会要求，通过产品研发、再保险保障、技术支持等有效手段，支持成员公司在国家鼓励发展的创新领域扩大承保能力，为农作物互联网指数保险、新型生猪价格保险、新疆棉花温度指数保险、北京温室蔬菜寡照指数保险、广西罗非鱼温度指数保险、安徽玉米收入保险等100多款创新型农险产品提供再保险支持和相关技术服务。同时积极配合成员公司探索“保险+期货”模式，在标的选取、模式设计、费率厘定等方面提供技术支持服务，为提升农户保障和服务国家农产品价格体制改革提供有效支持。此外，按照保监会进一步完善创新型农险产品管理的要求，农共体积极配合开展行业创新型农险产品评审工作，目前已举办2期产品评审会，累计为行业5款创新型产品评审提供服务，为完善行业创新产品评审机制发挥作用。

（三）发挥行业风险管理平台作用，国内定价权明显提升

农共体积极发挥国内农险风险管理平台作用，努力提升国内再保险市场定价能力，农共体作为首席再保人定价的农业再保险业务始终保持主导地位，改变了以往过度依赖外资再保人的不利局面，避免出现大灾后国内市场再保险价格大幅上涨的现象。特别是近年来应对行业风险快速增长势头，农共体从长远大局出发，维持再保险承保条件稳定，按照风险责任调整后的农业再保险成本下降了10%—15%。尤其2017年业务续转，在主要外资再保公司部分撤出农险再保险市场的情况下，农共体继续为行业提供稳定的再保险供给，克服了国际市场波动性、短期性和逐利性对国内保险市场的不利影响，有效维护了市场良性竞争秩序。

（四）减少农业保险资金净流出，提升了财政支农效率

据初步测算，农共体成立以前，2007—2014年通过农业再保险渠道，农业

保险资金累计净流出(流出境外)13 亿元;农共体成立后,通过改善定价条件和优化再保险合约,农业保险资金净流出明显减少,2015—2016 年通过农业再保险渠道,农业保险资金净流入(流入境内)10.2 亿元,有效提升了财政资金支农惠农效率。

(五)完善工作联系机制,发挥专业平台的作用

农共体把建立有效的工作联系机制作为完善农共体运行机制的重要抓手,主动联系监管机构、政府部门和成员公司,基本形成了以成员大会、保险标的现场活动、业务研讨、专题讲座、课题研究以及业务培训等为载体的行业交流活动。

1. 组织开展农险标的现场活动

目前已组织开展了江西油菜种植和生猪养殖、福建林业、锡林浩特奶牛养殖、崇明蔬菜价格指数保险等保险标的现场交流活动,促进行业经验和先进技术的推广和应用。

2. 与国内专业机构开展深度合作

目前已与中国气象局国家气象中心签署战略合作协议,围绕气象灾害定量指数、气象灾害风险评估模型以及推进气象科学技术在农业风险管理中的应用联合开展研究,同时也与国家林业局、中国农科院、农业部经济研究中心等机构加强合作。近年来,农共体邀请了国家林业局、国家气象中心等机构的相关专家分别就林业政策改革及林业风险管理、我国中长期气候趋势分析等作专题讲座,为行业把握政策趋势、强化风险管理、提升技术能力提供服务。

3. 加强国际交流与合作

成立以来,农共体与西班牙保险赔偿联盟、美国 AIR 模型公司、土耳其农共体等国外政府机构和行业组织进行了农业保险风险管理技术的交流。同时,与加拿大联邦政府农业部、日本全国农业共济会、法国中央再保险公司等国外机构建立了联系。

第二十四篇　人保财险助推剑河县健康脱贫

2016年起，中国人民财产保险股份有限公司黔东南分公司充分发挥保险机制在社会治理、保障民生中的重要作用，与黔东南州政府启动了以大病保险业务为主的社会医疗保险业务合作。近两年来，以"百姓满意，政府认可"为目标，以"快+优"为服务标准，优化服务流程，提高运作效率，积极配合各级农合经办机构对新农合参保患者进行医疗赔付，使广大参保患者及时得到医疗赔款，尽快恢复正常生活和工作，一定程度上解决了老百姓"因病致贫、因病返贫"的民生问题，全面推动"保险助推脱贫攻坚"进程。

一、大病保险助推扶贫攻坚工作情况

2017年，为贯彻落实党中央、国务院精准扶贫、精准脱贫基本方略，以中国保监会与贵州省人民政府发布的《在贵州建设"保险助推扶贫攻坚"示范区的实施方案》为抓手，做好大病保险与精准扶贫工作的结合，黔东南分公司积极配合政府落实大病保险对贫困人口倾斜性支付政策，在原保障基础上大幅下调了赔偿起付线，贫困人口赔偿起付线降低到3000元，比普通人群低2000元，赔偿比例在普通人群基础上再提高10%，最高赔偿比例达到90%，同时取消了赔偿额度限制，在适用范围上，将"从病种"改为"从金额"，以医疗费金额作为赔偿依据，这些措施极大减轻了农户医疗负担，切实发挥了大病保险作为基本医疗制度上的"双保险"作用，让患大病重病的家庭就医更有底气，充分发挥大病报销的托底保障作用。

（一）提升专业服务能力，打造服务民生新平台

一是设定专门的服务窗口，通过与基本医保合署办公，同步结报，确保群众便捷理赔。二是推行出院“一站式”结算服务。配合农合经办机构进行系统开发对接以及医疗机构垫资工作，统筹区域内全部实现一站式即时结算。三是启动省级定点医疗机构“一站式”即时结报，进一步解决参合群众到省级新农合定点医疗机构看病就医垫资问题，减轻群众个人经济负担。

（二）重视服务宣传，推动大病保险政策扩面

策划制定多方向宣传手段，切实把宣传工作做到实处。一是深入各区县乡镇，联合当地政府相关部门，利用赶集日上街开展大病保险政策宣传，安排相关工作人员到现场发放新农合、大病保险等政策和业务宣传资料，受理群众医疗保障方面的咨询；二是在医疗巡查及调查过程中，了解基层百姓对大病保险政策实施的意见及建议，并以此作为宣传工作的反馈，在下一步工作中填补不足；三是进村入户登门拜访贫困户大病患者，开展定点帮扶和服务回访，为推动大病政策扩面打下良好的基础，让广大群众充分了解新农合惠民政策和大病保险政策，切身感受大病保险的实惠。

（三）典型个案介绍

1. 黔东南州剑河县新农合大病保险参保人吴某某，家住剑河县城关社区城南居委，女，45 岁，2017 年 4 月至 2017 年 7 月该参保人共住院治疗 4 次，共计总费用 448173. 22 元，累计获得新农合基本报销 254394. 9 元，新农合大病保险赔 166570. 18 元。

2. 黔东南州锦屏县新农合大病保险参保人刘某某，家住锦屏县敦寨镇三合村三组，男，17 岁，2017 年 1 月起至 2017 年 6 月因患白血病共住院治疗 3 次，共计总费用 543664. 54 元，累计获得新农合基本报销 313659. 36 元，新农合大病保险赔 213263. 42 元。

3. 黔东南州天柱县新农合大病保险参保人粟某某，男，29 岁，于 2016 年 4

月1日至2016年6月17日因患急性胰腺炎病重前往中国人民解放军南京军区总医院治疗，2016年以来该参保人在贵州、南京住院共计花费100多万元，全年累计获得新农合大病保险赔付封顶线50万元，通过新农合大病保险的赔付，该参保人生命得以延续，避免了因病返贫，下一步继续治疗得到了保障。出院后人保财险公司工作人员前往其家中对其进行回访，详细介绍新农合大病保险的新政策，得知2017年新农合大病保险政策取消了封顶线，参保人高兴地说："感谢党，感谢人民政府的好政策，感谢人保公司的理赔服务，新农合大病政策让我看到了活下去的希望。"

参保人通过参加基本新农合及新农合大病保险得到合理的赔付，生命得以延续，减轻了家庭经济，下一步继续治疗得到了保障。

二、探索推进贫困人口慢性病兜底救助

在基本医疗保险、大病保险、医疗救助"三重医疗保障"的基础上，探索新增剑河县慢性病医疗兜底救助和目录外药品补助，着力构建慢性病医疗兜底救助"第五重医疗保障"，实现大病集中救治一批，慢性病签约服务管理一批，重病兜底保障一批，切实为农村贫困人口再设立一道保障线。按照"以收定支、收支平衡、保障适度、略有结余"的原则，科学确定建档立卡农村贫困人口慢性病医疗扶助保险的投保基金、保障范围和保障水平；坚持"政府主导、事务共办、风险共担、保本微利、结余流转"的原则，由剑河县政府相关主管部门负责全县的建档立卡农村贫困人口慢性病医疗保险扶助和日常管理工作，承保大病保险的商业保险公司负责建档立卡农村贫困人口慢性病医疗扶助保险服务。慢性病兜底救助保险扩大病种救助范围，扶助病种涵盖高血压病（Ⅱ、Ⅲ期）、糖尿病、肝硬化、慢性肾炎、白血病等共63个病种，具体扶助措施如下：

一是保内诊疗费用扶助：政策范围内诊疗费用经新农合基本医保、大病保险补偿和医疗救助救助后，剩下的费用由承保公司用慢性病扶助基金进行100%扶助。

二是目录外药品费用扶助：凡在就诊所在地新农合定点医疗机构（不含

诊所、卫生室和药店)治疗用药超出《贵州省新型农村合作医疗药物目录》并有国家食品药品监督管理部门批准文号的药品费用,由慢性病医疗扶助保险进行扶助。扶助比例为:州内乡级医疗机构70%、县级医疗机构65%、州级医疗机构55%;省内州外医疗机构50%,省外医疗机构45%;进口药品按以上标准下浮20个百分点;不设起付线,封顶线每人每年2万元。

三是自费医疗费用扶助:经保内诊疗费用兜底扶助和目录外药品扶助后,个人仍承担的目录外药品费用和其他自费医疗费用,在县级(含县级)以下公立医疗机构年度累计自付超过1000元、在州级公立医院年度累计自付超过3000元、在省级公立医院年度累计自付超过5000元的部分由承保公司用慢性病基金进行100%扶助。

三、探索推进贫困人口慢性病患者长期护理保险

为切实解决建档立卡农村贫困人口失能人员的基本生活照料和日常护理,释放家庭劳动力,保障失能人员基本生活权益,配合剑河县政府积极探索开展建档立卡农村贫困人口长期护理保险制度试点工作。长期护理保险的推进思路以"政府主导,社会参与,多方筹资,多元服务"的原则,按照"科学评估,合理分级,社会运作,稳妥推进"的方式开展。

由于剑河县地处集中连片贫困地区,社会护理服务供给情况明显与经济发达城市相比存在巨大差距,且专业护理机构在经济落后地区尚处于空白,故参照国内已开展长期护理保险地区的方案,把日常生活能力评定分值低于40分以下的建档立卡人农村贫困人口,作为长期护理的保障对象。由于日常生活评定量表存在评定时不够客观的弊端,经多次调研和讨论,最终确定将残联部门认定的二级以上残疾人,且日常生活能力评定分值低于40分的建档立卡农村贫困人口慢性病患者作为长期护理保险的对象。服务模式对于达到护理条件的参保人员经鉴定、审核同意后可按规定在定点护理机构,或者居家接受服务机构的护理服务,由护理保险根据标准支付费用,以满足失能人员基本护理需求,最大限度地减轻个人和家庭因护理带来的经济负担。

第二十五篇　人保财险创新“政融保”支农融资模式

中国人民财产保险股份有限公司(PICC P&C,简称“人保财险”),作为世界500强中国人民保险集团股份有限公司(PICC)的核心成员和标志性主业,2007—2016年的十年间,人保财险农业保险累计实现保费收入1174亿元,年均增长24%。其中,2016年农业保险保费收入193.6亿元,是2007年的7倍。2016年,人保财险承保农作物6.32亿亩,约占我国农作物播种面积的42%,其中承保水稻、小麦、玉米三大主粮作物4.06亿亩;承保生猪及能繁母猪1.08亿头,约占我国能繁母猪存栏量的50%;承保森林10.44亿亩,约占我国森林面积的40%。从市场份额看,近年来人保财险农业保险市场份额始终保持在50%左右,充分发挥了发展农业保险的排头兵和主渠道作用。人保财险坚持创新发展理念,不断探索农业保险新模式,近年开展的“政融保”支农融资模式,为保险和金融结合、更好支持和服务“三农”开创了一条新的路子。

人保财险河北省分公司按照河北省扶贫开发整体部署和“金融扶贫、保险先行”扶贫思路,结合当地实际,探索出了保险扶贫“政融保”模式(政府政策支持+保险资金融资+保险风险保障)。“政融保”模式通过阜平县政府提供保费补贴、担保增信等政策支持,人保财险提供农业保险风险保障和信贷资金直接投放,充分发挥信用的作用,实现了“保险引进来”“金融活起来”“产业兴起来”和“群众富起来”。

一、建立特色扶贫农业保险产品体系，实现“农业保险全覆盖”

人保财险根据阜平县扶贫特色产业保障需要，定向开发了适合保障贫困山区生产发展的大枣、核桃、肉牛、肉羊成本价格保险，突破性地将自然灾害、疾病疫病、市场价格波动纳入保障范围，全流程保障当地特色农业生产，填补了全国农业保险市场空白。之后，又根据阜平县扶贫产业发展方向，开发修订了食用菌、肉驴、蜂业、毛皮动物、杂粮、中药材等 28 款扶贫保险产品。2016 年，农业保险和涉农保险覆盖全县所有 6 万农户，承担风险金额 5090 亿元，支付保险赔款 1774 万元。

二、采取农业保险“联办共保”运营模式

人保财险发挥保险机制优势，与阜平县政府探索建立了“联办共保”的农业保险经营模式。该模式由阜平县政府注资 3000 万元设立保险保障基金，并在每年将应补贴保费列入财政预算，建立保险保障基金补充机制，保险赔款由人保财险和政府保险专户各分担一半。如果当年农业保险理赔金额小于保费收入，结余自动留在保险基金，进而不断扩大保险基金规模。

三、面向贫困农户提供直接信贷资金支持

（一）通过支农融资产品提供直接信贷资金支持

人保财险发挥开展保险资金直接融资的试点优势，面向贫困农户直接提供农业产业发展所需要的贷款资金，实现了保险资金支农惠农模式创新。人保财险面向扶贫农户直接提供的支农融资具有资金方便快捷、额度大、期限灵活、成本低等优势。农户提交申请，经政府增信担保机构联合调查和人保公司审查后，即可签订融资合同，即刻实施放款。根据农户、涉农企业或合作社需

求，人保提供10万元至1000万元的融资支持，融资期限一般为6个月至2年，最长融资期限可达3年。由于融资减少了中间环节，保险资金直达农户，大大降低了融资成本和时间成本。2016年6月28日，人保“政融保”支农融资项目首单落地河北阜平，为农户和农业企业提供保险资金融资近2000万元，有力支持了农户发展规模种植、养殖等生产经营活动，使农民群众生产经营有保险，创业有贷款，脱贫致富有了保障。

（二）完善支农融资风险保障体系

由县财政局出资1.5亿元设立县惠农担保有限公司，通过农业保险参保农户保单质押、县惠农担保有限公司全额担保和人保财险开办“政银保”小额贷款保证保险，降低信贷风险，共同支持金融机构向农户和企业发放贷款和融资产品。此外，建立巨灾风险准备金制度，提高政府和公司应对巨灾风险的能力，保证了遭遇大灾后项目可持续性。

四、共建金融服务体系和农村诚信体系

（一）“三农”金融服务体系

人保财险与阜平县政府共建县乡村三级“三农”金融服务体系，共同做好政策宣导，共同开展保险与融资业务，共同进行查勘定损与理赔服务。“三农”金融服务体系覆盖全县13个乡镇209个村，为保险和支农融资业务的开展提供了强有力的支撑。

（二）农村诚信体系

公司与县政府共同推进共建共享的农村诚信体系建设，通过承保理赔等环节“边采集、边办理”的方式采集农户信息，将保险、金融、工商、税务、国土、公安、信访等方面的主要社会性信息进行整合，逐步建立农户电子信用信息档案。通过“云平台”实现保险企业和政府间的信息共享，严厉打击骗保、骗贷及恶意违约行为，在阜平广泛树立了“信用也是财产”的社会共识，建立守信

激励和失信惩戒机制，优化了金融生态环境，提升了金融扶贫的可持续性。

伴随着保险保障水平和金融支持力度不断加大，富民产业快速发展，贫困农民增收显著提高，2016 年全县人均收入达到 6700 元，较 2014 年翻了一番，有 4.4 万贫困人口实现稳定脱贫，脱贫率达到 40.74%。通过兜住农民创业底线，提供信贷资金支持，有效提高了农民生产合作组织和贫困农户的创业积极性，全县大枣、核桃、食用菌产业、肉牛、肉羊、林果业等富民产业快速蓬勃发展，累计新培育农业规模经营主体和贫困农民创业组织 400 余家，新增产业投入 8 亿元以上。

根据人保“政融保”模式在河北地区的成功开办经验，“政融保”模式迅速复制至河南地区并快速推广。河南是国家级贫困县聚集的省份，扶贫攻坚任务极其艰巨。面对这种情况，人保财险公司专门给予河南 50 亿元融资额度的资金支持，河南省委、省政府对人保财险公司的做法给予了高度肯定。河南省委组织部、省直工委、省金融办、人保财险四厅局联合召开全省专题工作会议，共同推出以“干部推荐+融资支持+保险保障”为主要模式的“政融保”产业扶贫项目。

该模式概括起来说就是六个字：“全、广、新、低、简、活”。具体来说，融资对象“全”，包括从事农业生产和经营的普通贫困农户，带动脱贫的种养大户、家庭农场、农业合作社、农业生产企业等个人客户和公司客户。融资用途“广”，涉及农作物种植、畜禽养殖，以及农产品加工、储存、运输、销售等各个领域。融资模式“新”，采取“干部推荐+融资支农+保险保障”的基本模式，通过农业保险、信用保证保险等，提供增信支持。融资门槛“低”，提供无抵押、纯信用、低利率的融资支持。业务流程“简”，帮扶干部向人保财险公司推荐支农融资客户，人保财险融资经理对客户情况进行了解和初评，确定受理后报上级公司；尽职调查审批通过后，10 个工作日内即可发放融资资金。借款期限和还款方式“活”，首次参与融资的客户借款期限一般为 6 个月到 12 个月；再次融资的客户，可以调整为 2 年到 3 年。融资客户可按月、按季付息，本金可一次或分次偿还，也可以提前还款。

第二十六篇　人保财险开发生猪无害化处理的“龙游模式”

2013 年，结合病死动物无害处理工作，人保财险配合当地政府在龙游县开展了生猪无害化处理与保险相结合的试点（龙游模式），浙江龙游县政府把生猪保险与无害化处理相结合工作列入当年主要民生工作和为民办实事项目，成立了以分管县长为组长，发改委、财政、农业（畜牧）、保险等部门领导为成员的龙游县病死动物无害化集中处理领导小组，下发了《龙游县人民政府办公室关于开展生猪保险全覆盖工作的实施意见》，组织开展全县规模养殖户生猪保险全覆盖工作动员大会。人保财险龙游县支公司组织全县 262 名金融指导员、包片兽医进行收费协保工作培训，会同畜牧局、信用联社到 10 个乡镇召开生猪保险动员会议，组织 8 个工作组 16 名工作人员赴 15 个乡镇，专门开展承保到户工作，包括核对承保信息、指导农户交费、发放凭证到户、待农户签字确认后录单等。

一、“龙游模式”运行机制

即按照“政府主导、企业运作、财政补贴、保险联动”的原则和“统一收集、集中处理”的商业运营模式，全县生猪统一保险与病死猪集中无害化处理联动，建立了生猪保险、防疫标识、收集处理、保险赔付挂联制度。试点当年全县参保生猪 140.4 万头，育肥猪保险农户自交保费比例为 15%，每头育肥猪保额 600 元，农户只交 4.05 元；能繁母猪自交保费比例为 10%，每头保额 1000 元，农户只交 6 元,负担较轻。加上以往较好的保险工作基础,在农户自愿的基础上,基本上实现了承保全覆盖,保证生猪保险与无害化处理相结合工作实施不留死角。通过全面覆盖的生猪保险机制,避免了随意丢弃病死猪,保障了饮水卫生安全和农村公共卫生安全,稳定了生猪生产。

二、“龙游模式”主要特点

一是保险对象扩大至散户在内的所有生猪养殖户(原育肥猪实行“保大户”政策,重点保年出栏 200 头以上的大户);二是保险标的扩大至 10 公斤以下仔猪(育肥猪数量以母猪:育肥猪 1 ∶ 20 比例确定,每头保额 600 元);三是赔偿处理取消 2—80 头的免赔头数(原生猪保险条款规定每次事故 2—80 头的免赔头数),并按生猪尸长长度确定赔款。

三、“龙游模式”主要做法

龙游县畜牧局、人保财险龙游县支公司、浙江集美无害化处理中心三个主要工作承办方就承保收费方式、收集方式、查勘理赔等环节进行充分讨论、无缝对接,确保为农户提供及时周到的服务,同时又尽量避免道德风险的发生。

一是指导养殖户配备相应容积的病死动物收集冷柜或冷库,各乡镇根据生猪养殖量统一规划建立病死动物收集点,及时收集清理病死动物。二是将无害化处理作为保险理赔的前置条件,只有将病死猪交指定场所无害化处理后,养殖户方可获得保险赔款。选调聘用了 10 余名专职查勘、理算、核赔人员,4 名查勘人员跟随无害化处理中心病死动物收集车辆,将保险查勘与定点清收转运工作统一结合。报案后,畜牧部门、保险理赔人员随无害化处理中心病死动物专用收集车到现场查验,农户、畜牧部门、人保公司和无害化处理中心四方签字确认。三是病死动物无害化处理中心参照“统一收集、集中处理”模式,对病死动物收集和无害化处理建立收集、处理台账。开发了无害化处理中心语音报案报收系统和相应的数据管理平台,实现无害化处理和保险数据共享,减少农户多重报案的工作量,同时也保证了无害化处理作为保险理赔的必要条件。四是简化保险理赔流程。畜牧部门和人保财险在无害化处理中心配备专人，共同建立日收集和处理工作台账，实现无害化处理和保险数据共享，采用定期集中“95518”报立案，依托与无害化处理中心的共享数据管理平台，尽量减少重复信息提供，农户只需在家中填制一张查勘报告即可结案，无须再提供无害化处理证明就可以完成理赔。条款规定理赔采用根据死猪身长分段赔付方式，提高了现场查勘定损效率。

人保财险充分发挥服务网络、资金管理、风险管控等方面的优势，通过保险机制与社会治理创新相结合，通过与畜牧兽医部门的合作，推动将无害化处理作为获得保险赔款的先决条件，引导农户主动加强病死动物无害化处理，杜绝死亡畜禽流入市场，以经济手段解决社会问题，为政府排忧解难，有效促进了农村社会的和谐稳定。

第二十七篇　太平洋产险运用高新科技（e 农险）服务农业保险

中国太平洋财产保险股份有限公司（以下简称“太平洋产险”）是中国太平洋保险（集团）股份有限公司（以下简称“中国太平洋保险”）旗下的专业子公司。从 2006 年参与苏州农险联办共保业务至 2016 年年底，已经在全国 31 个省、自治区、直辖市和计划单列市开办农险业务，区域覆盖面达到 86%。截至 2016 年，公司承保农业保险提供的风险保障金额从 11.1 亿元增长到 1070.5 亿元，年均增速 66.1%，为 1413.7 万户次农户提供风险保障，为灾后恢复农业生产和保障农民生活水平起到了积极作用。

一、e 农险概况

近年来，公司秉持服务为先、创新驱动农险发展理念，高度重视将“互联网+”理念和互联网新技术与农险经营管理与服务有机结合，太平洋产险和中国农科院联合开发的 e 农险，是“互联网+”下、聚焦未来农险经营需求、整合当今新科技所打造的数字农险移动运营管理体系，旨在改变原有农险传统的作业模式，践行以客户需求为导向的战略转型理念，打造太保农险差异化服务竞争优势，以实现太保农险持续健康快速发展，使“农险难”变成“农险易”。

2015 年 8 月，e 农险 1.0 正式发布上线，完成基于移动互联终端和独立移动终端工具的影像资料采集处理、标的地理信息处理和无人机航拍应用、养殖险电子芯片识别等功能，并在全国进行推广应用。

2016 年 8 月,e 农险 2. 0 正式发布上线,实现包括 e 键承保/理赔、农情早知道、气象服务、风险地图等三十多个新功能,取得了农险新技术应用的行业领先地位。

2017 年 8 月,e 农险 3. 0 将发布,以“大数据与智能化”为引擎,实现遥感卫星、人工智能、移动视频、移动 APP 的综合应用,包括客户管理平台、专家坐诊、农险一张图、农险应用实验室、指数保险自动理赔、E 农险客户端等功能将发布上线应用。

e 农险在业务实践推广应用中取得良好成效,得到监管部门、各级政府和国内外同行的高度认可,成为太保产险的一张亮丽名片,在蒙特卡洛国际保险会议国际再保人给予高度评价和认可,并高度肯定其在提升风险管理水平方面的作用,在“每日经济新闻”主办的中国保险业创新和发展论坛上荣登 2016 年中国保险风云榜并斩获“业务创新奖”,在太保集团内部荣获“总裁奖”二等奖。

二、e 农险典型应用功能

e 农险从“技术有无”到“技术应用”,涵盖农险业务经营管理全流程,共有承保管理、理赔管理、业务综合、客户服务、智能应用和实用工具等六大类,e 键承保/理赔、验标/查勘助手、移动核保/核赔、产品/制度汇编、农业常识、风险地图、气象服务、农情早知道、经营概览、农易保、保单/赔案查询等三十多个功能。主要典型应用功能如下:

——影像资料采集处理功能:e 农险的影像采集处理功能解决了农险常规承保理赔操作费事费力,容易出错的问题。未来,该功能将基于业务员操作运行经验,推广运行到投保户自行操作界面,进一步提高效率,节约成本。

——标的地理信息处理功能:e 农险的标的地理信息处理功能颠覆了常规操作运用各类传统测量仪器丈量,需要拍摄导入后台系统,影像格式是模拟图像、未数字化、不支持后期理赔使用的模式。应用 e 农险只要在移动端打开现场基础地图,经过人工辨别,即可便捷地勾勒出标的四至,并自动测算出面积。作为数字式地理电子档,在理赔服务上运用同样便捷。

——电子芯片识别应用:e 农险在养殖险领域使用植入式电子芯片,不易掉落,容易识别,安全可靠。通过识别器与移动设备互联,实现芯片信息自动读取存档,减少了养殖险标的识别的操作难度和成本。

——“验标助手”功能:借助高清适时卫星图和强大的图像分析计算模型,验标人员借助移动终端可以快速确定承保标的四至坐标、面积数量和生长情况等,与传统模式下多人多车多日奔走田间地头验标拍照作业形式相比,足不出户就做到了验标工作“全、快、精、准”,既大大提升了效率,也显著节约了成本,农户体验更佳。2017 年上半年,通过“验标助手”完成保单数为 34660 件,实现保费 8.6 亿元。

——e 键承保/e 键理赔:销售人员或客服人员的好助手。基于 e 农险的全面对接各关联 IT 系统,打通移动支付通道,从而实现了现场简便承保出单或理赔支付全流程操作。e 键理赔应用中,查勘理赔人员使用 e 农险移动终端,在生猪养殖保险查勘现场,通过“一扫、一拍、一输、一确认”,实现了 15 分钟内赔款现场支付到账,将生猪理赔周期从几十天缩短至十几分钟,创造了养殖业保险理赔行业新速度,得到广大生猪保险投保户的广泛赞誉和政府的高度肯定。2017 年上半年通过“e 键理赔”实现赔案 1951 件。

——气象服务功能:为用户提供定制化专业化气象资讯服务,并支持在线申请官方“气象证明”,丰富了风险管控手段,提高了客户体验。

——险情监测功能:实现气象指数保险相关的气象灾因的自动监测,以支持此类气象指数保险业务的自动理赔。

——“风险地图”功能:通过历史几十年的气象灾害数据加权处理并以地图形式直观展示,辅以对未来一年的气象风险趋势预测,使业务规划制定和风险管控实施有了科学依据。

——遥感综合功能:在 e 农险 1.0 无人机应用的基础上,增加了卫星遥感、旋翼机航拍模块,并形成综合应用体系,为承保验标和理赔查勘提供了高效工具。

——“产品汇编”功能:农险从业人员可以随时随地查阅公司农险产品库,再有其他如“农情早知道、经营概览、制度汇编”等资讯服务类功能,打破了条块信息藩篱,“小功能”实现了管理效率的“大提升”。

——“农易保”功能:开辟了涉农保险业务移动销售、自助投保的通道,建立了涉农销售平台。以浙江的“民宿保”产品为例,传统销售方式,这种满足客户保险需求的产品因其单均保费低、投保手续繁、销售费用高等因素而失去生命力。而通过“农易保”涉农销售平台,客户可以在移动终端上自行操作,即可完成投保手续,取得保单,将来还会加载车险等多条线涉农产品销售。

——“无人机”等新工具的应用:农险一线人员可通过e农险手持终端操控无人机,将采集的农业生产资料信息、理赔信息可以回传公司核心业务系统,实现农险验标、查勘现场照片的信息不可篡改,有效提升资料真实性,提升承保、理赔服务效率,极大降低农险查勘作业的难度,用更少的人力提供更完善的服务和更精准的数据,提升了客户满意度。

再如“农情早知道”“农险一张图”“远程专家”和“经营概览”等功能模块的应用,打破了条块信息藩篱,消除了时间空间限制;“测亩仪”“水印相机”和“面积换算器”等小功能应用实现了管理效率大提升、节省了传统单兵硬件设备的采购成本。

三、e农险推广应用情况

(一)总公司成立e农险应用推广工作组

工作组负责全司e农险体系的应用推广的协调和督导,分公司相应成立以分管领导任组长的e农险应用推广小组,制定应用推广方案和工作计划,下发《关于加快落实e农险应用推广工作相关要求的通知》,负责推进落实,确保在农险经营管理和实务操作中应用推广e农险取得实际成效。

(二)制定应用推广阶段性考核指标

提出e农险应用“五个一”要求(即在农险业务管理中分别将e农险相关已上线功能应用于一个村镇、一张大单、一位大户、一例赔案和一次耳标识别),为逐步达成在农险业务承保理赔管理操作中全面实践应用e农险系统,充分发挥出 e 农险体系对于提高农险承保验标和理赔查勘的规范性、时效性的积极作用打下基础。

（三）确定重点推广分支机构

北京、河南、湖南、广西、山东、内蒙古、河北、贵州、吉林、山西、四川等地分公司为 e 农险应用推广重点机构，要求结合各地农险业务发展实际，因地制宜推广应用 e 农险，除必须达到“五个一”的要求外，还应选择一个基层农险经营机构（以下简称“典型应用机构”），在农险业务承保理赔操作中全面应用 e 农险功能，树立试点工作典型，发挥示范效应。

（四）对特定业务或场景应用实行系统固化强控

未按规则要求运用 e 农险功能的业务，不能完成出单承保或赔案处理。目前实行系统强控的范围有两方面：一是针对商业性农险“四个必须”，即在承保商业性种植业或林业保险业务时，凡投保面积大于一万亩的，必须应用 e 农险移动终端采集承保标的地理信息；在承保商业性种植业或林业保险业务时，凡单一赔案报损总面积大于三千亩的，必须应用 e 农险移动终端及无人机航拍技术进行灾害辅助查勘定损；在承保特定商业性养殖保险业务（奶牛、肉牛、能繁母猪保险）时，必须应用 e 农险体系全面生成保险标的二维码或电子耳标识别信息，确保承保标的明确、唯一；在处理特定商业性养殖保险理赔查勘时，必须应用 e 农险移动终端或附属设备进行出险标的验证，确保承保理赔数据对接。二是针对“典型应用机构”，所有农业保险出单承保和赔案处理必须全面使用影像采集和地理信息功能，特定养殖业保险（含政策性）出单承保和赔案处理还必须全面使用 e 农险养殖标的标识二维码制作、比对、校验功能。

（五）实时跟踪定期公布

通过系统取数、电话回访、试点检查等措施及时跟踪了解分公司，特别是重点机构的 e 农险应用推广落实情况，每月公布相关情况，鼓励先进、鞭策后进。

四、e 农险推广应用取得的成效

(一)主动应用农险新技术解决经营管理中的问题成为共识,使用新技术的氛围越来越浓厚

截至 2017 年 6 月底,公司约 555 名在册农险专职员工及 1.2 万名协保员均安装使用了 e 农险客户端,业务操作相关功能的使用率达到 100%,服务资讯类功能的点击使用率也不断提高。e 农险逐步成为农险从业人员不可或缺的工具,无论是在促进业务发展、加强风险管控、规范业务操作或落实"五公开三到户"监管要求上,它都是好帮手。例如,河南分公司应用 e 农险全力应对小麦病虫害,河北分公司依托 e 农险开展农险理赔大灾演练,苏州分公司顺利完成苏州市首次 e 农险投保业务,苏州分公司太仓 e 农险奶牛养殖保险现场验标实践。

(二)通过新技术应用初步实现了使农险难向农险易的转变

初步实现了"方便操作、提高效率、降低成本、管控风险和信息互通"目标,解决了业务操作管理中最为紧迫的需求。e 农险采用了 3s、空间图形采集等技术创新点,以数字影像资料和地理信息采集为基础功能模块,辅以无人机航拍及耳标识别技术,有机结合到承保理赔业务流程之中,开发了一系列承保理赔辅助功能,如影像资料采集、地理信息获取、无人机航拍应用、电子耳标识别等。2017 年上半年通过 e 农险实现移动核保、核赔 7501 件,涉及金额近 2 亿元。2016 年 3 月,河南省漯河市阴阳赵镇小麦遭受大面积不同程度的冻灾,此次查勘用 e 农险无人机共计飞行两架次,飞行 180 分钟,完成阴阳赵镇 15000 亩麦田的查勘工作,是过去人工需三个工作组三周时间才能完成的查勘量。

(三)新技术应用确保真实可信,促进承保理赔档案质量从横向纵向上实现质的飞跃

得益于 e 农险系统对一些关键承保理赔操作流程的固化,重要承保理赔

影像档案采集的自动校验识别，以及标的地理信息的数字化采集，2017 年上半年通过 e 农险实现出单保单 38698 件，保费收入 8.0 亿元，理赔案件 85664 件，赔款支出 1.7 亿元，很大程度上提高了承保理赔档案的完整性和真实性，这在中国保监会部署的 2016 农业保险专项治理整顿行动中已充分体现出。

未来，太平洋产险将坚持 e 农险聚焦未来农业，坚持“技术支持服务”发展方向，通过建立新技术应用实验室，探索运用物联网、大数据和人工智能，模拟农业保险服务未来农业场景，夯实 e 农险在种植险业标的管理、指数定价、快速理赔等方面的应用成效。通过应用新技术促进发展的同时，实现持续提升管控水平、持续优化服务界面、持续改善客户体验的终极目标。

第二十八篇　安信农险多途径创新农业保险产品

2004 年 9 月，我国首家专业性的农业保险公司——上海安信农业保险股份有限公司组建成立，股东 11 家，注册资本为 2 亿元。2007 年，股东 13 家，注册资本增加到 5 亿元，公司更名为“安信农业保险股份有限公司”。2016 年，太平洋财产保险有限公司增资 3.98 亿元，公司资本金达到 7 亿元，太平洋财产保险有限公司占 52.13%；目前，该公司为太保集团子公司，下设浙江和江苏两家省级分公司，上海地区有 10 家支公司。十多年来，公司业务覆盖上海农、林、牧、渔各大领域；其中，水稻、麦子、油菜、生猪、奶牛等主要农产品品种实现保险全覆盖，涉及风险管理金额 200 亿元，保险保障金额已超过上海地区农业产值的 65%，农业保险覆盖率、保障程度在全国省级行政区位列首位，接近发达国家水平。

一、农业保险开展情况

安信农业保险股份有限公司始终着力发挥农业保险支持“三农”、加强农业风险管理、普惠广大农民的指导思想，有效发挥了农业保险特有的作用和功能。

（一）充分发挥风险保障功能

1. 自然风险保障功能

截至 2016 年年底，自然风险累计赔款接近 22 亿元，受益农户近 320 万户次，发挥了农业保险在损失补偿、灾后重建、防灾防损等方面的积极作用，在上海地区基本替代了政府大灾救助职能。

2. 市场风险保障功能

作为全国先行推出价格保险、收入保险的公司，将市场风险纳入农业保险风险管理范畴。2010 年起在国内率先开展蔬菜价格保险，有效破解了“菜贱伤农、菜贵伤民”难题。近三年来，公司相继探索大宗农产品目标价格保险，包括生猪价格保险、鸡蛋价格保险和广西糖料蔗价格保险，为国家目标价格保险体系建立开创了先河、积累了经验。2016 年，公司还作为国家农业部唯一指定保险公司承担了全国农业综合改革实验区价格保险评估工作。

3. 农产品（食品）安全保障功能

公司推出了一系列农产品（食品）安全责任保险，实现了从田头到餐桌的安全保障，总保障金额近 500 亿元，已覆盖上海全部地区农产品。引入多项防灾防损措施，运用可追溯、互联共享信息技术探索形成农产品全流程闭环风险控制，参与阿里巴巴、京东的互联网平台农产品安全保险机制创新，已形成线上线下多维度广覆盖的农产品（食品）保险保障机制。

（二）不断深化融资担保功能

2008 年，公司首创全国涉农小额信贷保证保险，为农民专业合作社、家庭农场等新型农业经营主体提供无抵押信用贷款保证。公司作为上海农业信贷主要服务商，承担 70% 市场份额。9 年来，累计贷出 23.51 亿元，极大地推动了上海新型农业经营主体的发展壮大，充分发挥了“促进融资便利，降低实体成本，服务实体经济”的积极作用。

（三）有效彰显精准扶贫功能

以产业扶贫为抓手，推进“公司+农户”运营模式，帮助解决农产品“销售难”问题；在云南普洱开展咖啡价格保险，帮助贫困“咖农”解决脱贫增收问题；以“收入保险+信贷”助力经营主体融资增信，解决产业发展资金短缺问题；开展民生保险，将精准扶贫落实到保障和改善民生上，积极运用“保险+期货+扶贫”的模式在广东开展天然橡胶期货价格指数保险、在文山开展白糖

"保险+期货"项目、在云南普洱开展单病种医疗扶贫如重症医疗精神病项目，解决"因病致贫、因病返贫"的问题，兜住贫困群众生产生活风险底线。

（四）探索实现政策储备功能

公司率先探索"农业保险+期货"的模式创新，寻求风险对冲管理新路径；借鉴美国农作物收入保险的经验，试点"粮食作物收入综合保障保险"项目，探索农业直补政策向间接补贴政策转换的途径和方法；创新性地将农业品牌纳入信贷抵押范围，提高经营主体的信贷额度等。公司一系列创新举措引领了农业保险创新发展，并在各级政府和行业内树立了良好的形象和影响力。

近年来，公司按照监管要求，强化创新发展，着力打造农险品牌。按照太保集团整体战略定位，通过打造全新的具有专业研发创新能力强、服务网络广、资本实力雄厚等强竞争力的太平洋安信农业保险公司，发挥资源优势，提高行业竞争力，实现"中国现代农业保险第一品牌"、跻身全国农险三强行列等战略目标，为服务"三农"承担起与集团在全国保险市场地位相匹配的社会责任。

二、主要特点和取得成效

（一）产品创新丰富农业保险供给，助推农业转型升级、农民增收

公司积极探索将农业保险保障范围从自然风险延伸至市场风险，2016 年公司价格收入类产品保费收入超过 5500 万元，市场份额行业排名前两位。在价格收入类产品设计、风险分散等方面均受到行业内外广泛关注。

气象指数保险有效化解农险查勘理赔难题，全国首创并先后推出"西甜瓜梅雨强度""茶叶低温""露地绿叶菜""葡萄降雨""枇杷低温"以及"农作物风力气象指数（互联网版）等系列气象指数保险，为传统农险的创新改造和农险"互联网+"闯出了一条新路，是目前全国唯一一家涉足互联网农产品保险与农村金融服务并参与互联网农产品风控体系建设的公司。

（二）模式创新有效控制保险风险，提升公司服务能力

一是行业首创将保险产品与期货市场跨业融合，“保险+期货”模式获得多方认可，扩展了农业保险风险分散渠道，有效降低经营价格保险的风险。

二是首创建立了以风险管理为核心的涉农资金支持体系，多渠道降低贷款违约风险。目前产生的坏账（含预估）金额约 1080.9 万元，坏账比率约为 0.46%。2016 年承接农业部创新项目——“互联网金融+品牌抵押贷款”，将农业企业贷款额度提高到 500 万元，释放农村诚信资源，促进农业金融进一步支持农业产业化发展。

三是高风险领域引入互助保险机制，降低经营成本，形成多方风险共担机制。公司积极借鉴国外以及上海地区水产养殖保险模式的经验，打破传统保险模式，首创探索开展渔业互助保险模式，在上海成功试点南美白对虾互助保险。

四是创新管理方式，加强农业保险基层服务体系建设。上海地区九个涉农区建立了“管理到区县、机构到乡镇、网络到村组、服务到农户”的农业保险基层服务体系。各区县、乡镇、涉农村基本设立“三农”保险服务机构并落实专人定岗定责。截至 2016 年年末，上海市共有农业保险协保员 2178 名，涉及行政村 1183 个。

（三）技术创新提升承保理赔水平，有效降低经营成本

公司自主研发了农业保险移动客户端，载重大、稳定性高、抗风和续航能力强的农用多旋翼无人机系统和地理信息系统，应用于承保理赔环节，帮助解决了当前农业保险承保不清、理赔不准的粗放式经营问题。运用物联网技术，开展能繁母猪芯片溯源体系建设，全程监控产业链信息，实现精细化风险管理，有效制约了能繁母猪的虚假理赔。

（四）市场创新加快业务融合，推动全国战略实施

一是借助安信太保融合发展契机，梳理重点业务合作区域，结合所在区域主要农业资源，以指数化、价格类和收入类保险等创新性农业保险产品和模式

为突破口，切入当地农险市场。

二是依托数字太保战略，配合农业部开发新农人信息直报系统，创新建立以数字信息平台为载体、以新型农业经营主体为主要对象、以保险低廉的农业大灾保险为主要突破口的全新平台化农业保险市场。

三是紧抓农业保险+扶贫战略，努力形成以“产业扶贫、健康扶贫、扶贫绩效和小额扶贫信贷”为主要内容的四大“保险+扶贫”模式，打造保险促扶贫，扶贫促口碑，口碑促品牌，品牌促发展的新型农业保险市场。

第二十九篇　阳光农险坚持“保、防、救、赔”结合

阳光农业相互保险公司是2004年年底保监会批准设立的目前国内唯一一家相互制农业保险公司。公司成立13年来，共承保粮食作物面积6.92亿亩，保费收入166.02亿元，为1369.92万户次农户提供风险保障1995.12亿元。其中2016年公司承保面积8528.93万亩，保费收入24.8亿元，为279.6万户次农户提供保险保障371.3亿元，公司农业保险保费规模排在全国第三位，居五家专业农险公司首位。公司赔款总额达到了126.5亿元，通过保险的杠杆作用将中央财政补贴的惠农效用放大了1.39倍。尤其是2013年黑龙江洪涝灾害和2016年黑龙江农业灾害期间，公司分别赔款21.5亿元和32亿元，约占当年黑龙江省农业直接经济损失的15%。

阳光农业相互保险公司在开展农业保险的过程中，不断提高服务能力和水平，积极主动配合黑龙江垦区各农场开展以人工增雨防雹工作为主的防灾减损工作，助推了垦区农业稳定、农民增收，取得了农民少损失、农场得保障、公司增效益的三赢效果。

一、具体做法

人工增雨防雹是一项公益事业，也是一项专业性极强的高危行业。黑龙江垦区人工增雨防雹工作的具体管理部门为农垦总局农业局；阳光公司是垦

区这项公益事业的最主要的支持者和配合单位，负责日常的管理工作；各农场负责实施具体作业任务，多年来，阳光公司勇于承担企业社会责任，积极推动垦区防灾减损工作，目前黑龙江垦区人工增雨防雹作业范围已实现全覆盖，垦区增雨防雹作业体系拥有 339 门高炮、243 部火箭发射架、26 部雷达，作业人员 2000 余名，涉及 8 个管理局范围内的 85 个农场，有效覆盖范围 4000 万亩。每年作物生长季节，全体人员和装备随时待命，确保在大灾预警信息发布后准确、高效地完成人工增雨防雹作业。

（一）阳光公司对各农场提供人工增雨防雹经费补贴支持

一是从省降雨办购买的增雨防雹炮弹，提供炮弹款总额 60% 的补贴；二是全额承担增雨防雹炮手的培训费、检修费、炮弹库房人员管理费；三是全额承担高炮、火箭设备零件、炮衣等维护和更换的费用，炮弹运输和存储费用；四是全额承担作业空域申请费和作业公告费等。以上经费每年投入 1000 万元左右。

（二）主动承担垦区人工影响天气日常管理和协调工作职责

公司每年组织垦区各农场作业和指挥人员进行培训，协调分布在各农场气象科、气象站、公安局和阳光农险等部门的人员完成增雨防雹作业管理，包括聘请检炮员、购买弹药、存储炮弹管理、发布作业公告、申请空域、作业运输、整理作业日志等工作。

（三）与气象部门合作建立气象灾害预警合作机制

公司与黑龙江省气象局建立了长期合作机制，共享气象数据。公司各分支机构与地方气象、水文、防汛等部门建立密切联系，确保及时、准确地获取各类灾害预警信息，同时公司通过电话、短信等方式将预警信息及时发布给农户，确保农户采取及时有效的灾害防护措施。

（四）增加投入，加强标准化作业站点建设

公司近三年时间，每年投入近 300 万元专项费用，用于购置弹药存储柜、

监控设备、射界图提高作业站点等安全管理设施，确保人工增雨防雹作业安全无事故。

二、运 行 机 理

（一）人工增雨原理

当大气状况为空气中有一定的水汽条件和云层，但不能自然降水或降水量有限时，利用高炮、火箭炮、飞机将人工增雨炮弹送入云中，炮弹爆炸后能快速吸收空气中的热量而使空气温度降低，爆炸后细小的化学物质颗粒作为空气中水汽的凝结核，加速空气水汽凝结，从而产生降水或增大降水量。

（二）人工防雹原理

人工防雹是将炮弹送入冰雹云中，利用炮弹爆炸时产生强大的冲击波动力作用抑制大气上升，炮弹爆炸后弹头内大量的碘化银、盐粉等催化剂，可作为水汽凝结核，抑制冰雹继续增大，快速将冰雹云中的水汽凝结成水滴或冰粒，最终使形成的冰雹数量减少，体积减小。

人工增雨的前提是干旱区域上空需要有大量云存在，云量直接影响人工增雨防灾减灾的效率，相比之下人工防雹受客观条件影响小，防灾减损成效显著。

三、路径和规程

（一）农业保险促进防灾防损的路径

阳光保险是专业性的农业保险公司，农险主要业务是承保农作物，并在作物受灾后对农户进行赔付。公司坚持“保、防、救、赔”的理念，“保”，即承保各种农作物；“防”，即为参保户提供防灾防损等各方面的支持；“救”，即灾后救助；“赔”，即灾后保险赔付。鉴于农业保险公益事业的地位，公司将“防”提到一个非常重要的位置，主动向垦区各农场提供防灾减灾资金支持，促进垦区各农场积极开展人工增雨防雹作业，减少了干旱、雹灾带来的农业损失，增加了农户收入，间接减少了农险赔款，保险公司和农户取得了双赢。

（二）人工增雨防雹相关规程

人工增雨防雹是阳光保险防灾防损的最重要工作，实践中垦区各农场主要加强以下几方面的管理：

1. 强化培训，提高作业炮手的专业技能

阳光公司每年都举办人工增雨防雹业务培训班，聘请高炮理论技术专家、气象专家授课，每年培训新老学员约 2000 人次。培训结束后进行严格的考试，要求学员通过考试考核获得上岗资格后，才能开展人工增雨防雹作业。

2. 检修设备，发布公告，排除作业安全隐患

每年作业前，阳光公司组织省级检修员对黑龙江农垦总局所属的 334 门高炮、248 部火箭发射架进行全面检修，排除了作业安全隐患，保证了作业设备的安全，高炮、火箭年检率达 100%，发射装置使用许可证达 100%。同时各作业站点在作业前都发布“作业公告”，有效排除了作业过程的安全隐患。

3. 统一购买和运输弹药，确保各环节的安全性

各农场增雨防雹作业所需的弹药全部经省气象局统一购买。为确保弹药运输的安全性，在弹药运输过程中全部采用符合黑龙江省人降办要求的安全运输特种车辆进行承运，有效提高了运输环节的安全性。

4. 更换易损不合格炮件，确保作业装备处于完好状态

省级检修员对作业装备部件进行检测，对达不到正常技术指标的部件不许自行更换，禁止自行加工维修及更换不正规渠道的部件，统一采购黑龙江省人降办的炮件，确保作业装备处于完好状态。

5. 严格执行作业申请空域制度

公司各级管理人员每年接受空域申请制度培训，组织各作业站点严格按空军 93199 部队司令部航管处及空管局的安全协议进行申请空域，未经请示或未获批准，绝对不允许作业。

6. 加强作业记录和报表管理

公司各级管理人员对空域请示、批复的记录和作业信息做好存档工作。各级人工增雨防雹办公室不定期对其检查，确保各项作业数据有据可查，提高作业信息的及时准确性。

四、取得的成效

人工增雨防雹低投入高产出，投入有限资金，增雨、防雹等效果显著，减少农业受灾概率，降低农户损失，农户和公司共同受益。2010 年至 2016 年，公司累计投入人工增雨防雹各项补贴支出超 1 亿元，垦区农业减损增效超 23 亿元。阳光公司作为专业性的农业保险公司，始终坚持为垦区人工增雨防雹作业提供资金支持，承担人工影响天气作业的日常管理工作，有力促进了防灾减损增效工作的发展，凸显出了服务“三农”的本色，彰显了公司社会责任。

第三十篇　中原农险开展主粮作物高保障保险试点

中原农业保险股份有限公司是由河南省政府牵头组建、2015 年 5 月经中国保监会批准成立的河南省第一家保险法人机构。公司总部在郑州，由河南省内 17 家国有企业出资设立，注册资本 11 亿元人民币。截至 2017 年 6 月，在河南省内已设立 4 家市级机构，94 家县级机构。紧紧围绕河南省健全农业支持保护体系等改革任务，中原农险设计开发了针对新型农业经营主体的三大主粮作物高保障保险，有效解决新型农业经营主体种植投入大、抗风险能力差、保障需求高的问题，有力促进土地流转和适度规模经营，服务国家农业现代化发展重大战略。

一、产品设计特点

基于种植规模在 50 亩(含)以上的新型农业经营主体的风险需求特点，从风险保障力度和保障范围等方面有针对性地进行产品设计。

(一)大幅提高保险金额

不仅考虑生产投入的直接物化成本，还将一定比例的租地和人工成本纳入保障范围，有效适应了新型农业经营主体对风险分散水平和保障能力提出的更高要求。小麦种植高保障保险每亩保额从 447 元提高至 800 元，每亩保费 52 元，玉米种植高保障保险每亩保额从 329 元提高至 700 元，每亩保费

52.5元;水稻种植高保障保险每亩保额从487元提高至850元,每亩保费55.25元。

(二)全面扩展保险责任范围

在传统保险责任基础上增加三项针对性强的保险责任:火灾、降雨量过低造成灌溉费用增加和倒伏导致收获费用增加责任。一是将农作物收获期最容易发生的意外事故火灾纳入保障范围;二是鼓励农户在受到重大旱灾时积极生产自救,根据作物需水临界期降雨量过低(如小麦返青拔节期)导致灌溉费用增加给予定额灌溉费用赔偿;三是增加作物倒伏导致的收获费用增加责任。

二、运行机制和路径规程

(一)积极争取财政支持,保费负担不重

省财政先后下发豫财金〔2015〕18号、豫财金〔2016〕55号文件支持开展农险创新试点工作,保费补贴与传统产品保费补贴比例一致,投保新型农业经营主体只承担20%的保费,因保额提高造成保费较传统产品提高部分的财政补贴由省级财政全额承担。

(二)严格风险管控

一是实行被保险人资质认证,严格审查标的权属证明。要求被保险人提供资质或身份材料和标的权属证明材料,无法提供土地承包经营租赁合同或相关主管部门证明材料,不得投保本产品。二是实行直接承保、单独出单。高保障保险不允许采用集体投保的方式,与投保人直接签订保险合同,承保时逐地块验标、画图承保、见苗出单,明确承保地块所在位置,确保承保信息真实有效。三是实行定损到户。高保障保险直接面对被保险人开展查勘定损工作,就查勘定损结果达成一致后将赔款直接支付到户。

三、取得的成效

（一）切实发挥了为新型农业经营主体保驾护航的作用

2015—2016 年在河南省 74 个县开展新型农业经营主体小麦、玉米、水稻高保障保险，累计承保面积 225.86 万亩，参保户次 5263 户，保费收入 1.19 亿元，累计赔款支出 1.07 亿元，简单赔付率为 89.95%。其中小麦 87.45 万亩，保费 4547.56 万元，风险保障 69962.52 万元，赔付金额 5152.03 万元，简单赔付率 113.29%；水稻 41.95 万亩，保费 2318.55 万元，风险保障 35658.30 万元，赔款金额 1221.79 万元，简单赔付率 52.70%；玉米 96.46 万亩，保费 5064.14 万元，风险保障 67521.91 万元，赔款 4357.16 万元，简单赔付率 86.04%。2017 年，河南省政府取消玉米保险补贴，在全省 76 个县区开展了小麦高保障保险业务，承保面积 184.87 万亩，参保户次 4742 户，保费收入 0.93 亿元，提供风险保障 14.24 亿元，目前正在理赔中。该产品赔付水平高于传统产品，一方面体现了新型农业经营主体的生产风险高于传统生产风险，另一方面表明新型农业经营主体对风险的敏感程度更高，对农业保险的需求更加迫切。

（二）赢得了新型农业经营主体的认可和信赖

从投保情况看，该产品保障程度高、保险责任广、补偿能力强，受到新型农业经营主体广泛欢迎。一是新型农业经营主体的投保意愿较强，业务宣传发动效率较传统产品高；二是自行承担保费的意识和能力较强，传统种植农户中存在的要求“保费返还”现象较少；三是对保险责任、理赔方式等条款内容更加关注。

（三）构建起了服务不同生产力水平的产品体系

该产品与传统产品形成覆盖各层次农户需求的完整的、高低配的农业保险产品体系，从而建立了传统农业保险产品服务于传统农户，体现政策普惠效应;高保障农业保险产品服务于新型农业经营主体,支持现代农业发展的农业保险产品架构。

(四)丰富了政府支持现代农业发展的政策工具

在直接补贴、奖励、融资支持等鼓励发展现代农业常规政策手段的基础上,抓住新型农业经营主体生产风险高度敏感的特质,通过农业保险产品、财政补贴政策的差异化,解决了新型农业经营主体的后顾之忧,极大地提升了新型农业经营主体的扩大再生产积极性,为加速现代农业发展起到了非常积极的作用。

(五)实现了精准承保理赔到户的监管要求

在该产品的操作中实行一对一承保理赔的方式,逐户逐地块查验标的、绘制投保地块坐落图、单独出单、到户逐地块查勘定损,与新型农业经营主体建立起一对一的合同关系。通过精准承保理赔,一方面解决了传统产品以村为单位集体投保、通过抽样定损核定赔款的粗放式发展问题;另一方面在承保理赔过程中充分满足了新型农业经营主体的个性化保险需求。

第三十一篇　中华财险养殖业保险的“济源模式”

中华财险，全称中华联合财产保险股份有限公司，是经中国保监会批准，于 2006 年 12 月设立的全国性财产保险公司。截至 2016 年年底，中华保险农险业务经营区域覆盖到 24 个省份、219 个地市（师）、1162 个县（区）、8232 个乡镇和 73553 个行政村，业务覆盖 1.7 亿亩土地、4.3 亿头牲畜、3.6 亿亩森林，为 2388 万种植户、82 万养殖户、364 万林户提供了 3050 亿元的风险保障。尤其在养殖业保险方面，中华保险紧跟政策导向，积极响应政府号召，探索创新，率先在湖南、河南、四川、辽宁、江苏等地开展养殖业保险，发展成效显著。近年来养殖业保险保持快速发展的趋势，保持 30%以上的增长速度，带动农险行业快速发展。涌现出了“济源模式”“黑山模式”“如东模式”“平山模式”等行业典型，中华养殖业保险作为行业亮点，受到广泛关注。

一、“济源模式”的核心内容

（一）政府主导，组织保障到位

一是建立健全保障体系，由政府组织成立济源市农业保险领导小组和病死动物无害化处理长效机制领导小组，负责全市工作农业保险和无害化处理工作的组织协调工作，将养殖业保险和病死动物无害化处理工作纳入到目标考核范围，提供组织保障；二是强化资金保障体系，年初将养殖业保险和病死动物无害化处理配套资金足额列入财政预算，并及时优先落实到位，提供资金保障。

（二）保险查勘人员与畜牧防疫队伍联动，确保服务质量和服务效率

一是由济源市农业保险领导小组组织召开动员大会，具体部署养殖业保险工作要求和措施，同时协助保险公司对全市200多名防疫员、检疫员进行培训，把防疫检疫队伍变成协保员，实行“一岗双责”，参与到养殖业保险和无害化处理工作中，承担承保、理赔服务的各环节工作；二是及时新增查勘车以及专用冷藏运输车十余辆用于理赔查勘和病死猪运输；三是应用“农险E键通”移动查勘系统，给查勘员、防疫员配备移动查勘手机、平板电脑等设备，大大提高工作效率。

（三）建立完善常态化工作沟通协调机制，确保联动模式高效运转

自开办养殖业保险业务以来，济源公司在实践中不断探索，在探索中不断创新，以提升服务能力为基础，找准工作结合点，探索建立了“3322工作机制”。“三个一”是建立“一天一短信、一周一现场、一月一例会”的工作沟通制度；“三确认”是三方共同确认承保数量；“两到场”是死亡查勘两到场；“两集中”是集中承保、集中无害化处理。

（四）采取分段补贴的办法调动各方积极性，充分发挥财政补贴资金的使用效率

1. 分段补贴，提高补贴资金使用效率

将政府80元的病死猪无害化处理补助按照“谁上交补助谁，谁运输补助谁，谁处理补助谁”的原则，养殖场户补助20元、收集运输补助20元、无害化处理厂补助40元，调动了养殖场户、无害化处理厂、收集运输三方的工作积极性，使集中无害化处理工作得以顺利进行。

2. 保险理赔与无害化处理绑定，解决主动报案难问题

全面开展养殖业保险，建立养殖业保险和无害化处理联动工作机制，将无害化处理作为保险理赔的必要条件，保证养殖户保险所得加上无害化处理 20 元补助大于其他违法所得，使养殖户主动报案接受监督，解决了无害化处理主动报案难的问题。

3. 收集运输体系，解决运输难问题

对组织运输病死猪的每头给予 20 元补助，鼓励保险公司在现场查勘之后积极主动将病死动物组织运输到无害化处理厂。保险公司购置专用冷藏运输车 10 辆用于运输病死动物；购置冰柜 50 台对年出栏 1000 头以上的生猪养殖场配备冰柜；接到报案时，防检人员和保险人员同时到场，在做好现场查勘、死因鉴定的同时承担病死猪收集、运输任务，解决了无害化处理组织运输难的问题。

4. 集中处理体系，解决规范处理问题

按照统筹规划、合理布局、方便运送、集中处理的原则，在承留、克井镇建设 2 个病死动物无害化处理厂，负责对全市的病死畜禽、病害肉品等进行集中无害化处理，解决了规范无害化处理难问题。

5. 全程监督体系，确保联动机制规范运行

收集运输环节，防检人员和保险公司共同到场对病死猪进行死因鉴定、数量确认、收集装车，现场填写病死猪运输交接单，依法对病死猪无害化处理的收集运输实施监管；无害化处理环节，动检执法人员驻厂监督，核对进厂病死猪数量，监督无害化处理过程，并将无害化处理作为保险理赔的必要条件，促进了病死猪无害处理规范到位。

（五）经验复制，推进养殖业保险的全面发展和食品安全保障的有效提升

从实践看，“济源模式”成功推出后，迅速在河南省乃至全国范围内推广，产生了良好的示范带动效应，促进了河南的养殖业保险迅速发展。在“济源模式”成功经验的基础上，公司进一步进行了优化，形成了更加符合当地养殖业保险发展的“平山模式”，有力地推动了河北省畜牧业保险与畜牧管理工作

的共同提升。以“济源模式”为核心内涵进行的再创新所产生的“裂变效应”，能够在将此类先进经验快速复制推广至全国各地，有力地推动全国范围内病死畜禽无害化处理工作的跨越式提升。

可以说，在病死畜禽无害化处理问题成为社会焦点问题，食品安全、环境卫生面临严峻挑战的形势下，“济源模式”的意义在于成功走出了一条“破局”之路，有效地突破了病死畜禽无害化处理监管难的困局，破解了当前社会的一大痛点难题，为保障人民群众的餐桌安全、公共卫生和环境安全作出了突出的贡献。

二、取得的主要成效

（一）降低养殖风险，促进畜牧业健康发展

一方面通过开展养殖业保险，能够运用财政补贴资金，间接加大对畜牧业的支持力度；另一方面使养殖户遇到灾害时能及时得到赔款，迅速恢复生产，充分发挥政策性保险作用为养殖业“保驾护航”，促进了畜牧业健康发展。

（二）规范了养殖行为，有效调动养殖户积极性

保险与畜牧的结合，使免疫、无害化处理等行政管理要求转化为养殖户的自觉行为，提高了养殖户主动投保、主动报案的积极性。

（三）促进无害化处理到位，保障了畜产品质量安全

通过保险联动集中处理，有效解决了病死动物无害化处理“主动报案难、组织运输难、规范处理难”的“三难”问题，真正实现了“监管零缝隙、死尸零流失、病原零扩散、环境零污染”。统计显示，保险联动集中处理后，济源市病死猪无害化处理率提高了 30%。

三、“济源模式”的启示

疾病防疫和无害化处理是畜牧行政工作的重点和难点之一，不仅关系到

畜牧业生产安全，还关系到食品和公共卫生安全。济源市发展能繁母猪的做法，探索了一条行政管理与市场约束相结合的新路子，给畜牧业管理工作带来了有益启示。同时，农业保险是一项系统工程，保险公司应当找准政府履责与发挥保险作用的结合点，将产业政策需求内化于保险条款费率以及承保理赔的环节之中，通过经济杠杆引导和约束参保农户，做好政府职能转变的帮手和社会管理的助手，推动农业保险可持续发展。

第三十二篇　安华农险在吉林省敦化市开展大豆收入保险

安华农业保险吉林省分公司作为一家专业农险公司，近年来，在全面深化传统成本保险的基础上，不断加快农业保险领域创新步伐，在吉林省敦化市探索实践大豆收入保险，并取得了一定成效。

一、科学制定条款

总公司抽调专家到吉林试点市开展全面调研，同时借鉴美国等发达国家成熟经验，制定了吉林省农业保险股份有限公司敦化市大豆收入保险条款。明确了保险责任、保险金额、费率、保险义务、赔偿处理等责任条款。同时积极协调沟通吉林省农委、财政厅、保监局等相关部门，确定了保费补贴扶持政策，由省财政、县财政和农户按比例收取保费。根据条款约定，当大豆种植者在收获期结束后，因产量和价格因素的变动造成其大豆实际收入低于预期收入时，保险公司进行赔偿。赔偿金额=（预期收入-实际收入）×保险面积×（1-绝对免赔率）。实际收入=收获期市场价格×平均每亩实际产量×保险面积。收获期市场价格：大连交易所10月平均结算价（算数平均）。平均每亩实际产量：现场测产的实际产量。预期收入（保险金额）=预期价格×每亩保险产量×保险面积×保障比例。预期价格：大连交易所4月平均结算价。每亩保险产量：约定的当地标准产量。

二、把握关键环节

（一）确定投保目标

由于大豆收入保险涉及面广、运行复杂，首次试点我们将合作社、家庭农产等种植大户作为投保目标。

（二）确定保险产量

每亩保险产量根据当地大豆近五年平均产量由投保人和保险人协商确定。保障比例由投保人和保险人协商确定。每亩保险产量、保险面积、保障比例具体以保险合同载明为准。

（三）实际产量

平均每亩实际产量在开始收获前由保险人、被保险人或农业部门技术人员等共同测产确定。

（四）确定标准价格

根据大豆的种植时间，一般 4 月份种植，10 月份集中收获上市。因此，大豆收入保险的保险责的预期价格根据大连商品交易所黄大豆 1 号期货合约在承保当年 4 月份月平均结算价确定。

（五）确定预期价格

收获期市场价格根据大连商品交易所黄大豆 1 号期货合约在承保当年 10 月份月平均结算价确定。

三、实际运行做法

2016 年 7 月，延边敦化市 2 个乡（镇）、28 个村的 30 个合作社参与了投保大豆收入保险，承保面积 1.45 万亩；共收取保费 90 万，其中自交保费 18 万元、补贴保费 72 万元，投保农户、市财政、省财政按 2∶4∶4 的比例分担保费，黑石乡种植户每公顷自缴保险费 171.96 元，官地镇种植户每公顷自缴保险费 191.07 元；费率 13.5%，黑石乡每公顷保险费 859.81 元，官地镇每公顷保险费 955.34 元；保险金额 663 万元；保险约定预期价格具体采用的是大连商品交易所黄大豆 1 号 2017 年 1 月份到期期货合约在 2016 年 4 月份月平均结算价 3538.30 元/吨；约定标准产量以被保险人的历史产量确定，设定为种植地块前三年的平均产量，黑石乡为 2250 公斤/公顷、官地镇为 2500 公斤/公顷；保障比例为 80%，以此保障水平计算，黑石乡每公顷保险金额 6368.94 元，官地镇每公顷保险金额 7076.60 元；绝对免赔率为 30%，保险期限自 5 月 1 日起至 9 月 30 日止。

四、试点取得的成效

大连商品交易所黄大豆 1 号 2017 年 1 月份到期期货合约在 2016 年 10 月份月平均结算价 3738.75 元/吨，与保险约定预期价格 3538.3 元/吨相比，高出约定预期价格 200.45 元/吨。但在保险期间内，投保的大豆局地遭受了暴雨洪涝灾害。公司与农业专家组成查勘定损小组，对受灾地块进行现场查勘，并对受灾地块和非受灾地块综合进行测产，最后计算得出被保险人所有投保地块的“平均每亩实际产量”低于每亩保险产量，试点项目中，承保大豆因自然灾害减产 23.28 吨，导致实际收入低于预期收入，产生赔款 46.95 万元，赔付率 52%。与政策性成本保险相比，大豆收入保险不仅保障旱涝风雹等自然灾害风险，还将价格变动等市场风险纳入保险责任范围，保额更高、风险保障范围更广。以大豆单产水平较高的官地镇为例，家庭农场投保的大豆收入保险每亩保额为 500 元/亩，是大豆物化成本保险保额的 3 倍。

五、关于完善试点的建议

（一）政府应主导和扩大试点安排

开展收入保险没有地方政府的支持寸步难行，在选择试点县市中，个别地方政府以配套补贴资金不足等客观原因，对收入保险还存在一定的排斥行为，致使收入保险试点开展艰难，省级人民政府应出台政策，明确支持计划。应该说，收入保险市场和种植风险双重保障效果明显，是未来农业保险的必然趋势，无论是对农户应对各种不确定风险，还是从提高我国农产品国际竞争力来看，都具有重大意义。在我国农业扶持政策中，直接补贴政策较多、间接补贴政策较少；成本补贴政策较多、收入补贴政策较少；与产量无关的补贴政策较多，与产量挂钩的补贴政策较少。WTO 约定的保护期结束后，我国农业扶持政策将面临重大挑战。因此，应抓紧试点，总结经验，适时推出收入保险补贴政策，提高农产品国际竞争力。

（二）应完善标准核算数据的可靠性和准确性

收入保险的逻辑是假设农作物需求不变，农产品产量增加或减少以及引起的价格变动给农户带来的收入损失。现行试点中，我们基层确定的标准农产量还参差不齐，缺乏权威部门的校验。同时，大连商品期货价格短期波动幅度过大，在实际运行中还存在不确定风险。同时，实际测产时，采取了单户测产，也就是全部测产到户，工作量较大，且户与户间很容易存在偏差。我国应借鉴美国经验，加快主要农产品价格形成机制改革，引导基层政府科学制定标准的农产量，以预期市场价格为基础确定保险责任和保险费率；而价格大幅下跌风险则由政府制定的其他政策支持，如最低收购价、临时收储政策等管理。

（三）健全对冲风险的外部机制是深入持续发展收入保险的重要保障

农业生产面临市场和自然两个风险，仅靠保险产品保障，在极端情况下将无法实现预期。收入保险同样面临价格和产量双向影响,参与承保的经营机构面临风险巨大,国家应从外部建立对冲风险机制,比如巨灾救助机制等。建议当产量损失比例超过 50%时,巨灾保险赔付触发,赔付额为(50%×正常单产-实际单产)×55%×预期市场价格。巨灾保险的纯风险保费由政府全额承担,农户不需支付保费。

第三十三篇　锦泰财险探索开展生猪价格指数保险

锦泰财产保险股份有限公司是经中国保险监督管理委员会批准设立,第一家总部设在四川成都的财产保险公司。公司股东由中央、省、市大型国有企业组成。公司已在四川、贵州、陕西、重庆、甘肃等省市设立各级机构近80家,计划于“十三五”期间再设立10家省级分公司。

自2012年开办农险业务以来,在深耕四川市场的同时,逐步将承保覆盖面向省外延伸,截至2017年7月31日,公司的农险业务已覆盖5省85区县592乡镇。已累计实现农险保费收入7.58亿元,为185万户次农户提供总计150.9亿元的风险保障。农业保险是稳定农业生产经营、补偿灾害损失的重要工具,截至2017年7月31日,公司累计支付赔款2.97亿元,为196176户次受灾农户提供了损失补偿,农险经济补偿功能得以显现。

公司探索开展生猪价格指数保险,主要基于我国生猪养殖产业发展不稳定、养殖结构不合理、生猪产能过剩及市场价格波动大等因素,导致生猪价格的周期性波动频率和幅度不断增大。为有效减少市场波动给生猪养殖户造成的经济损失,稳定生猪养殖生产,促进地方生猪养殖产业健康发展,2014年,公司推出了以生猪出栏价格作为理赔触发参数的生猪价格指数保险,在国内尚属首创。

一、经营简况

2014年,公司在成都、自贡的8个区(县)、38个乡(镇)同步推出生猪价格指数保险，首年实现签单保费714.7万元，签单保费规模居西南第一，全国第二，为77户养殖户的80480头生猪提供了1.2亿元的市场风险保障。三年间，公司不断进行经验总结和产品优化，在深挖四川市场的同时，逐步将承保区域向省外扩张，截至2017年6月30日，该产品已覆盖四川、贵州和陕西省13个市、40个区（县）、177个乡镇，累计为724户次养殖户饲养的173万余头生猪提供了24.9亿元市场风险保障，累计实现保费收入1.28亿元，截至目前，公司共计支出赔款3121万元。公司"出栏价格"方案的生猪价格指数保险市场份额强势扩张，已成为市场最具竞争力的特色农险产品之一。

二、主要特点

（一）产品具有首创性、科学性、可持续性、可预警性

1. 全国首推"出栏价格"方案、承保理赔工作直观透明

与同类产品以"猪粮比"作为理赔触发标准不同，公司直接引入第三方权威机构（如四川省农业厅、农业部网站）公布的月度"出栏肉猪价格"作为理赔触发标准，理赔参数不受其他数据影响，直接与市场交易价格挂钩，理赔更直接，赔款也易于计算。

2. 探索通过模型建立价格预测平台、实现科学定价

根据近九年以来的生猪市场历史数据建立了数学模型，该模型引入影响生猪供求关系的多个外生变量，经过反复测试和验证，拟合预测未来12个月出栏生猪的价格走势，为保险价格的确定提供科学依据。目前，公司已经与商务部重要商品研究预测中心、中信证券农业研究团队共享数据及研究成果，对保险定价进行持续修订及完善。

3. 对市场价格波动情况进行预警，引导养殖户合理调节生产

该产品保险价格摒弃了传统保成本的理念，确定"以市场定方案"的思路，每年对保险价格进行调整，有利于引导新型农业经营主体合理调整生产规模和周期，降低生产经营盲目性，稳定市场供给。

4. 鼓励先进生产，促进生猪行业健康持续发展

保险方案实行“严进宽出”的操作理念，坚持承保前风险查勘，严格把关承保质量，防范虚保、假保、替保等现象。同时，鼓励采用生态、循环、现代化方式养殖的新型农业经营主体投保，促进生猪产业持续健康发展。

（二）按月结算、通过“T+0”全自动模式实现快赔

生猪养殖周期长、风险高，及时赔付对于养殖户持续经营起着至关重要的作用。与其他公司按年、半年或季度结算相比，公司实行“一月一结”，价格波动也不容易被抹平，养殖户利益得到最大保障。同时，公司首创“T+0”全自动理赔模式，通过创新理赔系统功能，实现“自动快捷赔付”，当第三方权威机构发布生猪价格数据后，系统将自动判定保险事故是否发生，并自动完成报立案、查勘、核损、理算、核赔等理赔流程，单个案件最快 60 分钟以内实现结案，24 小时以内实现赔款到户。

（三）采用浮动保险价格机制，切实保障养殖户利益

本产品采取保险价格浮动机制，保险期间届满后，将根据保险期间内生猪价格异常波动情况、预测价格与实际出栏价格的差异和饲养成本三个因素的变化，对初始保险价格进行适当调整，并对调整后的价差进行补充赔偿，一定程度上修正外部因素对价格模型预测结果的冲击，保障了方案实施与目标的一致性，使最终赔付金额更贴近养殖户的实际情况，有利于方案的持续实施。从 2015 年 4 月开始，生猪行情进行上行通道，价格持续高位运行，在此背景下，公司的生猪价格指数保险通过价格浮动机制，按照浮动规则将初始保险价格从 14.1 元/公斤调整至 14.95 元/公斤，保单赔付率由 11% 提高到了 27.6%，切实保障了农户的生产积极性和保险利益。

（四）理赔效率持续提升

公司探索建立了养殖业小额案件快赔处理机制，小额案件“查勘审核”“核损”环节自动审核通过，成功实现公示和赔款支付同步进行。该机制在成都地区进行试点推广，展现养殖业小额快赔“锦泰速度”，取得了政府和养殖

户的一致好评。截至 2017 年 7 月 31 日，成都市新津县养殖业小额赔案平均结案时效 10.62 天，平均支付时效 11.95 天，其中最短结案时效 0.5 小时，最快支付时效 3 小时，体现了公司养殖业案件处理中的高效、专业服务。

后　　记

全书包括总论、调查报告篇、典型案例篇三大部分。

总论由袁纯清同志撰写。调查报告篇由袁纯清同志牵头组织完成，七篇调研报告组织参与人员名单是：第一篇辽宁省玉米“保险+期货”试点情况调查报告：袁纯清、陶怀颖、何浩、王宾、王衔、王祺、李文明；第二篇上海市开展农业保险创新情况调查报告：袁纯清、何振国、何浩、王晋臣、王宾、王衔、王祺、李文明；第三篇湖北省农业保险发展情况调查报告：袁纯清、张建军、何振国、何浩、王晋臣、王宾、王衔、王祺、李文明；第四篇黑龙江省农业保险发展情况调查报告：何浩、李文明、申婷婷、王胄、董明、刘博；第五篇河南省农业保险调查报告：王晋臣、高杨、张宝海、刘博、董明；第六篇湖南省农业保险调查报告：张桃林、宋昱、王衔、王胜、刘博、董明；第七篇江苏省农业保险调查报告：陈文辉、胡学好、何浩、胡启晖、董明、张斌。典型案例篇由袁纯清同志确定选题、编撰案例并审改定稿，由相关地方省委农办、财政、农业、保监等部门以及保险机构提供具体材料。

本书调查报告篇和典型案例篇所涉及的数据和典型案例，一方面来源于调查访谈获得的第一手资料，另一方面为相关部委和地方及基层直接提供的相关材料，特予说明。

谨在此一并致谢。